A BITCOIN ELTÉRÍTÉSE

A BITCOIN ELTÉRÍTÉSE

A BTC rejtett történelme

ROGER VER és STEVE PATTERSON

Tartalomjegyzék

1. Rész: Egy zseniális koncepció

II. Rész: A Bitcoin eltérítése

III. Rész: A Bitcoin visszaszerzése

A BITCOIN ELTÉRÍTÉSE

Előszó

Jeffrey Tuckertől

A történet, amelyet itt olvasni fogsz, tragédia – egy felszabadító pénzügyi technológia krónikája, amelyet más célokra térítettek el. Ez egy kétségtelenül fájdalmas olvasmány, és az első alkalom, hogy ezt a történetet ilyen részletességgel és kifinomultsággal mesélik el. Volt esélyünk felszabadítani a világot. Ezt az esélyt elszalasztottuk, valószínűleg eltérítették és kisajátították.

Azok közülünk, akik a Bitcoin kezdeti napjaitól figyelemmel kísérték a fejlődését, lenyűgözve látták, hogyan nyer teret, és hogyan kínál egy életképes alternatív utat a pénz jövője számára. Végre, több ezer évnyi kormányzati pénzrontás után, megjelent egy technológia, amely érinthetetlen, szilárd, stabil, demokratikus, megvesztegethetetlen, és beteljesíti a szabadság nagy bajnokainak történelmi vízióját. Végre a pénzt ki lehetett szabadítani az állami irányítás alól, hogy politikai célok helyett gazdasági célokat érjen el—mindenki jólétét a háborúk, az infláció és az állami túlnövekedés helyett.

Legalábbis ez volt az elképzelés. Sajnos, ez nem valósult meg. A Bitcoin elfogadottsága ma alacsonyabb, mint öt évvel ezelőtt. Nem a végső győzelem felé tart, hanem egy másik úton halad, amely inkább az ár fokozatos növekedését szolgálja a korai beszállók számára. Röviden, a technológiát elárulták olyan apró változtatásokon keresztül, amelyeket akkoriban szinte senki sem értett meg. Én biztosan nem értettem meg. Néhány éve már foglalkoztam a Bitcoinnal, és főként az nyűgözött le, hogy milyen gyorsan lehetett tranzakciókat bonyolítani, milyen alacsonyak voltak a költségek, és hogy bárki, akár bank nélkül is, képes volt küldeni vagy fogadni pénzt pénzügyi közvetítők nélkül. Ez volt a csoda, amiről akkoriban rajongva írtam.

2013 októberében Atlantában, Georgia államban tartottam egy Kriptovaluta Konferenciát, amely a technológia és az eszmék oldalára fókuszált. Ez az egyik első országos konferencia volt a témában, de már ezen az eseményen észrevettem, hogy két tábor kezdett kialakulni: az egyik azoké, akik hittek a monetáris versenyben, a másik pedig azoké, akik kizárólag egy protokoll iránt köteleződtek el.

Az első jel, hogy valami rosszul alakult, két évvel később jött, amikor először tapasztaltam, hogy a hálózat komolyan túlterhelődött. A tranzakciós díjak az egekbe szöktek, a tranzakcióteljesítés szinte megállt, és számos belépési és kilépési pont zárt be a magas megfelelési költségek miatt. Nem értettem, mi történik. Kapcsolatba léptem több szakértővel, akik elmagyarázták, hogy egy csendes polgárháború alakult ki a kriptovilágon belül. Az úgynevezett „maximalisták" szembefordultak a széles körű adoptációval. Nekik tetszettek a magas díjak. Nem zavarta őket a lassú teljesítés. Sokan közülük pedig befektettek a fogyatkozó számú kriptotőzsdékben, amelyek még működtek, köszönhetően a kormányzati szigorításoknak.

Ezzel egy időben új technológiák váltak elérhetővé, amelyek jelentősen javították a fiat-tranzakciók hatékonyságát és hozzáférhetőségét. Ide tartoztak a Venmo, a Zelle, a CashApp, az FB Payments és még sok más, valamint okostelefonos kiegészítők és iPadek, amelyek lehetővé tették, hogy bármilyen méretű kereskedő elfogadhasson hitelkártyás fizetéseket. Ezek a technológiák teljesen különböztek a Bitcointól, mert engedélyalapúak voltak, és pénzügyi cégek közvetítésével működtek.

A felhasználók számára azonban nagyszerűnek tűntek, és jelenlétük a piacon kiszorította a Bitcoin használati lehetőségeit éppen akkor, amikor az általam annyira szeretett technológia már szinte felismerhetetlenné vált.

A Bitcoin Bitcoin Cash-re való szétválása két évvel később, 2017-ben történt, és hatalmas kiáltások és felháborodások kísérték, mintha valami szörnyűség történt volna. Valójában nem történt más, mint Satoshi Nakamoto, a Bitcoin alapítójának eredeti víziójának helyreállítása. Ő, a múlt pénzügyi történészeivel egyetértve, azt vallotta, hogy bármilyen árucikk pénzként való elterjedésének kulcsa az elfogadottság és a használat. Elképzelhetetlen olyan feltételek mellett, hogy bármely árucikk pénz formáját ölthesse, ha nincs életképes és piacképes felhasználási módja. A Bitcoin Cash egy kísérlet volt arra, hogy ezt helyreállítsa.

Az új technológia elfogadásának felgyorsítására 2013 és 2016 között lett volna lehetőség, de ezt a pillanatot két irányból lehetetlenítették el: egyrészt a technológia skálázódási képességének szándékos korlátozása, másrészt az új fizetési rendszerek megjelenése, amelyek kiszorították a használati lehetőséget. Ahogy ez a könyv bemutatja, 2013 végére a Bitcoin már célponttá vált az irányítás átvételére. Mire a Bitcoin Cash megérkezett a megmentésre, a hálózat teljesen megváltoztatta a fókuszát: a használatról a birtoklásra helyezte át a hangsúlyt, és másodlagos rétegeket kezdett építeni a skálázási problémák kezelésére. 2024-ben egy olyan iparágat látunk, amely küzd, hogy megtalálja az útját egy szűk piaci résben, miközben az „árholdraszállás" álmának víziói lassan emlékké halványulnak.

Ez az a könyv, amit meg kellett írni. Egy elszalasztott lehetőség története, amely megváltoztathatta volna a világot—a megtévesztés és az árulás tragikus meséje. Ugyanakkor ez egy reményteli történet is, amely bemutatja azokat az erőfeszítéseket, amelyeket megtehetünk annak érdekében, hogy a Bitcoin eltérítése ne legyen a végső fejezet. Még mindig van esély arra, hogy ez a nagyszerű innováció felszabadítsa a világot, de az odavezető út sokkal kacskaringósabbnak bizonyul, mint azt bármelyikünk valaha is elképzelte.

Roger Ver nem fényezi magát ebben a könyvben, de valóban hőse ennek a történetnek. Nemcsak mélyreható ismeretekkel rendelkezik a technológiákról, hanem olyan ember is, aki a Bitcoin felszabadító víziójához ragaszkodott a legkorábbi napoktól egészen a jelenig. Osztozom az elkötelezettségében a tömegek számára elérhető peer-to-peer valuta iránt, valamint a szabadpiaci pénzek versenyképes rendszerének gondolata mellett. Ez egy rendkívül fontos dokumentumértékű történelem, és önmagában a vitaanyag kihívást jelent bárki számára, aki úgy gondolja, hogy a másik oldalon áll. Ennek a könyvnek léteznie kellett, bármilyen fájdalmas is. Ez egy ajándék a világnak.

Jeffrey Tucker
Elnök, Brownstone Institute

Bevezetés

A z elmúlt tizenhárom évemet annak szenteltem, hogy a Bitcoinból és más kriptovalutákból a jövő pénzét építsem. Ez a technológia képes arra, hogy a világot radikálisan szabadabbá és virágzóbbá tegye, és végül az egyik legfontosabb találmány lesz a történelemben. Több mint egy évtizedet töltöttem azzal, hogy a Bitcoin előnyeit hirdessem, számos startupot finanszíroztam az iparágban, saját vállalkozásokat építettem köré, és láttam, ahogy az ára több mint 6 500 000%-kal emelkedett. Mégis, ez a könyv nem egy szerelmi történet, és bárcsak ne kellett volna megírni. Az a projekt, amelybe 2011-ben bekapcsolódtam, eltérült az eredeti útjától, és rossz irányba változott.

A Bitcoint digitális készpénznek tervezték, amely a mindennapi kereskedelemben használható, minimális díjakkal és gyors tranzakciókkal, és évekig így is működött. Manapság azonban a Bitcoinra „digitális aranyként" tekintenek, amely nem mindennapi kereskedelemre szolgál, magas díjakkal és lassú tranzakciókkal – ez az eredeti dizájn teljes ellentéte. Inkább „értéktárolóként" emlegetik, kevés figyelmet szentelve annak, hogy fizetési rendszerként működjön. Néhányan még azt is állítják, hogy a Bitcoin nem tud fizetési rendszerként működni, mert nem skálázható. Ezek a gyakori nézetek egyszerűen nem igazak. Az oka annak, hogy a Bitcoint már nem használják digitális készpénzként, semmilyen kapcsolatban nincs az alapjául szolgáló technológiával. Ez azért történt, mert egy csoport szoftverfejlesztő átvette az irányítást a projekt felett, úgy döntöttek, hogy megváltoztatják a dizájnt, és szándékosan korlátozták annak funkcionalitását – akár hozzá nem értés, szabotázs, vagy mindkettő keveréke miatt. Ez az átvétel nagyjából 2014 és 2017 között zajlott, és végül a hálózat kettészakadásához, valamint a kriptopénzipar ezernyi részre töredezéséhez vezetett. Az eredeti dizájn továbbra is létezik és rendkívül ígéretes, de már nem a „BTC" ticker szimbólum alatt kereskednek vele.

Ahogy utazom, és világszerte beszélek a kriptovaluták előnyeiről, egyre nyilvánvalóbbá válik, hogy szinte senki sem ismeri a Bitcoin eltérítésének történetét. Az online fő vitaplatformok évek óta erősen cenzúrázottak, és gondosan ellenőrzik, milyen információkat kapnak az emberek. A Bitcoin-maximalisták – azok a hangos véleményvezérek, akik szerint minden, ami nem BTC, átverés – szintén hozzájárulnak ahhoz, hogy elfojtsák a kritikus vizsgálódást, leginkább azzal, hogy közösségi médián zaklatják az embereket. Bárki, aki megkérdőjelezi az ő narratívájukat, azonnal gúny tárgyává válik, és ez hatékony módszernek bizonyult az ellenvélemények elhallgattatására. Mivel senki sem szólal fel, az újonnan érkezőknek szinte esélyük sincs megismerni a Bitcoin valódi történetét és dizájnját. Ez a könyv ezt az információt nyújtja.

A Bitcoin eltérítése három részből áll. Az első rész egy részletes áttekintést nyújt a Bitcoin eredeti dizájnjáról és az azon végrehajtott radikális változtatásokról. A második rész az átvétel történetét meséli el, beleértve a számos piszkos taktikát, mint a cenzúra, a propaganda, és a narratívától eltérő vállalkozások elleni támadások. A harmadik, záró rész pedig arról szól, hogyan lehet megmenteni a Bitcoint fogvatartóitól, és egy reális jövőképet kínál az előttünk álló időszakra.

Korán bekapcsolódni egy áttörést jelentő technológiába sok vállalkozó álma, és az én utam tele volt izgalmas pillanatokkal és érdekes történetekkel. De ez a könyv nem egy emlékirat. A célja az oktatás. Az elmúlt néhány évben magánbeszélgetésekben, nyilvános előadásokon és online videókban osztottam meg ezt az információt, de most eljött az ideje, hogy mindezt írásba foglaljam. A cél az, hogy segítsek az embereknek megérteni a Bitcoin jelenlegi helyzetét és azt, hogyan jutott el idáig. Azoknak a vállalkozóknak és befektetőknek, akik szeretnék a gyors, olcsó, megbízható és inflációmentes digitális készpénzt elhozni a világ számára: ezt még mindig megtehetjük. Csak össze kell fognunk a megfelelő projekt érdekében.

1. Rész:

Egy zseniális koncepció

1

Megváltozott látásmód

A kriptovaluta-forradalom akkor kezdődött, amikor 2009-ben a Bitcoin megjelent a világ előtt. Az elmúlt évtized során a Bitcoin teljesen ismeretlenből nemzetközi szenzációvá vált, amely egy új iparágat indított el. A technológiát vállalkozók próbálják különböző problémák megoldására használni, az egyszerűbb online fizetésektől kezdve egészen a globális pénzügyi rendszer újraépítéséig. A hírekben való szereplések, a Wall Street-i spekulációk és az online lelkesedés közepette a kriptovaluták valószínűleg a huszonegyedik század legfelkapottabb technológiájának számítanak. Azonban a hype és az árak csillagászati növekedése ellenére a való világra gyakorolt hatásuk eddig csekély volt. A jövőben lehet, hogy egy új pénzügyi rendszer alapját képezik, vagy alternatívát nyújtanak az állami kibocsátású pénzekkel szemben, de napjainkig a kriptovaluták elsődleges felhasználási módja a pénzügyi spekuláció volt.

A helyzet emlékeztet arra az időszakra, amikor a kilencvenes években a Szilícium-völgyben éltem, az internetes boom idején. Az internetes technológiáról azt jósolták, hogy forradalmasítani fogja a kereskedelmet világszerte, ami azt jelentette, hogy bármely „internetes cég" – amelynek sem infrastruktúrája, sem érdemi üzleti terve nem volt – milliókat tudott összegyűjteni pusztán egy prémium domainnév birtoklásával. A spekuláció szinte felfoghatatlan volt. A legnagyobb startupok közül sok csődbe ment néhány évvel azután, hogy tőzsdére léptek. Mégis, a hírhedt dotkom-lufi kipukkanása ellenére a világot valóban forradalmasította az internet. A technológia azóta a globális gazdaság alapvető infrastruktúrájává és a modern élet elengedhetetlen részévé vált, bár az érési folyamata tovább tartott, mint azt sokan remélték. A kriptovaluták hasonló utat járnak be. A vad spekulációk és a viszonylagosan alacsony használat ellenére úgy tűnik, hogy elkerülhetetlen részét képezik a jövőnknek.

A modern kriptovaluták története nem kezdődhet mással, mint a Bitcoin, az összes „nagyapjával." Az én életem is összefonódott a Bitcoinnal, mióta 2010-ben felfedeztem. Az első érméimet 2011 elején vásároltam kevesebb mint 1 dollárért darabonként. Néhány hónappal később az árfolyam 30 dollárra ugrott, majd ugyanabban az év novemberében visszaesett 2 dollárra – az első a sok extrém árfolyam-ingadozás közül, amelyek azóta az iparág jellemzőivé váltak. A gyors árfolyam-emelkedés, amelyet egy 80%-os vagy nagyobb összeomlás követ, egy ismétlődő ciklus, amely a Bitcoin rövid történelmében többször is megfigyelhető. Ez a volatilitás kiváló alapot ad a híradásoknak, mivel a szélesebb közönség szinte kizárólag az árfolyamokra fókuszál. Számomra azonban a Bitcoin mindig is többet jelentett, mint pusztán pénzügyi befektetés. Ez egy lenyűgöző eszköz, amely hozzájárulhat a gazdasági szabadság növeléséhez a világban.

A korai Bitcoin-közösséget excentrikus emberek és szokatlan ötletek jellemezték. Mint sokan mások, engem is különösen a politikai és filozófiai eszméim vonzottak a Bitcoinhoz. Nagyra értékelem az emberi szabadságot, és úgy vélem, hogy az egyéneknek maximális kontrollt kellene gyakorolniuk saját életük felett. Minél nagyobb hatalommal rendelkezik egy kormány, annál kevesebb hatalom marad az egyének kezében. Közgazdasági és történelmi tanulmányaim alapján tudtam, hogy a központi bankok pénzkínálat feletti ellenőrzése hatalmas hatalmat ad a kormányok kezébe. Ezért a Bitcoin természetesen vonzó volt számomra, mivel úgy tervezték, hogy központi irányítás nélkül működjön.

Az embereknek nem kell engedélyt kérniük a használatához. Nincs „Bitcoin Központi Bank", amely ellenőrizné az érmék kínálatát, és a technológia nem ismeri el a nemzetközi határokat. Kevés dolognak van nagyobb potenciálja a globális szabadság növelésére, mint a gyors, olcsó, engedélymentes, inflációálló digitális pénz.

A futurizmus a másik alapvető filozófiai motiváció, amely a kriptovaluták iránti lelkesedésemet táplálja. Gondolkodók, mint például Ray Kurzweil, lenyűgöző képet festenek egy olyan jövőről, amelyben az emberek fejlett technológiák révén radikálisan javítják jólétüket. Elérhetjük, hogy jelentősen csökkentsük a világban tapasztalható szenvedést, és akár meg is hosszabbíthatjuk az életünket, hogy több időt tölthessünk el a Földön, amikor a gazdasági és technológiai fejlődés megfelelő szintjét elérjük. Ehhez azonban elegendő gazdagságra és jólétre lesz szükség ahhoz, hogy folyamatosan finanszírozzuk a kutatásokat, valamint állandó szabadságra az innovációhoz. Számomra a Bitcoin egy lépéssel közelebb visz minket egy technológiailag fejlettebb jövőhöz, amelyben mindenki élete javulhat.

Ezek a meggyőződések nem voltak egyedülállóak a korai Bitcoin-közösségben. Az online fórumok és üzenőfalak voltak a központi helyek a viták számára, és ha ellátogattál ezekre, végtelen beszélgetéseket találhattál arról, hogy a Bitcoin sokkal több, mint egy egyszerű fizetési rendszer vagy spekulatív befektetés. Mindannyian tudtuk, hogy ez a technológia drámai módon javíthatja a világot. Brian Armstrong, a Coinbase társalapítója és vezérigazgatója, tökéletesen megragadta ezt az érzést egy „Hogyan változtatja meg a digitális pénz a világot" című cikkében, ahol így fogalmazott:

> A digitális pénz talán a leghatékonyabb eszköz lehet, amelyet a világ valaha látott a gazdasági szabadság növelésére. Ha ez bekövetkezik, annak mélyreható következményei lesznek. Sok országot kiemelhet a szegénységből, emberek milliárdjainak életét javíthatja, és felgyorsíthatja az innováció ütemét a világban... csökkentheti a háborúk számát, jobb helyzetbe hozhatja a legszegényebb 10%-ot, megdöntheti a korrupt kormányokat, és növelheti a boldogságot.[1]

A lelkesedésem gyorsan misszionárius buzgalommá alakult, és hamarosan rám ragadt a „Bitcoin Jézus"becenév, mivel a Bitcoin evangéliumát hirdettem mindenkinek, aki meghallgatott – és sokaknak, akik nem. A barátaim és családom, a média és azok a vállalkozások, amelyeket támogattam, mind ugyanazt az üzenetet hallották: a Bitcoin gyors, olcsó, megbízható pénz, amelyet az internet számára terveztek. Segítségével bármilyen összeget bárhová a világon azonnal elküldhetsz, mindössze körülbelül egy amerikai centért vagy még kevesebbért. Valójában a legkorábbi időkben a legtöbb Bitcoin-tranzakció teljesen ingyenes volt, és csak egy kis díjat kellett fizetni, ha az érméket nemrégiben mozgatták. Az emberek azonnal felismerték egy ilyen technológia értékét, függetlenül attól, hogy milyen személyes ideológiát vallottak. Az egyik legjobb marketingfogás az volt, hogy egyszerűen hagytam, hogy az emberek maguk próbálják ki a Bitcoint, mivel a felhasználói élmény összehasonlíthatatlanul jobb volt a többi fizetési rendszerhez képest. Megkértem őket, hogy töltsenek le egy pénztárcát a telefonjukra, majd küldtem nekik néhány dollárt. Miután végrehajtották első Bitcoin-tranzakciójukat, általában csak néhány másodpercbe telt, hogy elhangozzon az elkerülhetetlen „Wow!", ahogy elámultak az első benyomásaikon.

2015-re a Bitcoin olyan lendületet vett, hogy szinte megállíthatatlannak tűnt. Neves vállalatok, mint a Microsoft és az Expedia, kezdték elfogadni fizetőeszközként, és az ifjú iparág exponenciálisan növekedett. A sikerek sorra halmozódtak. A kockázati tőkebefektetések növekedtek, a médiavisszhang pozitívvá vált, és a Bitcoin egyenes úton haladt a „Holdra" tartó pályán.

Sikertelen kilövés

Ugorjunk előre a mába. Bár a Bitcoin mára közismert névvé vált, még mindig nem hódította meg a világot. Valójában a hírek és árfolyamgrafikonok mögött egy sötét igazság húzódik: a Bitcoin tényleges használata 2018 óta csökkent, és sok vállalkozás teljesen elhagyta fizetési opcióként. Többször előfordult, hogy a hálózat túlterhelődött, és szinte használhatatlanná vált a hatalmas tranzakciós díjak és a megbízhatatlan fizetések miatt. Hálózati torlódások idején az átlagos díj meghaladhatja az 50 dollárt, és a tranzakciók feldolgozása napokat vagy akár heteket is igénybe vehet. És talán a legrosszabb, hogy ezek a kudarcok az iparágat arra kényszerítették, hogy elfogadja az úgynevezett „letétkezelő pénztárcákat" (custodial wallets). Ezek lényegében olyan ügyfélszámlák, amelyeket egy cég kezel, hasonlóan a hagyományos bankszámlákhoz. Ez a megoldás gyökeresen ellentmond a Bitcoin eredeti céljának: a központi irányítás és a harmadik fél bevonása nélküli tranzakcióknak. A letétkezelő pénztárcák elterjedése azt jelenti, hogy a felhasználók sokszor elveszítik az irányítást saját pénzük felett, és egy központi szolgáltatóra bízzák azokat, ami visszalépést jelent a decentralizáció eszméjéhez képest.

A Bitcoin teljes célja sérül a letétkezelő pénztárcák széles körű használatával, mivel a teljes irányítás harmadik felek kezébe kerül, amelyek cenzúrázhatják, nyomon követhetik, sőt el is kobozhatják az érméket – semmiben sem különbözve egy Venmo-egyenlegtől. A csalás is könnyebbé válik ilyen rendszereken belül. Például amikor az FTX tőzsde 2022-ben összeomlott, több mint egymilliárd dollárnyi ügyfélpénz tűnt el azonnal. Ez kizárólag azért történhetett meg, mert az FTX végső soron teljes irányítással rendelkezett ügyfelei pénze felett. Egy másik figyelemreméltó példa a Bitcoin integrációja a Paypal rendszerébe, amely során a felhasználókat letétkezelő pénztárcákba vezetik be, ahelyett, hogy teljes kontrollt kapnának saját pénzük felett. Ha a hétköznapi emberek többsége letétkezelő pénztárcákat használ, a Bitcoin elveszíti azt a kulcsfontosságú tulajdonságát, amely annyira forradalmivá tette: a központosítástól való függetlenséget és az egyéni pénzügyi szabadságot. Ez a trend nemcsak a Bitcoin alapvető filozófiáját kérdőjelezi meg, hanem az innovációs potenciálját is korlátozza.

"Magas díjak, megbízhatatlan fizetések, letétkezelő pénztárcák és a kereskedelemben való csökkenő felhasználás – ha az árfolyamon kívüli mutatókat nézzük, a Bitcoin nem hogy nem ért el a Holdra, de még az orbitális pályát sem hagyta el. Tehát mi történt?"

A hivatalos történet

A hagyományos magyarázat ezekre a negatív tendenciákra az, hogy a Bitcoin saját sikere áldozatává vált. Ahogy egyre népszerűbbé vált, a hálózat kapacitása kimerült. Az alapvető technológiai korlátok miatt a díjak az egekbe szöktek, a fizetések megbízhatatlanná váltak, a kereskedők elhagyták a rendszert, és az iparág a letétkezelő pénztárcák felé fordult. Ezekre a problémákra válaszul a Bitcoin körüli narratíva eltolódott: már nem „digitális pénznek," hanem „digitális aranynak" és „értéktárolónak" tekintik. Ha a Bitcoint nem mindennapi kereskedelemben való használatra szánják, akkor nem számít, hogy mennyire működik jól fizetési rendszerként.

Annak ellenére, hogy ezeket az elképzeléseket a sajtóban és a népszerű kommentátorok körében gyakran ismételgetik, teljesen helytelenek. Az igazi történet ennél sokkal drámaibb. A Bitcoin eredetileg hatalmas méretű skálázásra lett tervezve, és nem ütközött technológiai korlátokba. Ehelyett a projektet egy kis szoftverfejlesztő csoport vette át, akik az egész rendszert áttervezték. Szándékosan korlátozták annak kapacitását és funkcionalitását, és nyíltan támogatják a magas díjakat és a tranzakciók torlódását – ez pedig teljes ellentéte az eredeti terveknek.

Amikor erről beszélek az embereknek, gyakran azt gondolják, hogy túlozok, de maguk a fejlesztők is ezt állítják. Például az egyik befolyásos Bitcoin-fejlesztő, Greg Maxwell, egyszerűen kijelentette: „Nem gondolom, hogy az a probléma, ha a tranzakciós díjak számítanak – ez siker!"[2] Mark Friedenbach, egy másik Bitcoin-fejlesztő pedig azt mondta, hogy „A lassú megerősítés és a magas díjak bármely biztonságos kimenetel normái lesznek."[3] Amikor 2017 decemberében a hálózat szinte leállt, és az átlagos tranzakciós díj meghaladta az 50 dollárt, ünnepeltek, „pezsgőt bontottak,"[4] és örültek a torlódásnak, azt állítva, hogy az állandó hátralék a „stabilitás szükséges kritériuma."[5]

Ha 2012-ben azt mondtad volna nekem, hogy a Bitcoin fejlesztői egyszer majd magas díjakat és lassú tranzakciókat akarnak, nem hittem volna el – ahogy azok a korai vállalkozók sem, akik segítettek az iparág megteremtésében. Ezek az ötletek túl bizarrak. A drága tranzakciók és a hálózati torlódások nem szükségesek a biztonsághoz vagy a stabilitáshoz. Épp ellenkezőleg: a magas díjak és a megbízhatatlan fizetések arra kényszerítik az embereket, hogy letétkezelő pénztárcákat használjanak, ami aláássa a Bitcoin eredeti célját.

A jelenlegi irányvonalán haladva a Bitcoin nem fogja hatalommal felruházni az átlagembereket. A projekt az elmúlt néhány évben nem technológiai kudarcok miatt stagnált, hanem emberi kudarcok miatt. Egészen pontosan rossz vezetés és egy hibás irányítási modell következményeként. Amikor 2010-ben megismertem a Bitcoint, annyira izgalmasnak találtam, hogy szinte erkölcsi kötelességemnek éreztem, hogy beszéljek róla és megosszam a jó hírt. Ma, az azóta történt változások fényében, erkölcsi kötelességemnek érzem, hogy megosszam a rossz hírt: a Bitcoint eltérítették, és már nem hasonlít az eredeti projektre, amely engem és számtalan más embert inspirált. De a története még nem ért véget.

A megoldás

Az eredeti, skálázható Bitcoin-terv még mindig létezik, de nem található meg a kriptovaluta-tőzsdéken a BTC ticker alatt. Ezt a rendszert „Bitcoin Cash"-nek hívják, és a BCH jelzés alatt kereskednek vele. Éveken át a BTC fejlesztői akadályozták az iparág fejlődését, mígnem 2017-ben létrejött egy új hálózat, amely megőrizte a Bitcoin eredeti vízióját: digitális készpénzként, alacsony díjakkal, gyors tranzakciókkal és letétkezelő pénztárcák szükségessége nélkül. Bár a BCH-hálózat sokkal kevésbé ismert, mint a BTC, máris több mint harmincszorosára növelte az áteresztőképességét a BTC-hez képest, és a jövőben exponenciális skálázási terveket is megfogalmazott. Ezáltal a Bitcoin Cash hű marad az eredeti célhoz, hogy valóban használható, hatékony digitális pénzként működjön.

A Bitcoin Cash létrejöttéhez vezető események heves vitákat váltottak ki, amelyeket azóta „Bitcoin-polgárháborúként" emlegetnek. A mai napig gyakran ellenséges a viszony a BTC és BCH közösségei között. Ha csak felszínesen követed a Bitcoinról szóló híreket, valószínűleg kizárólag a BTC oldalát hallottad a történetnek. Ez a könyv azonban a másik oldalt meséli el. Tele van történelmi részletekkel, idézetekkel és olyan korai elfogadók visszaemlékezéseivel, akik osztoztak a Bitcoin mint digitális készpénz eredeti víziójában.

A különböző hálózatok és csoportok megkülönböztetéséhez hasznos egyértelmű terminológiát bevezetni. A BTC-hálózatot gyakran „Bitcoin Core" néven emlegetik, míg a BCH-hálózatot általában „Bitcoin Cash" néven ismerik. Ezért a továbbiakban ezek a megnevezések lesznek használva. A „Bitcoin" kifejezés önmagában az alapul szolgáló technológiát jelenti, amelyet mindkét hálózat használ. A Bitcoin Core és a Bitcoin Cash ugyanazt a tranzakciós előzményt osztotta meg egészen 2017 augusztusáig, amikor az útjaik különváltak. A Bitcoin Core fejlesztői az eredeti tervtől való eltérés mellett döntöttek, míg a Bitcoin Cash fejlesztői hűek maradtak az eredeti elképzeléshez.

Veszélyek elkerülése

Ha ez a technológia valóban forradalmi, akkor veszélyt jelent a meglévő pénzügyi és politikai intézmények hatalmára. Azonban a jelenlegi irányvonalon, ha semmi sem változik, ezek az intézmények képesek lesznek beolvasztani és semlegesíteni a kriptovalutákat. Ha a Bitcoin valóban szabadabbá akarja tenni a világot, akkor az erre nyíló lehetőség ablakai lassan bezárulnak. Az iparág két kudarcforgatókönyv felé halad. Az első a meglévő pénzügyi és szabályozási rendszerek általi teljes beolvasztás lenne. A letétkezelő pénztárcák tömeges elterjedése ezt lehetővé teszi, mivel a tranzakciók könnyen nyomon követhetők és ellenőrizhetők, és a kormányok könnyedén rákényszeríthetik a vállalatokat a megfelelésre. A másik kudarcforgatókönyv az lenne, ha az emberek egyszerűen feladnák, és teljesen elhagynák az inflációálló digitális készpénz vízióját. Számos tehetséges szakembert és hozzáértő üzletembert láttam már idő előtt arra a következtetésre jutni, hogy a

Bitcoin nem képes skálázódni a Bitcoin Core kudarcai miatt. Ez a kiábrándultság elkerülhető lenne, ha az emberek felismernék, hogy az eredeti Bitcoin-technológia még mindig létezik, jól működik, és képes globális elterjedést kezelni. A Bitcoin Core egyszerűen eltért ettől a tervtől. Mielőtt bárki elveszítené a hitét a blokklánc-technológiában, a vállalkozóknak és fejlesztőknek először az eredeti verziót kellene megtapasztalniuk. Folyamatosan próbálok ki új kriptovalutákat, de a Bitcoin Cash az évek során még mindig az egyik legjobb felhasználói élményt nyújtja számomra.

Mivel a Bitcoin a nemzetközi pénzügyek, a politikai hatalom és a forradalmi technológia metszéspontjában áll, története az egyik legdrámaibb az összes iparág közül, és bőven lenne elég anyag több hollywoodi produkcióhoz is. Ez a könyv ennek a történetnek csupán egy szeletét meséli el – a Bitcoin fejlesztésének átvételét és az azt követő szétválást a Bitcoin Cash-re, egy olyan üzletember szemszögéből, aki vitathatatlanul többet használta a technológiát a kereskedelemben, mint bárki más a világon.

2

Bitcoin-alapok

A világ tele van félrevezető információkkal a Bitcoinról, nagyrészt a közösségi média hatalma miatt. Az őszinte vizsgálódást az online térben nem ösztönzik, és ha egy kíváncsi elme rossz kérdéseket tesz fel, vagy „rossz" véleményt fejez ki, számíthat arra, hogy egy dühös kommentelőhullám támadja meg az intelligenciáját, a hírnevét vagy akár az üzletét. A Bitcoin-maximalisták – akik azt állítják, hogy a BTC az egyetlen legitim kriptovaluta – hírhedtek arról, hogy alkalmazzák ezt a taktikát. Hosszas listát sorolnak fel arról, miért csalás minden alternatív projekt, például a BCH, ragaszkodnak ahhoz, hogy a vita már eldőlt, és megkérdőjelezik bárki józan eszét, aki nem ért egyet velük. A legtöbb embernek nincs ideje ezeknek az állításoknak a részletes vizsgálatára, és nem is akarják, hogy online trollok célpontjává váljanak, ezért végül elfogadják a szokványos narratívát. Ahhoz azonban, hogy túllássunk ezen a narratíván, és valóban megértsük a Bitcoin Core és a Bitcoin Cash közötti különbséget, először meg kell értenünk, hogyan tervezték eredetileg a Bitcoint. A történelem ebben segíthet, hiszen a Bitcoin alkotója, Satoshi Nakamoto számos nyilvános kommunikációban osztotta meg az ötleteit, amelyek elmagyarázzák az eredeti tervezési elveket. Az őt követő másik két nagy elme és mérnök, Gavin

Andresen és Mike Hearn, szintén világosan kifejtették a legfontosabb alapelveket. Írásaik, amelyekből idézetek találhatók ebben a könyvben, elengedhetetlenek azok számára, akik a Bitcoint nem csupán felszínes szinten akarják megérteni. Mielőtt mélyebben beleásnánk magunkat a témába, érdemes először megismerkedni három alapvető kulcsfogalommal: a blokklánccal, a bányászokkal, és a teljes csomópontokkal. Ezek megértése nélkül nehéz lenne átlátni, hogyan működik a Bitcoin rendszere és mi teszi lehetővé annak egyedülálló tulajdonságait.

A Blokklánc

A Bitcoin működése a „blokklánc" technológia köré épül. A blokklánc tulajdonképpen egy nyilvános főkönyv, amely nyomon követi az összes Bitcoin-egyenleget, és körülbelül tízpercenként frissül új tranzakciókkal. Ezek az új tranzakciók úgynevezett „blokkokba" vannak csomagolva, amelyeket aztán egymás után fűznek össze, létrehozva a „blokkláncot." A blokklánc különlegessége, hogy nem egy központosított hatóság tartja karban. Nincs egyetlen ügynökség, amely feldolgozná az összes tranzakciót, vagy meghatározná a főkönyv bejegyzéseit. Ehelyett egy decentralizált számítógépes hálózat működteti és frissíti szerte a világon, így nincs központi irányítási pont vagy meghibásodási pont.

A blokkok maguk is központi szerepet játszanak a Bitcoin különböző filozófiai megközelítéseinek megértésében, amelyek nagyjából két táborra oszlanak: „nagyblokkosok" és „kisblokkosok." A nagyblokkosok, ahogy a nevük is sugallja, nagyobb blokkokat akarnak. Minél nagyobbak a blokkok, annál nagyobb a hálózat tranzakciós áteresztőképessége, de annál több erőforrás szükséges minden blokk feldolgozásához. A kisblokkosok ezzel szemben azt szeretnék, ha a blokkok elég kicsik maradnának ahhoz, hogy bárki képes legyen feldolgozni őket. Ezt a különbséget később részletesebben is tárgyaljuk.

Bányászok

Nem mindenki adhat blokkokat a blokklánchoz; ez a feladat kizárólag a bányászok kiváltsága. A bányászok frissítik a főkönyvet azáltal, hogy tranzakciókat csoportosítanak egy blokkba, majd hozzáadnak egy speciális bizonyítékot. Ez a bizonyíték egy matematikai rejtvény megoldása, amely annyira bonyolult, hogy jelentős számítógépes teljesítmény szükséges a megfejtéséhez. Világszerte olyan raktárak vannak, amelyek speciális gépekkel vannak tele, amelyek kifejezetten ezeknek a rejtvényeknek a megoldására szolgálnak. Minden ilyen gép áramot fogyaszt, ami azt jelenti, hogy a Bitcoin-bányászat pénzbe kerül!

A bányászok pénzügyi jutalmat kapnak a munkájukért két mechanizmus révén: tranzakciós díjakból és a blokkjutalomból. A tranzakciós díjakat a felhasználók fizetik, hogy a tranzakcióik bekerüljenek egy blokkba. A blokkjutalom pedig az, ahogyan új Bitcoint bocsátanak ki. Minden alkalommal, amikor egy bányász hozzáad egy blokkot a lánchoz, egy kis mennyiségű új Bitcoint kap. Ez a jutalom nagyjából négyévente felére csökken. A legkorábbi időkben a bányászok 50 új Bitcoint kaptak blokkonként, de a cikk írásának idején a blokkjutalom már 6,25 érme. Végül a jutalom elhanyagolhatóvá válik, és a tranzakciós díjak lesznek a bányászok egyetlen bevételi forrása.

A „nagyblokkosok" szerint a bányászok kulcsfontosságú szolgáltatást nyújtanak a Bitcoin-iparban azáltal, hogy megvédik a hálózatot a támadásoktól, fenntartják a főkönyvet, és feldolgozzák az összes tranzakciót. A bányászok gyakran milliókat, sőt tízmilliókat fektetnek be, hogy erősebb felszerelésre váltsanak. 2018-ban a Bitmain cég bejelentette, hogy Texasban a világ legnagyobb bányászati létesítményét építi, és a beruházásuk összköltségét több mint 500 millió dollárra becsülték[1]. A Bitcoin-bányászat jelentős beruházási és fenntartási költségekkel jár, ezért a nagyblokkosok többsége úgy gondolja, hogy a bányászoknak kellene a legnagyobb beleszólásuknak lennie a Bitcoin fejlesztésébe. Attól függően, hogy a bányászott érme mennyire sikeres, a befektetésük teljesen el is veszhet, vagy jelentős hozamot termelhet.

Emiatt erős ösztönzőjük van arra, hogy biztosítsák, a Bitcoin hasznos és értékes maradjon.

A kisblokkosok hajlamosak szkeptikusabb vagy akár ellenségesebb nézetet vallani a bányászokkal szemben. Mivel a bányászok az egyetlenek, akik blokkokat adhatnak hozzá a hálózathoz, jelentős hatalommal bírnak, és ha a bányászat túlságosan központosítottá válik, ez rendszerszintű fenyegetéssé alakulhat. Ha csupán néhány nagy szereplő uralja a piacot, az a Bitcoin-t is túlzottan központosítottá teheti. A nagy bányászati létesítmények emellett politikai kockázatot is bevezetnek a rendszerbe. Ha a kormányok úgy döntenek, hogy támadást indítanak, szabályozzák vagy ellenőrzésük alá vonják a legnagyobb bányászokat, akkor lehetőségük nyílhat a Bitcoin megzavarására vagy irányítására. A bányászok szerepe egy központi nézeteltérés volt, amely a Bitcoin Cash szétválásához vezetett. Míg a nagyblokkosok úgy vélik, hogy a bányászok nélkülözhetetlen szolgáltatást nyújtanak és fontos szerepet játszanak a rendszerben, addig a kisblokkosok aggodalmukat fejezik ki a bányászatban rejlő túlzott hatalomkoncentráció miatt. Ez a konfliktus hozzájárult a Bitcoin-közösség két részre szakadásához.

Teljes csomópontok

Szerencsére, ha használni szeretnéd a Bitcoint, nem kell bányásznak lenned vagy nagy teljesítményű szoftvereket futtatnod. A hétköznapi felhasználók könnyebb módokon is hozzáférhetnek a hálózathoz. Satoshi Nakamoto leírt egy módszert, amelyet Egyszerűsített Fizetési Ellenőrzésnek (*Simplified Payment Verification, SPV*) hívnak. Ez lehetővé teszi a felhasználók számára, hogy minimális erőfeszítéssel küldjék, fogadják és ellenőrizzék saját tranzakcióikat. A Bitcoin történetének nagy részében a legtöbb pénztárca vagy SPV-t, vagy hasonló módszereket használt a blokklánc eléréséhez. Ez a trend a BTC esetében megfordulóban van a letétkezelő pénztárcák elterjedése miatt, de a BCH-hálózatban továbbra is ez a norma.

A Bitcoin-hálózat elérésének van egy másik lehetősége is, amely nagyobb erőfeszítést igényel: néhány felhasználó „teljes csomópont" szoftvert futtat. Ez a szoftver letölti a teljes blokkláncot, és érvényesíti az összes valaha végrehajtott tranzakciót. Jelenleg a BTC-blokklánc körülbelül 800 millió tranzakciót tartalmaz, és mérete kb. 450 gigabájt. Azoknak a felhasználóknak, akik először futtatnak teljes csomópont szoftvert, több órára is szükségük lehet, hogy szinkronizáljanak a hálózattal. Továbbá, ha egy teljes csomópont valamilyen okból megszakad a hálózattal, le kell töltenie és érvényesítenie kell az összes legfrissebb blokkot, hogy ismét használni tudja a Bitcoint.

Ezért volt az SPV (Egyszerűsített Fizetési Ellenőrzés) egy ilyen jelentős találmány. Az SPV gyakorlatilag semmilyen időt vagy erőfeszítést nem igényel, mégis kiváló biztonságot nyújt. Az SPV lehetővé teszi, hogy a felhasználók saját tranzakcióikat ellenőrizzék, míg a teljes csomópontok a blokkláncon található összes tranzakciót validálják. Ez megkönnyíti a hétköznapi felhasználók számára a Bitcoin használatát anélkül, hogy nehéz technikai terheket róna rájuk.

A nagyblokkos és kisblokkos filozófiák közötti talán legnagyobb különbség a teljes csomópontok szerepében rejlik. A nagyblokkosok úgy vélik, hogy a hálózaton zajló tevékenységek túlnyomó többségének a bányászok és az SPV-t vagy hasonló technológiát használó könnyűsúlyú pénztárcák között kell zajlania. Szerintük a teljes csomópontok csak különleges esetekben hasznosak, például amikor rövid időn belül sok ember tranzakcióit kell érvényesíteni, mint egy kriptovaluta-tőzsde vagy egy fizetési feldolgozó üzemeltetése során. Mivel a hálózat nem biztosít pénzügyi kompenzációt a teljescsomópont-üzemeltetők számára – és mivel a legtöbb embernek nincs szüksége idegenek tranzakcióinak érvényesítésére – a hétköznapi felhasználóknak nincs ösztönzőjük arra, hogy ilyen erőforrásigényes szoftvert futtassanak. Satoshi Nakamoto egyértelműen a nagyblokkos megközelítést támogatta. Ahogyan ő fogalmazott: *„A dizájn támogatja, hogy a felhasználók egyszerűen csak felhasználók legyenek."* [2]

Ezzel szemben a kis blokkot támogatók úgy gondolják, hogy a teljes csomópontok létfontosságúak a hálózat számára. Úgy vélik, hogy a felhasználóknak saját csomópontokat kell futtatniuk, ezért szerintük elengedhetetlen a kis blokkméret, mivel a csomópont működtetésének költsége a blokkmérettel együtt nő. Valójában a kisblokkosok elsődleges érve amellett, hogy a Bitcoin nem tud skálázódni, az az, hogy a nagy blokkok drágábbak a csomópont-üzemeltetők számára. Ahelyett, hogy arra a következtetésre jutottak volna, hogy az átlagfelhasználóknak nem kell teljes csomópontot futtatniuk, arra jutottak, hogy a Bitcoin nem skálázható. Az én nézőpontomból ez az egyik legnagyobb félreértés a Bitcoinnal kapcsolatban, és ezt részletesen elemezni fogjuk.

A fundamentális öt

Sokat beszéltek már Satoshi Nakamoto eredeti víziójáról a Bitcoinnal kapcsolatban. Azok, akik támogatják ezt, például magam és más korai elfogadók, úgy gondoltuk, hogy egy zseniális rendszert tervezett, amely bizonyította, hogy a valóságban is működik. Ennek a sikernek köszönhetően nem láttunk semmilyen okot arra, hogy alapvetően megváltoztassuk. Az eredeti vízió kritikusai viszont úgy vélték, hogy Satoshi néhány kulcsfontosságú területen tévedett, és ennek megfelelően meg akarták változtatni a protokollt. A Bitcoin Core fejlesztői ilyen kritikusok voltak, annak ellenére, hogy végül ők vették át a projekt irányítását.

A Bitcoin-maximalisták gyakran hasonlítják az eredeti vízióhoz való ragaszkodást egyfajta vak hithez, amelyben bármilyen eltérést az alapító elképzelésektől nem tolerálnak. Ez azonban gyenge kritika. Satoshi tervéhez való ragaszkodás messze nem dogmatikus. A Bitcoin egy összetett rendszer, amely sok különböző részből áll. A szoftver és a számítógépes hálózat mellett ez egy teljes gazdasági rendszer, amely gazdasági elemzést igényel a megértéséhez. Amikor a szoftveres elemeket a gazdasági összetevőkkel együtt vizsgáljuk, nyilvánvalóvá válik, hogy a Bitcoin egy finoman hangolt rendszer, amelyet nem szabad könnyelműen megváltoztatni.

Ahelyett, hogy a Bitcoin skálázását a blokkok méretének növelésével oldották volna meg – lehetővé téve több tranzakció lebonyolítását

–, a Core fejlesztői úgy döntöttek, hogy a Bitcoint inkább több réteg használatával kellene skálázni. Szerintük az első réteget az „on-chain" tranzakciók alkotják, amelyekre további rétegek épülnek. Ezek a további rétegek „off-chain" tranzakciókból állnának, vagyis ezek nem kerülnének rögzítésre a blokkláncon, ezáltal elkerülve az alaprendszer skálázásának szükségességét. A sokat reklámozott „Lightning Network" az egyik ilyen második réteg, de számos alapvető problémája van, amelyek részletesen a 9. fejezetben kerülnek tárgyalásra. Az egyik jelentős probléma, hogy a használatához on-chain tranzakciókra van szükség. Ahhoz, hogy egyszerűen csatlakozhass a Lightning Networkhöz, legalább egy tranzakciót végre kell hajtanod az alaprendszeren, amely akár száz dollárba is kerülhet, ha a BTC nagy használatnak van kitéve. Annak ellenére, hogy ez egy kritikus hiányosság, nincs javaslat a megoldására. Ez alapvetően megkérdőjelezi a második rétegek használhatóságát és hatékonyságát, különösen, ha az első réteg kapacitásproblémákkal küzd.

A Bitcoin Core mindent az extra rétegek életképességére tett fel. Az eredeti rendszert megfordították, hogy az alaprendszer tranzakciói lassúak és drágák legyenek, de még nem hoztak létre egy kielégítő alternatívát, amely egyszerű és megbízható fizetéseket biztosítana. A Lightning Network jelenlegi verziója sem megbízható, sem biztonságos, ezért a legnépszerűbb Lightning-pénztárcák ma már letétkezelő megoldások. Ez azt jelenti, hogy a tranzakciók kezelése központi harmadik felekre hárul, ami ellentétes a Bitcoin eredeti céljával, hogy decentralizált és cenzúraálló pénzként működjön. Mindezek fényében a BTC jövőbeli, szabadságot erősítő pénz szerepe kizárólag olyan technológiák megvalósításán múlik, amelyek jelenleg még nem léteznek. Ez jelentős kockázatot hordoz, mivel az eddigi fejlesztések nem nyújtottak életképes megoldást az eredeti Bitcoin víziójának megvalósítására.

Egy 2021. júliusi konferencián Elon Musk is megjegyezte, hogy a BTC tranzakciós áteresztőképessége problémát jelenthet, és védelmébe vette a kriptovaluta skálázásának ötletét az alaprendszer méretének növelésével. Ahogy Musk kifejtette:

Érdemes megfontolni egy olyan rendszert, amelynek magasabb a maximális tranzakciós rátája és alacsonyabbak a tranzakciós költségei, és megnézni, meddig lehet eljutni egy egyrétegű hálózattal... Úgy gondolom, hogy valószínűleg messzebbre lehet jutni, mint azt az emberek gondolják.[3]

Musk a BTC egyik kiemelkedő támogatója, de mérnöki megérzései a BCH filozófiájával állnak összhangban. Az alaprendszer skálázása a helyes megközelítés, és mindig is az eredeti dizájn része volt.

Satoshi nem volt tökéletes, de ahogy a következő fejezetek kifejtik, az ötletei lenyűgözőek, alaposan átgondoltak, és megérdemlik az őszinte vizsgálatot. Az általa tervezett rendszer nem igényli az extra rétegek bonyolultságát, bár továbbra is kompatibilis velük. Ahelyett, hogy vakon követnél bármilyen egyént, fejlesztői csoportot vagy ticker-szimbólumot, próbáld meg az ötleteket a saját érdemeik alapján megítélni. Hallgasd meg, hogyan tervezte Satoshi a Bitcoint, hallgasd meg a Core-fejlesztőket, és alkosd meg a saját véleményedet.

Az eredeti dizájn és a Bitcoin Core új dizájnja közötti különbségek öt kritikus gondolatban foglalhatók össze:

1) A Bitcoint úgy tervezték, hogy digitális készpénz legyen, amelyet az interneten keresztül történő fizetésekhez használnak.

2) A Bitcoint úgy tervezték, hogy rendkívül alacsony tranzakciós díjai legyenek.

3) A Bitcoint úgy tervezték, hogy a blokkméret növelésével skálázható legyen.

4) A Bitcoint nem úgy tervezték, hogy az átlagfelhasználó saját csomópontot futtasson.

5) A Bitcoin gazdasági felépítése ugyanolyan fontos, mint a szoftveres felépítése.

Ezek a pontok mind központi szerepet játszanak a Bitcoin eredeti víziójában, amelyet Satoshi és más korai úttörők osztottak. Azonban ma a domináns narratíva szinte mindegyik ponttal ellentétes véleményt képvisel. Ha a hálózati televíziók kommentátoraitól a népszerű podcastokig hallgatod a véleményeket, azt hiheted, hogy:

1) A Bitcoint úgy tervezték, hogy értéktároló legyen, még akkor is, ha nem működik csereeszközként.
2) A Bitcoinnak magas tranzakciós díjakkal kell rendelkeznie.
3) A Bitcoin nem skálázódik a blokkméret növelésével.
4) A Bitcoin biztonsága attól függ, hogy a hétköznapi felhasználók saját csomópontokat futtatnak.
5) A Bitcoin gazdasági dizájnja hibás volt, és szoftvermérnököknek kellett megjavítaniuk.

Mindezek helytelenek. Még akkor is, ha kedveled a Bitcoin Core által végrehajtott változtatásokat, a történelmi feljegyzések egyértelműen mutatják, hogy ezek radikálisan eltérnek az eredeti dizájntól. A következő fejezetek részletesen megvizsgálják ezeket az állításokat.

3

Digitális készpénz tranzakciókhoz

Az internet a világ valaha volt legerősebb eszköze az információ terjesztésére. Az emberek szinte bármit megtanulhatnak a Google, a YouTube, a Wikipédia vagy akár a közösségi média használatával. Ezek a csatornák azonban könnyen szennyeződhetnek vagy akár kisajátíthatók. Például, ha kriptovalutáról teszel említést a Twitteren, garantáltan találkozol egy rakás véletlenszerű Twitter-felhasználóval, akik a saját kedvenc érméjüket ajánlgatják, miközben minden mást kritizálnak. Ha jobban megfigyeled, sok ilyen fióknak hamis profilképe van, nincs követője, és úgy tűnik, egész nap a kedvenc kriptoprojektjeikről tweetelnek. Egyénileg jelentéktelennek és erőtlennek tűnhetnek, de ha több száz vagy ezer ilyen fiók működik, az képes befolyásolni a közvéleményt. Ezt első kézből tapasztaltam. A kriptovaluta-ipart tartósan befolyásolták a közösségi médiakampányok és az online félretájékoztatás. Ezek a technikák különösen csúnya múltra tekintenek vissza a Bitcoin esetében.

Bár ezek a taktikák erkölcstelenek, kétségtelenül hatékonyak. Ez jól mutatja, milyen sikeres a Bitcoin Core narratívája, hiszen mára vita és zavar támadt a Bitcoin valódi célját illetően. Ahelyett, hogy mindennapi kereskedelemre szánt fizetési rendszerként ismernék el, a Bitcoinról szinte kizárólag mint „értéktárolóról" beszélnek, amelynek hasznossága nem függ attól, hogy készpénzként használják-e. Ezt az állítást mindenhol hallani lehet, még akadémikusok is ismételgetik. A népszerű könyv, a *The Bitcoin Standard* leírásában például ez áll:

> A Bitcoin valódi versenyelőnye talán éppen az lehet, hogy értéktárolóként és nagy összegű fizetések végső elszámolási hálózataként működik – egy digitális arany, beépített elszámolási infrastruktúrával.[1]

Korábban tetszett a digitális arany hasonlat, amíg teljesen kifordították az eredeti értelmét. Régen azt mondtuk, hogy a Bitcoin olyan, mint a digitális arany, mert ez egy olyan valuta, amelyet egy központi bank nem tud inflálni, és mivel digitális, szinte költségmentesen és azonnal elküldhető bárhová a világon. De ma már nem ezt értik „digitális arany" alatt. Ehelyett ezt a hasonlatot arra használják, hogy az ellenkezőjét állítsák: hogy a Bitcoin olyan, mint az arany, mert drága tranzakciókat végrehajtani vele, és nem gyakran használják csereeszközként. Ahelyett, hogy a Bitcoin arany pénzügyi erősségeivel állna párhuzamban, inkább az arany pénzügyi gyengeségeihez hasonlítják. Néhány Bitcoin Core-támogató még tovább vitte ezt az érvelést. Nemcsak azt állítják, hogy a Bitcoin jobb értéktároló, mint fizetési rendszer, hanem azt is, hogy a Bitcoint szándékosan értéktárolónak tervezték, nem pedig csereeszköznek. Dan Held, a Kraken üzletfejlesztési igazgatója szerint:

> Azok, akik a „Bitcoin először tranzakciókhoz készült" narratívát erőltetik, válogatott mondatokat emelnek ki a white paperből és a fórumhozzászólásokból, hogy alátámasszák nézőpontjukat... A Bitcoint kifejezetten arra tervezték, hogy először értéktároló legyen.[2]

Bár ez a merész állítás szerezhet néhány lájkot a közösségi médiában és dicséretet a kriptovaluta-kommentátoroktól, nem állja meg a helyét a tényekkel szemben. A történelmi feljegyzések egyértelműen mutatják, hogy a Bitcoint mindennapi fizetésekre tervezték.

Satoshi szavaival

Milyen bizonyítékaink vannak arra, hogy a Bitcoint kifejezetten fizetési rendszernek tervezték? Nos, minden, amit az alkotója a témában írt. A világ számára bemutatott alapvető whitepaperen túl, több száz online fórumhozzászólás és több mint ötven nyilvános e-mail-váltás áll rendelkezésünkre Satoshitól. Ezek egyértelmű képet festenek a technológiáról. Kezdjük a 2008-ban kiadott whitepaperrel, amely először mutatta be és határozta meg a Bitcoint. Javaslom, hogy olvasd el a teljes whitepapert online. Jól megírt dokumentum, és sok kulcsfogalma technikai ismeretek nélkül is érthető. Elemezzük az első néhány szakaszt, kezdve a címével:

„Bitcoin: Egy Peer-to-Peer Elektronikus Készpénzrendszer"

Satoshi hívhatta volna „elektronikus értéktárolónak", ha ez lett volna a szándéka, de ehelyett elektronikus készpénzrendszernek nevezte. Ez már önmagában is beszédes, de nézzük meg a kivonat első mondatát, amely így szól:

> „Egy tisztán peer-to-peer alapú elektronikus készpénzrendszer lehetővé tenné az online fizetéseket, közvetlenül a tranzakcióban résztvevő felek között, pénzügyi intézmény közbeiktatása nélkül."[3]

Az „online fizetések" szó szerint az első mondatban szerepelnek a Bitcoin bemutatkozó dokumentumában. A kivonat után a bevezetés így kezdődik:

> Az internetes kereskedelem szinte kizárólag a pénzügyi intézményekre támaszkodik, amelyek megbízható harmadik félként működnek az elektronikus fizetések feldolgozásában. Bár a rendszer a legtöbb tranzakció esetében megfelelően működik, mégis szenved a bizalom alapú modellből fakadó belső gyengeségektől...

A bevezetés első két mondatában Satoshi említi az „internetes kereskedelmet", az „elektronikus fizetéseket" és a „tranzakciókat". Ezt így folytatja:

> A teljesen visszafordíthatatlan tranzakciók valójában nem lehetségesek, mivel a pénzügyi intézmények nem kerülhetik el a viták közvetítését. A közvetítés költségei növelik a tranzakciós költségeket, korlátozva a gyakorlati tranzakciók minimális méretét, és ellehetetlenítve a kisebb, alkalmi tranzakciókat. Továbbá szélesebb értelemben véve költséget jelent az a képesség elvesztése, hogy visszafordíthatatlan szolgáltatásokért visszafordíthatatlan fizetéseket lehessen tenni. A visszafordítás lehetősége miatt a bizalom iránti igény megjelenik... Ezeket a költségeket és a fizetési bizonytalanságokat személyesen el lehet kerülni fizikai valuta használatával, de nem létezik olyan mechanizmus, amely lehetővé tenné a fizetéseket kommunikációs csatornán keresztül, megbízható fél nélkül.

Más szóval, a meglévő online fizetési módszerek magas tranzakciós költségekkel járnak, mivel a rendszerben rejlő bizalom szükségessége alapvető. A hitelkártyák, a PayPal és hasonló szolgáltatások mind olyan cégektől függenek, amelyek drága vitamegoldási mechanizmusokat működtetnek. Ezek a költségek teszik a „kisebb, alkalmi tranzakciókat" gyakorlatilag lehetetlenné az interneten. Ezzel szemben a készpénzes fizetések nem igényelnek harmadik felekbe vetett bizalmat, de nincs mód arra, hogy a fizikai készpénzt online használjuk. Itt lép színre a Bitcoin:

> Szükség van egy olyan elektronikus fizetési rendszerre, amely a bizalom helyett kriptográfiai bizonyítékokra épül, lehetővé téve, hogy bármely két fél közvetlenül tranzakciókat hajtson végre egymással anélkül, hogy megbízható harmadik félre lenne szükség. Az olyan tranzakciók, amelyeket számítógépes erőforrásokkal gyakorlatilag lehetetlen visszafordítani, megvédenék az eladókat a csalástól, és egyszerűen megvalósíthatóak lennének rutinszerű letéti mechanizmusok a vevők védelmére.

Más szóval, a Bitcoin olyan, mint a készpénz, mert a tranzakciót lebonyolító felek közvetlenül egymás között utalhatnak, harmadik fél közbeiktatása nélkül. A whitepaper első néhány bekezdéséből egyértelműen kiderül, hogy a Bitcoin a „kereskedelemről", „tranzakciókról", „fizetésekről", „kereskedőkről", „vásárlókról" és „eladókról" szól. Az egész whitepaperben egyszer sem említik az „értéktárolót". Még Satoshi e-mailjeiben és fórumhozzászólásaiban is csak néhány alkalommal lehet következtetni arra, hogy a Bitcoin értéktárolóként funkcionálna. Sam Patterson, az OB1 kriptovaluta-vállalat társalapítója, egy népszerű cikket írt, amelyben összegyűjtötte az összes olyan említést, ahol a Bitcoint fizetési rendszerként vagy értéktárolóként hivatkozták. Erre a következtetésre jutott:

> Satoshi összes írásának áttekintése után magabiztosan kijelenthetem, hogy a Bitcoint nem kifejezetten értéktárolónak tervezték elsődlegesen. Fizetésekre épült... Satoshi a fizetéseket több mint négyszer olyan gyakran említette, mint az értéktárolót....
>
> Ezek a bizonyítékok elegendőek lehetnek ahhoz, hogy elvessük azt az állítást, miszerint „a Bitcoint elsődlegesen értéktárolónak tervezték". Nem tudom elképzelni, hogy bárki, aki őszintén megvizsgálja Satoshi szavait, valóban elhiggye, hogy nem fizetésekre építette ezt a rendszert.[4]

Nem csak a whitepaper teszi egyértelművé, hogy a Bitcoin a fizetésekről szól. Satoshi az online fórumokon is ugyanolyan világosan fogalmazott:

> A Bitcoin kisebb tranzakciókra is alkalmas, mint amilyenekre a meglévő fizetési módszerek képesek. Olyan kicsikre is, amelyeket akár a mikrotranzakciók felső határának nevezhetnénk.[5]

Mikrotranzakciók

Mennyire kicsik a „mikrotranzakciók"? Erre nincs univerzális definíció, de ebben a kontextusban az egy amerikai dollárnál kisebb tranzakciókról van szó. Gavin Andresen, akit Satoshi az utódjának választott, hasonló gondolatokat osztott meg.:

> Továbbra is úgy gondolom, hogy a Bitcoin-hálózat nem a megfelelő megoldás az amerikai centnél kisebb értékű fizetésekhez. De nem látok okot arra, hogy ne működjön jól a kisebb összegű (1 és 0,01 amerikai dollár közötti) fizetések esetében."[6]

A Bitcoint korábban praktikusnak tartották néhány centtől néhány dollárig terjedő tranzakciókhoz. Azonban mivel a tranzakciós díjak megemelkedtek, gyakran lehetetlen ilyen kicsi összegeket küldeni, mert a díjak meghaladják a ténylegesen küldött összeget. Ha egy Bitcoin-címen nincs elegendő fedezet a bányászati díj kifizetésére, az gyakorlatilag használhatatlanná válik. Satoshi részletesen kifejtette a mikrotranzakciók működését:

> Bár jelenleg nem gondolom, hogy a Bitcoin praktikus lenne kisebb mikrotranzakciókra, ez idővel meg fog változni, ahogy a tárhely- és sávszélességköltségek tovább csökkennek. Ha a Bitcoin széles körben elterjed, lehet, hogy addigra már ez is megvalósul. Egy másik módja annak, hogy a mikrotranzakciók praktikusabbá váljanak, ha bevezetem a csak kliens módot, és a hálózati csomópontok száma kisebb számú professzionális szerverfarmra koncentrálódik. Bármilyen méretű mikrotranzakcióra lesz szükség, az idővel praktikus lesz. Úgy gondolom, hogy 5 vagy 10 év múlva a sávszélesség és a tárhely már jelentéktelen problémának fog tűnni.[7]

Ez az idézet két okból is érdekes. Először is, Satoshi úgy képzelte, hogy a Bitcoint idővel „bármilyen méretű mikrotranzakcióhoz" lehet majd használni. Másodszor, előre jelezte, hogy a hálózati infrastruktúra „professzionális szerverfarmokba" fog koncentrálódni, ami különösen releváns a nagyobb blokkokról szóló vitában.

> Amint [a Bitcoin] beindul, rengeteg alkalmazási lehetőség lesz, ha néhány centet könnyedén fizethetsz egy weboldalnak, olyan egyszerűen, mint érméket dobni egy automatába.[8]

Satoshi azt akarta, hogy a Bitcoint arra használják, hogy „néhány centet könnyedén fizessünk egy weboldalnak." Ezzel érdemes összevetni, amit Peter Todd, a Core fejlesztője mondott:

> Nagyon boldog lennék, ha bárhová a világon pénzt utalhatnék, teljesen mentesen a központi irányítástól, mindössze 20 dollárért. Ugyanígy szívesen elfogadok központosítottabb módszereket, amikor csak egy csokoládét veszek.[9]

Satoshi és Todd elképzelései összeegyeztethetetlenek egymással, mivel több mint három nagyságrenddel eltérnek az elfogadható díjszintet illetően. A 20 dolláros díjak a nagy értékű átutalásokon kívül a Bitcoin minden más felhasználási módját tönkreteszik - ez egyfajta digitálisarany-szélsőségesség. Van egy idézet Satoshitól, amely közvetlenül az aranyhoz hasonlítja a Bitcoint. Arra a kérdésre válaszolt, hogy nyilvánvalóan pazarlás a Bitcoin bányászatához szükséges áramfogyasztás:

> Ez ugyanaz a helyzet, mint az arannyal és az aranybányászattal. Az aranybányászat határköltsége hajlamos közel maradni az arany árához. Az aranybányászat pazarlás, de ez a pazarlás sokkal kisebb, mint az a haszon, amit az arany, mint csereeszköz biztosít.
>
> Szerintem ugyanez lesz a helyzet a Bitcoinnal is. Azoknak a tranzakcióknak a haszna, amelyeket a Bitcoin lehetővé tesz, messze meghaladja majd a felhasznált villamos energia költségét. Ezért a Bitcoin hiánya lenne az igazi pazarlás.[10]

Az aranyat analógiaként használták annak szemléltetésére, hogy csereeszközként való hasznossága meghaladja a bányászat költségeit. Visszatekintve ez igencsak ironikus.

Egy fórumhozzászólásban az automatás vásárlások is szóba kerülnek, kiemelve a Bitcoin képességét az azonnali, kis összegű fizetések lebonyolítására. Mivel az azonnali fizetések nem teljesen biztonságosak, Satoshi úgy képzelte, hogy a fizetési feldolgozók vállalják magukra a kisebb csalási kockázatot ezek kezelésére:

> Úgy gondolom, hogy egy tranzakciófeldolgozó cég képes lesz arra,

hogy szolgáltatásként biztosítsa a tranzakciók gyors feldolgozását, megfelelő ellenőrzéssel, körülbelül 10 másodperc vagy annál rövidebb idő alatt.[11]

Igaza volt, és kiderült, hogy a Bitcoin-fizetési feldolgozóknak mindössze néhány másodpercre van szükségük a megfelelő szintű ellenőrzéshez.

Minden a kereskedelemről szól

A fórumok tele vannak hasonló vitákkal arról, hogyan lehetne a Bitcoint a kereskedelemben használni. Satoshi és mások beszéltek online kereskedők[12] számára készítendő felületekről, eszközökről fizikai kereskedők[13] számára, POS (point-of-sale) tranzakciókról,[14] olyan felhasználási esetekről, ahol az ügyfél nem szívesen használ hitelkártyát[15], valamint arról, hogy kis mennyiségű Bitcoint tartsanak mobil eszközökön alkalmi költségek fedezésére,[16] és így tovább. Nem fér kétség ahhoz, hogy Satoshi úgy tervezte a Bitcoint, hogy tranzakciókra legyen használható, még olyan kis összegekre is, mint néhány cent. Sőt, a szoftver eredeti, 0.1.0 verziója befejezetlen kódot tartalmazott egy peer-to-peer piactérhez, sőt, egy virtuális póker alapvető keretrendszerét is.

A szélesebb Bitcoin-iparág is azon a feltételezésen alapult, hogy a Bitcoin egy gyors, olcsó és megbízható fizetési rendszer az internet számára. Az olyan sikeres cégek, mint a BitPay, a világ legnagyobb Bitcoin-fizetési feldolgozója, üzleti modelljüket súlyosan érintették az indokolatlanul magas díjak. Stephen Pair, a BitPay vezérigazgatója, egy 2017-es interjúban így nyilatkozott:

> A BitPay-nél a Bitcoin blokklánca már nem működik számunkra... és van néhány lehetőségünk. Az egyik, hogy elkezdünk egy Bitcoin-forkot használni. A második lehetőség, hogy elkezdünk egy Bitcoin-forkot használni. És a harmadik lehetőség, hogy elkezdünk egy Bitcoin-forkot használni. Valójában ott tartunk, hogy nincs más választásunk, és ezt kell tennünk.[17]

Emiatt a BitPay volt az egyik első cég, amely integrálta a Bitcoin

Cash-t a szétválás után. Brian Armstrong, a Coinbase vezérigazgatója szintén osztotta a Bitcoin mint a világ digitális készpénzének vízióját. Egy 2017-es interjúban elmagyarázta, miért törte össze a szívét, hogy a BTC nem tudott megfelelően skálázódni."

> Azért lettem igazán lelkes a Bitcoin és a digitális valuta iránt, mert azt szeretném, ha a világ egy nyitott pénzügyi rendszert kapna... ahol minden fizetés gyors, olcsó, azonnali és globális... És a Bitcoin végül nem tudott ehhez a vízióhoz skálázódni.[18]

Továbbá elmagyarázta, hogy más projektek, például a Bitcoin Cash, valószínűbb, hogy elérik ezt a célt:

> Úgy hiszem, a [Bitcoin-hálózatot] akár a VISA méretében is lehetne működtetni, a jelenlegi VISA-költségek kéthárom nagyságrenddel alacsonyabb szintjén. Ez azt jelentené, hogy minden fizetés elküldése a világon körülbelül egy centbe, vagy még kevesebbe kerülhetne... De úgy gondolom, más hálózatok, mint a Bitcoin Cash vagy az Ethereum, mind ezen dolgoznak, így ez a vízió meg fog valósulni. Viszont kissé frusztráló volt látni, hogy az eredeti Bitcoin nem jutott el idáig.

Armstrong véleménye gyakori volt a korai Bitcoin-vállalkozók és általában a korai Bitcoin-használók körében. Emlékszem, hogy az online közösség gyakran hasonlította a Bitcoint a Western Unionhoz, hogy kiemelje annak fizetési rendszerként való fölényét. Az egyik legnépszerűbb korai infografika (alább látható) egy Western Union hirdetést helyezett el egy Bitcoin-hirdetés mellett.

A Western Union hirdetése így szólt: „Küldj meleg jókívánságokat ma. Mindössze 5 dollárért akár 50 dollárt is küldhetsz az Egyesült Államokon belüli átvételre. Pénzt mozgatni, jobban."

A Bitcoin hirdetése pedig ezt írta: „Küldj meleg jókívánságokat éjjel-nappal. Mindössze 0,01 dollárért bármilyen összeget küldhetsz, bármely helyszínre átvételre. Pénzt mozgatni, sokkal jobban."

1. ábra: Korai infografika, amely összehasonlítja a Western Uniont és a Bitcoint

A Bitcoin.org weboldala is népszerűsítette a Bitcoin előnyeit a mindennapi kereskedelemben. Egy 2010-ből származó archivált verzióban ez állt: „A Bitcoin-tranzakciók gyakorlatilag ingyenesek, míg a hitelkártyák és online fizetési rendszerek általában 1-5%-os költséget számolnak fel tranzakciónként, plusz egyéb kereskedői díjakat, amelyek akár több száz dollárig is terjedhetnek."[19] Még 2015-ben is ezt hirdette a weboldal: „Nulla vagy alacsony feldolgozási díjak" és „Azonnali peer-to-peer tranzakciók."[20]

Azt állítani, hogy a Bitcoint soha nem a mindennapi tranzakciókra tervezték, merész kísérlet a történelem átírására. Bárki, aki 2014 előtt részt vett a közösségben, igazolhatja, hogy az eredeti terv egy alacsony költségű, digitális készpénzrendszer volt. Azok, akik úgy gondolták, hogy a Bitcoin egy drága, exkluzív értéktároló kell legyen, az extrém kisebbséghez tartoztak.

4

Értéktároló vs. kereskedelmi eszköz

„A Bitcoin valódi előnye abban rejlik, hogy megbízható, hosszú
távú értéktároló... nem pedig abban, hogy mindenhol elérhető
vagy olcsó tranzakciókat kínál."[1]

—Saifedean Ammous, *The Bitcoin Standard*

Meglepő, hogy ilyen sokan kritikátlanul elfogadták azt az elképzelést, hogy a Bitcoin értéket fog tárolni, még akkor is, ha nem működik digitális készpénzként. Az igazság valószínűleg éppen az ellenkezője: ha a Bitcoin hosszú időn keresztül bizonyítani tudja magát, mint kiváló valuta, a piac esetleg elfogadhatja értéktárolóként. De ez csak évekig tartó hasznosság és stabilitás demonstrálása után történhet meg.

Bármely meglévő kriptovalutát „megbízható, hosszú távú értéktárolónak" nevezni korai, tekintettel az árfolyamok rendszeres és szélsőséges ingadozásaira. Az a tény, hogy a BTC ára az elmúlt tíz évben jelentősen emelkedett, nem jelenti azt, hogy értéktároló lenne.

Ne érj hozzá

Saifedean Ammous a „digitálisarany-maximalizmus" egyik legszélsőségesebb képviselője. Olyan jövőt képzel el, amelyben a hétköznapi emberek egyáltalán nem érintik a blokkláncot, és az on-chain tranzakciók kizárólag nagy értékű átutalásokra vannak fenntartva. A *The Bitcoin Standard* című könyvében így ír:

> A Bitcoint az online tranzakciók új, feltörekvő tartalékvalutájaként lehet tekinteni, ahol az online bankok megfelelői Bitcoin-alapú tokeneket bocsátanak ki a felhasználóknak, miközben a Bitcointartalékaikat hidegtárolóban tartják...[2]

Egy online vita során így ír:

> A Bitcoin on-chain fizetései nem a kereskedőknek szólnak, hanem a központi bankoknak. Az összes világméretű fizetési hálózat épülhet a Bitcoinra, csak on-chain elszámolással. A BTC olyan, mint a központi banki arany az aranyalapú rendszer alatt.[3]

Ezt az érzést visszhangozza a népszerű Bitcoin-kommentátor, Tuur Demeester is:

> Teljes érettségében a Bitcoin-blokklánc használata olyan ritka és specializált lesz, mint egy olajszállító tanker bérlése.[4]

Ezeket az elképzeléseket ma már úgy tárgyalják, mintha kezdetektől fogva a domináns vízió részei lettek volna. Az eredeti tervhez képest azonban ezek vadak és szükségtelenek. Én biztosan nem ezért a verzióért kezdtem használni a Bitcoint, és számtalan más vállalkozó sem, akikkel a korai napokban dolgoztam. A Bitcoin szépségének központi része éppen az, hogy a blokklánc mindenki számára elérhető, és nem kizárólag a bankárok privilégiuma. Ammous és Demeester – sok más, magabiztosan nyilatkozó közszereplőhöz hasonlóan – egyszerűen feltételezi, hogy a kiegészítő rétegek megoldják a BTC használhatósági problémáit, minden további nehézség nélkül. Amikor azonban ténylegesen megvizsgáljuk a második réteg technológiáit, azok életképessége továbbra is kérdéses, különösen, ha az alaprendszer nem skálázódik. Ezeket a problémákat a BTC-rajongók általában nem ismerik el, inkább hisznek abban, hogy a mérnökök a jövőben mindent megoldanak – annak ellenére, hogy eddig gyenge eredményeket értek el.

Továbbá, a „Bitcoin-alapú tokenek" jövője garantálja, hogy az önkényes infláció továbbra is sújtani fogja azokat, akik nem központi bankárok. A történelem azt mutatja, hogy a valuták elkerülhetetlenül elveszítik fedezetüket idővel, és ha az embereket arra kényszerítik, hogy tényleges Bitcoin helyett csak ígéretekkel kereskedjenek, akkor csak idő kérdése, hogy ezek az ígéretek messze meghaladják a ténylegesen kibocsájtott Bitcoinok mennyiségét. A „második rétegek" csak még könnyebbé teszik ezt az inflációt.

Narratívaváltás

A Bitcoin-közösségen belül a narratíva fokozatosan eltolódott a digitális készpénztől az értéktároló irányába, több éven keresztül. Még 2016-ban is a Bitcoinerek többsége online valutaként népszerűsítette a technológiát – vagy ahogy szerették nevezni, „varázslatos internetes pénzként" –, ezért minden új cég bejelentését ünnepelték, amikor azt közölték, hogy elfogadják a Bitcoint fizetésként. Minden új kereskedő, aki elfogadta, növelte a Bitcoin hitelességét és hasznosságát. Azonban a 2017 végén történt díjnövekedés után, ahelyett, hogy elismerték volna a problémát, a legbefolyásosabb BTC-támogatók ügyesen elkezdték megváltoztatni a narratívát – hiszen, ha a Bitcoin csak egy értéktároló, akkor a magas díjak végül is nem számítanak. Az utóbbi években már arra is bátorították az embereket, hogy ne használják érméiket a kereskedelemben, mert a BTC-t vásárlásra és végtelen ideig tartásra szánják. Cinikus meglátásom a „vegyél, tartsd, és soha ne használd" narratíváról az, hogy ez nagyszerű módja az árfolyam felpumpálásának mesterséges hiány megteremtésével. Ha elég embert meg lehet győzni arról, hogy meggazdagodhat egy véges kínálattal rendelkező eszköz vásárlásával és tartásával, akkor a szélsőséges árnövekedés elkerülhetetlen következmény. Megítélésem szerint a kriptovaluták egyetlen esélye arra, hogy valódi értéktárolóvá váljanak, az a valós hasznosság. Egy kriptovalutának hasznosabbnak kell lennie, mint a hagyományos rendszereknek, és a magas tranzakciós díjak azonnal csökkentik bármely érme hasznosságát. Ha a BTC lenne az egyetlen elérhető kriptovaluta, talán még működhetne értéktárolóként, de mivel a piacon jobb alternatívák is elérhetők, valószínűtlen, hogy a leglassabb, legdrágább és legkevésbé skálázható kriptovalutát választanák megbízható, hosszú távú értéktárolónak. Például a Bitcoin Cash gyakorlatilag rendelkezik a Bitcoin Core összes tulajdonságával, azzal a különbséggel, hogy ténylegesen használható digitális készpénzként. Hosszú távon a piac felismeri majd, hogy nincs jó oka annak, hogy rendkívül magas díjakat fizessenek a BTC-n, hiszen ugyanazt a szolgáltatást töredékáron elérhetik.

Az értéktárolás gazdaságtana

Ahhoz, hogy megértsük a „csak értéktároló" elképzelés problémáit, mélyebben bele kell merülnünk a közgazdaságtanba. Szerencsés voltam, hogy már fiatalon felfedeztem az osztrák közgazdasági iskola tanításait. Ludwig von Mises és Murray Rothbard nagy gondolkodók segítettek abban, hogy közgazdasági szemléleten keresztül értsem meg a világot. Azért tudtam, hogy a Bitcoin népszerűvé fog válni, mert korábban olvastam az ő pénzelméleti gondolataikat. Láttam, hogy a Bitcoin rendelkezik a rendkívül magas minőségű pénz tulajdonságaival, ami azt jelentette, hogy azonnal vásárolnom kell belőle.

A Bitcoin értéktárolóként való potenciálja egy érdekes közgazdasági rejtély. Valójában maga az érték is egy olyan rejtély, amely évszázadokon át foglalkoztatta a közgazdászokat. Miért van egyáltalán bárminek értéke? Az osztrák közgazdasági iskola egyik felismerése, – amelyet azóta a mainstream közgazdaságtan is átvett – hogy az érték szubjektív. Az érték nem az anyagi javakban rejlik, hanem az emberi elmékben található meg. A dolgok önmagukban nem rendelkeznek értékkel. Mi adunk nekik értéket, mert hisszük, hogy képesek kielégíteni vágyainkat. Egy „értéktároló" nem tud szó szerint „értéket tárolni", mintha egy fizikai doboz lenne, amelybe értéket helyezünk, hogy később elővegyük. Inkább arról van szó, hogy ha valamit értéktárolónak tekintünk, az azt jelenti, hogy következetesen értéket tulajdonítanak neki az emberek. És mivel sikeres múlttal rendelkezik, jó ok van feltételezni, hogy a jövőben is értéket fog képviselni. Ezért megőrzi vásárlóerejét az idő múlásával. Számos dolgot használnak értéktárolásra. Például a szarvasmarha már régóta szolgál értéktárolóként.

Az embereknek jó okuk van feltételezni, hogy a szarvasmarha képes kielégíteni szükségleteiket. Tejet adhat, megehetjük, mezőgazdasági munkára használhatjuk, és még sok másra. Hasznossága miatt, ha el akarod adni a szarvasmarháidat, valószínűleg találsz rájuk vevőt. Az ingatlan egy másik népszerű értéktároló, amely hosszú múltra tekint vissza. Az embereknek jó okuk van feltételezni, hogy a földtulajdon előnyös számukra. Élhetnek a földön, használhatják élelmiszertermelésre, fejleszthetik, bérbe adhatják stb. Ezer év múlva is valószínű, hogy a szarvasmarha és az ingatlan továbbra is értékes lesz az emberek számára. A legnépszerűbb értéktároló azonban a pénz.

A pénz, mint gazdasági jelenség kicsit összetettebb, mint a szarvasmarha vagy az ingatlan. Ahhoz, hogy megértsük, egy további fogalmat kell tisztáznunk: a közvetlen és az közvetett csere közötti különbséget. Képzelj el egy helyzetet, ahol egy gazda csirkéket tenyészt, és a szomszédjában egy szabó él, aki ingeket készít. Ha a gazda inget szeretne, és a szabó csirkéket akar, akkor a legegyszerűbb gazdasági cserét valósíthatják meg, amit „közvetlen cserének" vagy „barternek" nevezünk. Ez akkor történik, amikor a gazda közvetlenül csirkéit adja a szabó ingjéért. A barter azonban gyakran körülményes és nem hatékony, mivel megköveteli, hogy mindkét fél pontosan azt a tárgyat akarja, amit a másik kínál. Ha például a gazda nem inget, hanem cipőt szeretne, a csere nem jönne létre.

Ezzel szemben a „közvetett csere" akkor jön létre, amikor a cserélt áruk nem a végső célként vágyott termékek. Például a gazda elcserélheti csirkéit egy adag benzinre, nem azért, mert a benzint akarja, hanem mert azt tovább tudja cserélni a szabónál egy ingre, amit valóban szeretne. Ebben az esetben a benzint „csereeszköznek" nevezzük – egy köztes lépésnek a gazda és az általa kívánt végső termékek között.

A csereeszközök csodálatosak. Lehetővé teszik hatalmas emberi hálózatok számára, hogy kereskedjenek és együttműködjenek anélkül, hogy ismernék egymást, ugyanazt a nyelvet beszélnék, vagy azonos preferenciáik lennének. Az egy gazdaságban legnépszerűbb csereeszköz a pénz, amely gyakorlatilag lehetővé teszi, hogy bármely terméket bármely másikra cseréljünk. Egy gazda például csirkéit egy Lamborghini-re cserélheti, ha először elad belőlük elegendőt pénzért.

A pénz sokkal könnyebbé teszi a tervezést, a megtakarítást és a befektetést. A gazda például nyáron eladhatja a csirkéit pénzért, amelyet télen kíván felhasználni. Vagy befektetheti a pénzét olyan projektekbe, amelyek hozamot termelnek. Pénz nélkül a befektetések sokkal nehezebben koordinálhatók – a gazdának olyan projekteket kellene találnia, amelyek közvetlenül csirkéket fogadnak el befektetésként. Ehelyett, ha pénzt használ, például eladhatja a csirkéit euróért, majd azokat az eurókat más projektekbe fektetheti. A pénz valóban nagyszerű találmány, amely mindannyiunkat gazdagabbá tesz.

A pénz kiváló értéktárolóként is működik. Az osztrák közgazdasági iskola adja erre a legjobb magyarázatot. Ludwig von Mises szerint:

> A pénz, érték időben és térben való továbbításának funkciója közvetlenül visszavezethető a csereeszközként betöltött szerepére.[5]

Murray Rothbard is ugyanarra a következtetésre jut:

> Sok tankönyv azt állítja, hogy a pénznek több funkciója van: csereeszköz, elszámolási egység vagy az „értékek mértéke", „értéktároló" stb. De egyértelműnek kell lennie, hogy ezek mind csupán egyetlen nagy funkció következményei: a csereeszköz szerepe.[6]

Más szavakkal, éppen azért tárol a pénz értéket, mert általánosan használt csereeszköz. Tehát, ha a Bitcoin pénznek van szánva, akkor azt állítani, hogy értéket tud tárolni anélkül, hogy csereeszköz lenne, olyan, mintha a lovaskocsit kötnénk a ló elé.

Hasznos úgy gondolni az „értéktárolásra", mint egy előrejelzés készítésére. Arra próbálsz tippelni, hogy mely javak lesznek értékesek a jövőben. Ha valami hasznos az emberek számára – például az ingatlan –, akkor nagyobb valószínűséggel lesz értékes. Ha valamit már most csereeszközként használnak – például a papírpénzt –, az erős jel arra, hogy a jövőben is értékes marad. Ez nem garantált, hiszen látunk példákat arra, hogy a papírpénzt központi bankok tönkreteszik azáltal, hogy túlzottan inflálják a pénzkínálatot, de még így is erős jelzés.

Ha az emberek kevésbé biztosak abban, hogy valamit a jövőben csereeszközként fognak használni, akkor kevésbé valószínű, hogy azt értéktárolóként alkalmazzák. Képzeld el, hogy egy szigeten élsz, ahol a kagylókat általánosan csereeszközként használják. Egy nap hallasz a rádióban egy áttörést jelentő új tanulmányról, amely azt állítja, hogy a kagylók tartása veszélyes, és rákot okozhat. Elvárható, hogy sokkal kevesebb ember fogadja el ezeket a kagylókat csereeszközként, ami azt jelenti, hogy rosszabb értéktárolóvá válnak. Még akkor is, ha a tanulmány téves, és a kagylók nem okoznak rákot, pusztán az a közvélekedés, hogy talán igen, elegendő ahhoz, hogy egy működő pénz értéktelenné váljon. A Bitcoin Core hálózat 2017-es és 2021-es hibái, valamint az azt követő „anti-adopció" – amikor cégek elvetették, mint fizetési opciót – okot adtak arra, hogy megkérdőjelezzük, vajon a BTC képes-e csereeszközként működni. Ez pedig kevésbé valószínűvé teszi, hogy a jövőben valódi értéktárolóvá váljon.

Pénz és érték

Bár minden pénz értéket tárol, nem minden értéktároló számít pénznek. A szarvasmarhát és az ingatlant gyakran értéktárolónak tekintik anélkül, hogy pénznek számítanának, mert más, nem pénzügyi célokra is használhatók. Ez felvet egy kulcskérdést: a Bitcoin olyan, mint a pénz, amely értéket tárol, mert csereeszközként használják, vagy olyan, mint a szarvasmarha és az ingatlan, amelyek nem pénzügyi okokból tárolnak értéket? 2010-ben Satoshi a fórumokon beszélt erről a témáról, amikor az emberek azon vitáztak, hogyan nyerhetne értéket a Bitcoin, és miért. Ő így fogalmazott:

> Gondolatkísérletként képzeld el, hogy létezik egy alapfém, amely olyan ritka, mint az arany, de a következő tulajdonságokkal rendelkezik:
>
> – unalmas szürke színű
> – nem vezeti jól az elektromosságot
> – nem különösebben erős, de nem is nyújtható vagy könnyen alakítható
>
> nem használható semmilyen gyakorlati vagy díszítő célra
>
> és egy különleges, varázslatos tulajdonsággal rendelkezik:
>
> – kommunikációs csatornán keresztül szállítható
>
> Ha valamilyen oknál fogva bármilyen értéket nyerne, akkor bárki, aki távolsági vagyonátvitelt szeretne végrehajtani, vásárolhatna belőle, továbbíthatná, majd a fogadó fél eladhatná azt.
>
> Talán körkörösen nyerhetne kezdeti értéket, ahogy javasoltad, azáltal, hogy az emberek előre látják a csere szempontjából várható hasznosságát. (Én mindenképpen szeretnék belőle.) Talán gyűjtők révén, vagy bármilyen véletlenszerű ok miatt felkelthetné az érdeklődést.
>
> Úgy gondolom, hogy a pénz hagyományos kritériumait azzal a feltételezéssel írták, hogy a világon annyi ritka tárgy versenyez egymással, hogy egy tárgy, amely automatikusan rendelkezik belső értékkel, biztosan győzedelmeskedik azokkal szemben, amelyek nem rendelkeznek belső értékkel. De ha a világon nem létezne semmi olyan, ami belső értékkel bír, és pénzként használható lenne, csak ritka, de belső érték nélküli tárgyak, úgy gondolom, az emberek akkor is elfogadnának valamit.[7]

Ez az idézet több szempontból is nagyszerű. Először is, ebben a kontextusban Satoshi a „belső érték" kifejezést a nem pénzügyi használati érték értelmében használja. Például az arany és az ezüst kiváló csereeszközök, de ipari felhasználásra is alkalmasak. A dohány és a só, amelyek szintén történelmileg csereeszközként szolgáltak, közvetlenül fogyaszthatók. A Bitcoinnak is van némi „nem pénzügyi értéke", amit hamarosan részletesebben elmagyarázunk, de Satoshi gondolatkísérlete rámutat, hogy még ha a Bitcoin nulla „nem pénzügyi" felhasználással is rendelkezne, a puszta tény, hogy ritka, és egy kommunikációs csatornán keresztül továbbítható – vagyis a tranzakciós költségek rendkívül alacsonyak –, elegendő lehet ahhoz, hogy értéket nyerjen „a csere szempontjából várható hasznossága" miatt. Más szavakkal, Satoshi úgy gondolta, hogy a Bitcoin képes lehet saját értékét megalapozni pusztán azáltal, hogy az emberek felismerik, hogy kiváló csereeszköz lehet. Ez a Bitcoint egyedülálló találmánnyá teszi. Egy olyan célzottan megtervezett fizetési rendszer, amely egy olyan valutát használ, amelyet úgy terveztek, hogy jobb pénzügyi tulajdonságokkal rendelkezzen, mint bármelyik létező pénz.

Más felhasználási módok

Első pillantásra úgy tűnik, hogy a Bitcoinnal nem lehet mást csinálni, mint elküldeni valakinek. Azonban vannak más felhasználási területei is. A Bitcoin-blokklánc egy online, nyilvános főkönyv, amelyet egy decentralizált számítógéphálózat tart fenn, és a Bitcoin-tranzakciók irányítják a bejegyzéseket ezen a főkönyvön. Ez a funkcionalitás különféle nem pénzügyi célokra is használható. Például a blokkláncot értékes adatok tárolására is lehet használni, bár ez jelentősen drágább, mint más adatmegőrzési módszerek. Új közösségimédia-cégek már használják ezt a funkciót, hogy cenzúrázhatatlan platformokat hozzanak létre a blokkláncon. Egyéb alkalmazások lehetnek például eszköznyilvántartások, új szavazási rendszerek vagy személyazonosság-hitelesítés az online biztonság javítása érdekében. A Bitcoin általános fizetési rendszerként való hasznosságához képest ezek a képességek kisebb jelentőségűnek tűnhetnek, de léteznek.

Azt gondolni, hogy a Bitcoin „értéktárolóként" funkcionálhat a nem pénzügyi tulajdonságai miatt, olyan, mintha azt gondolnánk, hogy az amerikai dollárbankjegyek értéktárolók, mert gyűjtósként vagy vécépapírként is használhatók. Bár ez a hasznosság létezik, elhanyagolható a biztonságos, nemzetközi, súrlódásmentes csereeszközként való értékéhez képest. Satoshi megértette, hogy a Bitcoin átruházhatósága egy központi tulajdonság, amely értéket ad neki. Azonban ezt a tulajdonságot a Bitcoin Core fejlesztői szándékosan lerombolták, így a BTC-nek alig maradt egyedi értékpropozíciója más kriptovalutákhoz képest. Nemcsak, hogy más érmék alacsonyabb díjakat kínálnak, de fejlettebb nem pénzügyi funkcionalitással is rendelkeznek.

Tekintettel az érték szubjektív természetére, elképzelhető, hogy a piac a BTC-t választja értéktárolónak. De ugyanígy elképzelhető az is, hogy a piac a büdös, régi tornazoknit választja értéktárolónak. Lehetséges, de valószínűtlen. Ésszerűbbnek tűnik azt gondolni, hogy annak a kriptovalutának van a legjobb esélye értéktárolóvá válni, amely maximalizálja az összes pozitív tulajdonságát és minimalizálja a negatív tulajdonságait. A körülményes és drága tranzakciók nem kívánatos jellemzői semmilyen értéktárolónak vagy csereeszköznek. A híres internetes vállalkozó, Kim Dotcom, a MegaUpload alapítója, hasonló véleményt fejezett ki egy 2020. januári beszélgetés során, mondván:

> Ahhoz, hogy egy kriptovaluta igazán sikeres legyen, gyors és olcsó tranzakciókat kell biztosítania, ez megkerülhetetlen. Szép dolog értéktárolónak lenni, de ha igazán sikeres akarsz lenni ebben a játékban, akkor elektronikus készpénznek kell lenned.

Kim arra is rámutatott, hogy az emberek túlnyomó többsége még mindig nem rendelkezik tapasztalattal a kriptovaluták használatában, és ahhoz, hogy bevonják őket, a díjaknak alacsonynak, a megbízhatóságnak pedig magasnak kell lennie.

[Az emberek többsége] semmit sem tud a jelenlegi háborúkról, amelyek zajlanak, vagy a kriptoközösségen belüli jelenlegi mérgező légkörről. Ők azt a valutát fogják választani, amely a legolcsóbb díjakat, a leggyorsabb tranzakciókat és a legnagyobb megbízhatóságot nyújtja, és ez jelenleg, sajnos, nem a Bitcoin [Core].[8]

Képzelj el egy kriptovalutát, amely rendelkezik a BTC összes tulajdonságával, de emellett lehetővé teszi az azonnali, szinte ingyenes tranzakciókat az egész világ számára, és kifejezetten a huszonegyedik század csereeszközeként lett megtervezve. Ennek a hasznossága nagyságrendekkel nagyobb lenne, mint egy olyan kriptovalutáé, amely nem rendelkezik ezzel a funkcionalitással. Ez volt az eredeti terv a Bitcoin számára, és ez maradt a Bitcoin Cash és más kriptovaluták terve is.

5

A blokkméretkorlát

Ha 2011-ben azt mondtad volna nekem, hogy 2017-ben itt
fogunk ülni, és még mindig nem növeltük meg a blokkméretet,
azt mondtam volna: „Ez lehetetlen.”[1]

— Stephen Pair, a BitPay vezérigazgatója

Egyetlen technikai paraméter tette lehetővé a Bitcoin Core fej-
lesztőinek, hogy a Bitcoint egy teljesen más projektté alakítsák:
ez a „blokkméretkorlát”. A blokkméretkorlát egyszerűen a háló-
zaton engedélyezett blokkok maximális mérete. Ne feledd, a tranzakciók
blokkokba kerülnek csomagolásra, tehát minél több a tranzakció, annál
nagyobbak a blokkok. Ezért a blokkméretkorlát lényegében a Bitcoin
maximális áteresztőképességének határát jelenti. A Bitcoin Core apró
blokkméretkorlátot alkalmazott, hogy mesterségesen visszafogja a
hálózat kapacitását annak lehetőségeinek töredékére.

A blokkméretkorlátot nem szánták fontos paraméternek, és nem az
volt a cél, hogy elérjék a határt. A blokkméretkorlátnak messze az átlagos
blokk mérete felett kellett volna maradnia. A blokkoknak soha nem
kellett volna teljesen megtelniük, kivéve szélsőséges körülmények között.

Többlettárhely szükséges

Egy teljes blokk azt jelenti, hogy több tranzakciót próbálnak feldolgozni, mint amennyi egyetlen blokkba belefér, ami azonnal megemeli a díjakat és torlódást okoz. Egy BTC-blokk jelenleg 2 000–3 000 tranzakciót képes tárolni, és tízpercenként készül el egy blokk. Ha 18 000 ember próbál egyszerre egyetlen tranzakciót végrehajtani egy tízperces időszakban, a hálózatnak legalább hat blokkra van szüksége, hogy mindet feldolgozza. Ez azt jelenti, hogy körülbelül egy órába telne minden sorban lévő tranzakció feldolgozása, feltéve, hogy ez idő alatt senki más nem használja a hálózatot. Ha 150 000 ember próbálná egyszerre használni a Bitcoint, legalább ötven blokkra lenne szükség a feldolgozáshoz. Ez több mint nyolc órás várakozást jelentene.

A késleltetett feldolgozás nem az egyetlen probléma a hálózat torlódása során. Amikor a blokkok megtelnek, a díjak emelkedni kezdenek. A magasabb díj nem garantálja, hogy a tranzakciódat gyorsan feldolgozzák; csak azt teszi lehetővé, hogy a sorban más tranzakciók elé kerülj. Mivel a hálózat nem képes több mint 3 000 tranzakciót kezelni blokkonként, sor alakul ki. A díj növelése növeli annak esélyét, hogy a bányászok a következő blokkba foglalják a tranzakciódat, de ha elegen fizetnek többet nálad, a tranzakciódat még hátrébb sorolják. Ez a díjak exponenciális növekedését eredményezi, és borzalmas felhasználói élményt teremt. Amint a blokkok megtelnek, a díjak gyorsan emelkedhetnek tíz centről egy dollárra, majd öt, tíz, húsz, ötven dollárra vagy még többre, ha elegen használják a hálózatot. A 2017-es és 2021-es díjcsúcsok során egyes összetett tranzakciók több mint 1 000 dollárba kerültek, amit többször is ki kellett fizetnem. Ha a blokkláncon gyors keresést végzünk 900 és 1 100 dollár közötti díjú tranzakciókra, közel 35 000 találatot kapunk.[2]

A Bitcoint gyakran hasonlítják az e-mailhez, mivel képes az embereket az interneten keresztül azonnal összekapcsolni. Képzeld el, ha az e-mail nem tudna kezelni 150 000 felhasználót, és nyolc órába telne az üzenetek küldése és fogadása. Ez minden bizonnyal kínos tervezési hibának számítana. Mégis, ezeknek a hálózati hibáknak a csúcsán a tranzakciók napokra, sőt egyes esetekben akár egy egész hétre is elakadhattak. Ezért kellett volna a blokkméretkorlátnak messze a tranzakciók iránti kereslet felett maradnia, mint egy távoli technikai korlát, amely nem befolyásolja a rendszer működését. A Bitcoinnak a használattal együtt kellett volna skálázódnia, és a korlátot vagy növelni kellett volna, vagy teljesen el kellett volna távolítani.

A blokkok természetes növekedésének engedése megőrizte volna a Bitcoint digitális készpénzrendszerként, alacsony díjú tranzakciókkal és univerzális hozzáféréssel a blokklánchoz. Azonban a Core-fejlesztők egy elszámolási rendszerré akarták alakítani a Bitcoint, amely nagy értékű átutalásokra szolgál, ezért nem voltak hajlandók növelni a blokkméretkorlátot. Az egyetlen ok, amiért a díjak csillagászati szintre emelkedtek, és a hálózat megbízhatatlanná vált, az az volt, hogy a blokkok túl kicsik voltak ahhoz, hogy kiszolgálják a keresletet.

Számtalan korai fejlesztő, vállalkozás és lelkes támogató tisztában volt azzal, hogy a blokkméretkorlátot növelni kell. Tudták, hogy a megtelt blokkok borzalmas felhasználói élményt eredményeznek, és látták, hogy a blokkok egyre telítettebbé váltak, ahogy a Bitcoin népszerűsége növekedett. Azonban a végtelen viták és iparági kérések ellenére a Core-fejlesztők nem voltak hajlandók növelni a korlátot. A mai napig nem növelték érdemben a maximális tranzakciós áteresztőképességet a 2010-es szinthez képest. Egyetlen kép az okostelefonodon gyakran nagyobb, mint egy teljes BTC-blokk, néha jelentősen is, az adott kép minőségétől függően. Ez volt az a végső ok, amiért a kriptovaluta-ipar megosztottá vált, és létrejött a Bitcoin Cash.

A blokkméretkorlát oka

Amikor Satoshi Nakamoto elhagyta a Bitcoint, már számos lelkes és tehetséges fejlesztő dolgozott a projekten, de kettő különösen kiemelkedett: Gavin Andresen és Mike Hearn. Satoshi Andresent választotta utódjának és a projekt vezető fejlesztőjének. Természetesen ő is a nagyobb blokkok híve volt. Az évek során hatásos cikkeket írt blogjára[3] a Bitcoin skálázásáról, a fejlesztői kultúráról, a közgazdaságtanról és más témákról[4]. Visszafogottan kommunikált, talán túlságosan is. Ezzel szemben Hearn sokkal harciasabb fejlesztő volt, aki nyíltan kritizálta a kisblokkok híveit, akiket azzal vádolt, hogy szétzilálják a projektet. Korábbi munkatapasztalata különösen releváns volt. Hearn a Google-t hagyta ott a Bitcoinért. A Google-nél három évig a Google Maps – a világ egyik legnépszerűbb weboldala – kapacitástervezőjeként dolgozott, így mélyen ismerte a hálózati kapacitási problémákat. Satoshihoz és Andresenhez hasonlóan Hearn is a nagyobb blokkok híve volt, és úgy vélte, hogy a Bitcoinnak nincsenek alapvető skálázási problémái. Blogbejegyzéseik, e-mailjeik, fórumbeszélgetéseik és nyilvános interjúik között Andresen és Hearn mindenkinél jobban megragadta a Bitcoin eredeti vízióját. Az ő kommentárjaik alapvető olvasmányok, és a könyv során számos helyen idézzük őket.

Amikor a Bitcoin eredetileg kódolva lett, nem volt kifejezett korlát a létrehozható blokkok méretére vonatkozóan. Ez 2010-ben megváltozott, amikor Satoshi hozzáadott egy blokkméretkorlátot, hogy megelőzzön egy esetleges szolgáltatásmegtagadási támadást (denial-of-service attack), miközben a Bitcoin még gyerekcipőben járt. Gavin Andresen a blogján magyarázta el az eredeti korlát okait:

> ... [A] korlátokat azért adták hozzá, hogy megakadályozzák a „mérgező blokk" típusú szolgáltatásmegtagadási támadásokat. Aggódnunk kell az ilyen támadások miatt, ha azok olcsón kivitelezhetők a támadó számára... Az a támadás, amelyet a korlát hivatott megakadályozni, ma már sokkal költségesebb lenne...

> 2010. július 15-én körülbelül tizenegyezer bitcoin cserélt gazdát, átlagosan három centes áron darabonként. Akkoriban a blokkjutalom 50 BTC volt, így a bányászok egy blokknyi érmét körülbelül 1,50 dollárért adhattak el.

> Ez nagyjából megmutatja, mennyibe került volna egy támadónak egy „mérgező blokk" létrehozása, hogy megzavarja a hálózatot – egy vagy két dollárba. Sok ember hajlandó egy vagy két dollárt

elkölteni „a szórakozás kedvéért" – élvezik, ha bajt okozhatnak, és hajlandók vagy sok időt, vagy egy szerény összeget áldozni erre.[5]

A kezdeti korlátot egy megabájtra állították, amely elméletileg másodpercenként hét tranzakciót tett lehetővé. A gyakorlatban a valós korlát körülbelül három-négy tranzakció másodpercenként, ami egy blokkra vetítve 2 000–3 000 on-chain tranzakciónak felel meg – messze meghaladva a hálózat akkori tényleges használatát. A terv az volt, hogy egyszerűen növeljék a korlátot, vagy teljesen eltávolítsák azt. Andresen a fórumokon megjegyezte:

> A terv kezdettől fogva az volt, hogy támogassák a hatalmas blokkokat. Az 1 MB-os kemény korlát mindig is egy ideiglenes intézkedés volt a szolgáltatásmegtagadási támadások megelőzésére.[6]

Ray Dillinger, egy másik korai Bitcoin-úttörő, ugyanezt mondta:

> Én vagyok az, aki átnézte a blokklánc részleteit Satoshi első Bitcoin-kódverziójában. Satoshi nem tett bele 1 MB-os korlátot. A korlát eredetileg Hal Finney ötlete volt. Mind Satoshi, mind én elleneztük, mert úgy véltük, hogy 1 MB-on nem fog skálázódni. Hal viszont aggódott egy esetleges DoS-támadás miatt, és a vita után Satoshi beleegyezett... De mindhárman egyetértettünk abban, hogy az 1 MB-os korlátnak ideiglenesnek kell lennie, mert soha nem fog megfelelően skálázódni.[7]

Satoshi, Hal és Ray egyhangú egyetértése különösen érdekes, mivel Hal Finney-t gyakran a kis blokkok támogatójaként tartják számon. Mégis, ő is egyetértett abban, hogy az 1 MB-os korlátnak ideiglenesnek kell lennie. Ennek ellenére a Bitcoin Core-fejlesztők a mai napig nem voltak hajlandók érdemben növelni a blokkméretkorlátot a 2010-ben bevezetett szint fölé, annak ellenére, hogy a szoftver, hardver és hálózati technológiák óriási fejlődésen mentek keresztül. A szektor szinte összes legnagyobb cége többször is megpróbálta növelni a korlátot, de a Core-fejlesztők ellenálltak, még azután is, hogy nyilvánosan beleegyeztek a növelésbe. Ehelyett a „blokkméret" metrikáját „blokksúlyra" változtatták, és azt állítják, hogy az új korlát 4 MB, de ez nagyrészt csak egy számviteli trükk, és nem felel meg a négyszeres áteresztőképesség-növekedésnek.

Megfordított dizájn

Az egyszerű oka annak, hogy a Core-fejlesztők nem voltak hajlandók növelni a korlátot, az az, hogy meg akarták változtatni a Bitcoin dizájnját. Minél hamarabb telnek meg a blokkok, annál gyorsabban emelkednek a tranzakciós díjak, amit ők kívánatosnak tartottak. Jorge Timón, egy Core-fejlesztő, így nyilatkozott: „Egyetértek abban, hogy a korlát elérése nem rossz, hanem valójában jó egy fiatal és éretlen piac, például a bitcoin-díjak piacának szempontjából".[8] Greg Maxwell pedig egyenesen így fogalmazott: „Nincs semmi baj a teljesen telített blokkokkal... A teljesen telített blokkok a rendszer természetes állapota."[9]

Ahhoz, hogy megértsük, mennyire radikálisak ezek az elképzelések, érdemes összehasonlítani őket azokkal az ötletekkel, amelyekkel a Bitcoin korai napjaiban találkozhattunk, amikor a Visa-hálózatot gyakran használták összehasonlítási alapként a tranzakciós áteresztőképesség szempontjából. Már 2009-ben, amikor Satoshit a Bitcoin skálázhatóságáról kérdezték, így válaszolt:

> A jelenlegi Visa-hitelkártya-hálózat világszerte körülbelül 15 millió internetes vásárlást dolgoz fel naponta. A Bitcoin már most is sokkal nagyobb mértékben képes skálázódni a meglévő hardverrel, a költségek töredékéért. Valójában soha nem éri el a skálázási korlátját.[10]

Ez volt a közös megértés éveken át. Bár ma ezt „Satoshi víziójának" neveznénk, akkoriban szinte mindenki víziója ez volt. Például, ha 2013-ban kutattál a Bitcoin után, valószínűleg találkoztál a Wiki-oldalával. Ez állt a „skálázhatóság" szakaszban:

A Bitcoin-hálózat alapja sokkal magasabb tranzakciós ráták kezelésére képes, mint amit ma látunk, feltéve, hogy a hálózati csomópontok elsősorban csúcskategóriás szervereken futnak, nem pedig asztali számítógépeken. A Bitcoint úgy tervezték, hogy támogassa a könnyű klienseket, amelyek csak a blokklánc kis részeit dolgozzák fel...

Egy olyan konfiguráció, amelyben a felhasználók túlnyomó többsége könnyű klienseket szinkronizál erősebb gerinchálózati csomópontokkal, képes milliók kiszolgálására és másodpercenként több tízezer tranzakció feldolgozására...

Ma a Bitcoin-hálózatot mesterséges korlátok tartják fenn egy 7 tranzakció/másodperc fenntartható sebességnél. Ezeket azért vezették be, hogy megakadályozzák a blokklánc méretének túlzott növekedését, mielőtt a hálózat és a közösség készen állt volna rá. Amint ezek a korlátok megszűnnek, a maximális tranzakciós sebesség jelentősen növekedni fog... Nagyon magas tranzakciós sebesség mellett minden blokk akár fél gigabájtnál is nagyobb lehet.[11]

Ez közismert tény volt. Mindenki értette, hogy a rendszert úgy tervezték, hogy nagyobb blokkokkal skálázódjon, és ez nem is volt vitatott. Andresen kijelentette, hogy a Bitcoin skálázhatósága volt az egyik vonzereje, ami a projekthez vonzotta:

Amikor először hallottam a Bitcoinról, még elég kicsi volt ahhoz, hogy mindent elolvashassak róla, és meg is tettem, beleértve az összes levelezőlistás bejegyzést. Az a vízió, hogy a rendszer képes skálázódni és versenyezni a Visával, része volt annak az ígéretnek, ami megnyert engem a Bitcoin számára.[12]

2013-ban a Visa átlagosan körülbelül 2 000 tranzakciót kezelt másodpercenként. Ahhoz, hogy a Bitcoin elérje a 2 000 tranzakció/másodperc sebességet, a blokkoknak nagyjából 500 MB méretűeknek kellene lenniük, ami teljesen kezelhető. A mai okostelefonok könnyedén rögzítenek és töltenek fel HD videókat, amelyek gigabájtos méretűek—azaz többszörösei egy olyan Bitcoin-blokk méretének, amely több mint egymillió tranzakciót tartalmaz. Az ilyen szintű skálázódáshoz több kell, mint egyszerűen a maximális blokkméret növelése, de nincs alapvető akadálya annak, hogy megvalósuljon. Valójában a Bitcoin Cash már sikeresen kezelt több 32 MB-os blokkot is, és a Bitcoin Cash egyik újabb ága, a Bitcoin SV, már egy 2 GB-os blokkot is kibányászott teszt jelleggel. Ezek a hálózatok nem omlottak össze. Satoshi egyszerű és végleges választ adott a blokkméretre vonatkozó kérdésekre:

> „Jó lenne, ha a [blokklánc] fájlok addig maradnának kicsik, ameddig csak lehet. A végső megoldás az lesz, hogy nem foglalkozunk azzal, milyen nagyra nőnek."[13]

Magas díjak és lassú tranzakciók

Miért akarnák a Bitcoin Core-fejlesztők a magas díjakat? Egy korai Bitcoin-rajongó, vagy akár az átlagember számára ez nyilvánvalóan rossz ötletnek tűnik. Valójában azonban a magas díjak a kisblokk-filozófia elkerülhetetlen következményei. Ahhoz, hogy megértsük, miért, alaposabban kell elemeznünk a rendszert. Amint azt a 2. fejezetben kifejtettük, a bányászok kétféleképpen kapnak fizetést. Tranzakciós díjakat kapnak, valamint blokkjutalmat. Mivel a blokkjutalom idővel csökken, végül az egyetlen bevételi forrás a tranzakciós díjak lesznek. És mivel a Bitcoin Core-fejlesztők kis blokkokat akarnak, az egyetlen módja annak, hogy a bányászok pénzt keressenek a rendszerükben, az az, hogy rendkívül magas tranzakciós díjakat számítanak fel. A Bitcoin nem működhet anélkül, hogy a bányászokat megfizetnék, és ha csak 3 000 tranzakciót tudnak feldolgozni blokkonként, a díjaknak több száz vagy akár több ezer dollárnak kell lenniük tranzakciónként, hogy a biztonság fenntartható legyen. A Core-fejlesztő Jorge Timón nyíltan beszélt erről a problémáról:

> „A Bitcoinnak hosszú távon versenyképes díjpiacra van szüksége ahhoz, hogy fenntartható legyen a [proof of work] a támogatások megszűnése után. Nagyon örülök, hogy ez most megvan..."[14]

Pieter Wuille, egy másik Core-fejlesztő, így nyilatkozott:

> „Személyes véleményem szerint nekünk – mint közösségnek – valóban hagynunk kellene, hogy egy díjpiac kialakuljon, méghozzá inkább előbb, mint később."[15]

Ők eufemisztikusan a magas díjú tranzakciók torlódását „díjpiacnak" nevezik, ahol a felhasználók túllicitálják egymást a blokkokban lévő apró helyekért. Ez a furcsa és szükségtelen biztonsági modell az oka annak, hogy a Core-fejlesztők ünneplik és bátorítják a magas díjakat és a tranzakciók torlódását. Greg Maxwell azt állította:

> A díjnyomás a rendszertervezés szándékos része, és a jelenlegi ismeretek szerint elengedhetetlen a rendszer hosszú távú fennmaradásához. Szóval, hát, igen. Ez jó.[16]

És amikor 2017 decemberében a díjak 25 dollárra emelkedtek, Maxwell hírhedten így reagált:

> Személy szerint elővettem a pezsgőt, mert a piaci viselkedés valóban olyan aktivitási szinteket eredményez, amelyek képesek finanszírozni a biztonságot infláció nélkül, valamint díjfizető torlódásokat hoznak létre, amelyek szükségesek a konszenzus stabilizálásához, ahogy a támogatás csökken.[17]

Természetesen Satoshi Nakamoto nem így tervezte a Bitcoint. A bányászoktól azt várták, hogy költségeiket nagy blokkokkal és alacsony díjú tranzakciók nagy volumenű feldolgozásával térítsék meg. A fórumokon megkérdezték Satoshit a bányászok hosszú távú bevételi modelljéről. Így magyarázta:

> Néhány évtized múlva, amikor a jutalom túl kicsivé válik, a tranzakciós díj lesz a bányászok fő bevételi forrása. Biztos vagyok benne, hogy 20 év múlva vagy nagyon nagy tranzakciós volumen lesz, vagy semmilyen.[18]

Figyeljük meg, hogy nem azt mondta: „20 év múlva vagy nagy tranzakciós volumen lesz, vagy alacsony volumen rendkívül magas tranzakciós díjakkal." Ez bárkinek, aki józan ésszel gondolkodik, kétségesnek hangzott volna. Ő azt jósolta, hogy vagy magas tranzakciós volumen lesz, vagy egyáltalán semmilyen.

Az új Bitcoin

A blokkméret mesterséges korlátozásával a Bitcoin Core fejlesztői teljesen megváltoztatták a rendszer dinamikáját. Nemcsak a felhasználói élmény változott „szinte azonnali és ingyenes tranzakciókról" „drágává és megbízhatatlanná," hanem az alapvető gazdasági modell is radikálisan átalakult. A BTC arra az elképzelésre alapoz, hogy a jövőbeli felhasználók hajlandóak lesznek száz- vagy akár több ezer dollárt fizetni egy-egy on-chain tranzakcióért, annak ellenére, hogy léteznek jobb alternatívák. Ellenkező esetben a bányászoknak le kell állítaniuk a berendezéseik nagy részét, mert nem lesznek képesek nyereséget termelni.

Figyelembe véve mindezt, nem túlzás azt állítani, hogy a BTC-t eltérítették, és az eredeti dizájnt egy új, spekulatív modellel helyettesítették. Ezért mondta nyilvánosan Vitalik Buterin, az Ethereum társalapítója:

> A BCH-t legitim versenyzőnek tartom a Bitcoin névért. Úgy vélem, hogy a Bitcoin kudarcát a blokkméret növelésére, amely lehetővé tette volna a díjak ésszerű szinten tartását, egy jelentős (nem konszenzusos) eltérésnek tekintem az „eredeti tervtől", amely erkölcsileg egyenértékű egy hard fork-kal.[19]

A Bitcoin Core kudarcát, hogy növelje a blokkméretkorlátot, nem csupán elméleti problémaként kell értelmezni. Valós következményekkel járt azok számára, akik a Bitcoinra építettek vagy csupán fizetési módként elfogadták. A 2017-es díjemelkedést követően a Bitcoin-iparág először tapasztalt „anti-adopciót". Amikor a népszerű játékplatform, a Steam bejelentette, hogy többé nem fogad el Bitcoint, nyilvánosan megosztották az indokaikat[20]:

A mai naptól kezdve a Steam többé nem támogatja a Bitcoint, mint fizetési módot platformunkon a magas díjak és a Bitcoin értékének volatilitása miatt... [A] Bitcoin-hálózat által az ügyfelekre rótt tranzakciós díjak idén az egekbe szöktek, a múlt héten közel 20 dollárt értek el tranzakciónként (összehasonlítva a körülbelül 0,20 dollárral, amikor eredetileg engedélyeztük a Bitcoint)...

A Steam-en történő fizetéskor az ügyfél x mennyiségű Bitcoint utal át a játék költségére, plusz y mennyiségű Bitcoint a Bitcoin-hálózat által felszámított tranzakciós díj fedezésére. A Bitcoin értéke csak egy bizonyos időtartamra garantált, így ha a tranzakció nem fejeződik be ezen időkereten belül, akkor a tranzakció fedezéséhez szükséges Bitcoin összege megváltozhat. Ez a változás az utóbbi időben egyre nagyobb mértékűvé vált, olyannyira, hogy jelentősen eltérő lehet.

A normális megoldás erre az, hogy vagy visszatérítjük az eredeti fizetést a felhasználónak, vagy megkérjük a felhasználót, hogy utaljon további összeget a fennmaradó egyenleg fedezésére. Mindkét esetben a felhasználónak ismét ki kell fizetnie a Bitcoin-hálózat tranzakciós díját. Az idén egyre több ügyfelünknél fordult elő ilyen helyzet. Mivel a tranzakciós díj jelenleg ilyen magas, nem megvalósítható sem a visszatérítés, sem az, hogy megkérjük az ügyfelet a hiányzó egyenleg átutalására (ami maga is az alulfizetés kockázatát hordozza, attól függően, hogy mennyit változik a Bitcoin értéke, miközben a Bitcoin-hálózat feldolgozza a további utalást).

„Ezen a ponton tarthatatlanná vált, hogy a Bitcoint fizetési opcióként támogassuk. Később újraértékelhetjük, hogy a Bitcoin értelmes választás-e számunkra és a Steam-közösség számára.” ...

-- A Steam csapata

Nem lehet hibáztatni a Steamet a döntéséért. A Bitcoin használata, amikor a blokkok megteltek, szörnyű élmény lehet. A visszatérítést kérő ügyfelek garantáltan pénzt veszítenek. Ha egy 30 dolláros játékot térítenek vissza, és a tranzakciós díjak egyenként 10 dollárba kerülnek, a felhasználók akár 20 dollárt is elveszíthetnek, és semmit sem kapnak érte cserébe.

Véleményem szerint, ha valaki tönkre akarná tenni a Bitcoint, a blokkok megtelésének engedése lenne a legjobb módszer. Ha a magas díjakat és a feldolgozási késéseket egy technikai hiba okozta volna, valószínűleg jobb lett volna a Bitcoin számára, mivel ez egy új technológia, és a problémát véletlen esetként lehetett volna kezelni. Ehelyett azonban a nyilvánosság azt hallotta, hogy a magas díjak teljesen rendben vannak, hogy a Bitcoint nem mindennapi vásárlásokra kell használni, és hogy a blokkláncok valójában nem képesek skálázódni.

A BTC támogatói néhány szokásos választ adnak ezekre a kritikákra. Ha nem tudják, hogy a magas díjak a Bitcoin szándékos eltérítésnek a részei, gyakran azt mondják: „A díjak valójában nem problémák. Nézd, éppen ebben a pillanatban alacsonyak a díjak!" Ez azonban gyenge érv. Bármely adott pillanatban lehet, hogy a BTC díjai alacsonyak, de ez csak azért van, mert a hálózaton éppen kevés a forgalom. Ha több ember kezdi el használni, gyorsan torlódás alakul ki, és a díjak ismét megugranak. Ez olyan, mint az autóforgalom. Csak azért, mert az utak üresek hajnali 3 órakor, még nem jelenti azt, hogy Los Angeles megoldotta a forgalmi problémáit. Ha a BTC blokkjai nincsenek tele, akkor a díjak alacsonyak maradnak, de ha a blokkok megtelnek, és a forgalom növekszik, a díjak elkerülhetetlenül extrém szintre emelkednek.

Mi a helyzet a „másodlagos rétegekkel"?

A másik próbálkozás a kisblokk-filozófia megmentésére a „másodlagos rétegekre" való hivatkozás, hiszen ha a tranzakciók többsége a blokkláncon kívül történik, akkor talán a díjak alacsonyak lehetnek a másodlagos rétegeken. Bár van értelme több réteget építeni a Bitcoinon belül, ahhoz, hogy ez helyesen működjön, az alaprétegnek skálázhatónak kell lennie. Ha az alapréteg csak hét tranzakciót képes feldolgozni másodpercenként, akkor messze nem elég robusztus ahhoz, hogy további rétegeket építsenek rá. A másodlagos rétegeknek továbbra is kapcsolatba kell lépniük az alapréteggel, így a magas díjak továbbra is alapvető problémát jelentenek. Például a Lightning Network használatához időnként on-chain tranzakciókra van szükség, és ezek díjait valakinek ki kell fizetnie. Jelenleg sok népszerű pénztárca szubvencionálja ezeket a költségeket a felhasználók számára, de ha a 50+ dolláros díjak lesznek a normák, ez a modell egyszerűen nem fenntartható.

Elon Musk azon személyek közé tartozik, akik látszólag megértik a kriptovaluták alaprétegének skálázásának fontosságát. Egy hálózati dizájnról szóló Twitter-szálban megosztotta gondolatait mérnökként:

> A BTC és az ETH egy többrétegű tranzakciós rendszert követnek, de az alapréteg tranzakciós sebessége lassú, és a tranzakciós költség magas... Van értelme maximalizálni az alapréteg tranzakciós sebességét és minimalizálni a tranzakciós költséget... A blokkméretnek és a gyakoriságnak fokozatosan növekednie kell, hogy illeszkedjen a széles körben elérhető sávszélességhez.[21]

Ha Musk akkoriban részt vett volna a diskurzusban, úgy tűnik, egyetértett volna Satoshival, Andresennel, Hearnnal és a legtöbb korai Bitcoin-vállalkozóval, például velem is. Egyszerűen nincs helyettesítője az olcsó, on-chain tranzakcióknak.

A technikai paraméter, amely végül kettészakította a Bitcoint, a blokkméretkorlát volt. Mielőtt a blokkok megteltek volna, a BTC körülbelül 95%-os piaci részesedést élvezett a kriptovaluta-iparágban. Amint a blokkok megteltek, a piaci részesedés gyorsan csökkenni kezdett. A hálózati kudarc csúcsán, 2018 januárjában, ez 32%-ra esett vissza, és sok felhasználó, vállalkozás és fejlesztő egyenesen elhagyta a BTC-t. 2023 márciusára a BTC piaci részesedése körülbelül 40%-ra csökkent, és valószínűleg ismét csökkenni fog további hálózati hibák esetén. Ha a Bitcoin Core-fejlesztők egyszerűen megemelték volna a blokkméretkorlátot egy ésszerű szintre, biztos vagyok benne, hogy sok versengő kriptovaluta-projekt egyszerűen nem létezne, az iparág egységes maradt volna egy érme körül, és a BTC továbbra is az internet elsődleges digitális készpénzrendszere lenne. Ehelyett a Bitcoin Core-fejlesztők egy magas díjú és megbízhatatlan tranzakciókat kínáló elszámolási rendszerre váltottak, így egy űrt hagytak maguk után a digitális készpénz számára, amelyet a mai napig nem töltöttek be.

6

A hírhedt csomópontok

A Bitcoin nagyobb blokkokkal való méretezésre lett tervezve. Miért gondolná bárki, hogy a nagy blokkok problémát jelentenek? Bár lehetetlen megismerni a Bitcoin Core-fejlesztők belső motivációit, ez a fejezet az általuk megfogalmazott indokokat tárgyalja, amelyek alapján a blokkok méretét kicsiben tartják. A nagy blokkokkal szembeni összes kifogás egy központi gondolatra épül: ahogy a blokk mérete nő, úgy nő a teljes csomópont működtetésének költsége is. Minél drágább egy csomópontot futtatni, annál kevesebb ember fogja azt működtetni, ami a hálózat centralizálódásához vezet. Ezért, ha a blokkok méretét kicsiben tartják, több ember képes csomópontokat futtatni, ami fenntartja a hálózat decentralizáltságát. Wladimir van der Laan, a Core fejlesztője, ezt 2015-ben világosan megfogalmazta:

> Értem a méretezés előnyeit, és nem kételkedem abban, hogy a blokk méretének növelése működni fog. Bár lehetnek előre nem látott problémák, biztos vagyok benne, hogy ezeket megoldják. Azonban ez könnyen kevésbé hasznossá teheti a Bitcoint abban, ami eredetileg megkülönbözteti más rendszerektől: hogy az emberek különleges befektetés nélkül, csatlakozási és számítástechnikai hardver nélkül működtethessék saját „bankjukat".[1]

Több probléma is van ezzel az elképzeléssel. Alapvetően az az elképzelés, hogy a felhasználóknak saját teljes csomópontot kell futtatniuk ahhoz, hogy „saját bankot működtethessenek", téves. A Bitcoin úgy lett tervezve, hogy az átlagembereknek ne kelljen saját teljes csomópontot futtatniuk. Használhatnak egyszerűbb szoftvereket. Ne feledjük, hogy egy teljes csomópont letölti a teljes blokklánc egy példányát, és ellenőrzi az összes tranzakciót a hálózaton. Ez szinte senkinek sem szükséges. Satoshi úgy tervezte meg a Bitcoint, hogy figyelembe vette az Egyszerűsített Fizetési Ellenőrzést (Simplified Payment Verification, SPV), amely lehetővé teszi a felhasználók számára, hogy saját tranzakcióikat egy minimális adat segítségével ellenőrizzék. Az SPV használatával nem ellenőrizheted idegenek tranzakcióit, és nem ellenőrizheted az összes valaha végrehajtott tranzakciót sem, de a legtöbb embernek erre nincs is szüksége. Satoshi nem volt annyira naiv, hogy olyan készpénzrendszert tervezzen, amelyben minden felhasználónak le kellene töltenie és ellenőriznie a világ összes tranzakcióját. Egy ilyen rendszer skálázása lehetetlen lenne.

Másodszor, az a tény, hogy a validáció költségei növekednek a blokkok méretével, nem jelent problémát. Satoshi ezt nem is fogalmazhatta volna meg egyértelműbben, amikor azt írta:

> A jelenlegi rendszer, ahol minden felhasználó hálózati csomópontként működik, nem az a konfiguráció, amely nagy léptékű használatra lett tervezve. Ez olyan lenne, mintha minden Usenet-felhasználó a saját NNTP-szerverét futtatná. A dizájn lehetővé teszi, hogy a felhasználók egyszerűen csak felhasználók legyenek. Minél nagyobb teher egy csomópont futtatása, annál kevesebb csomópont lesz. Ezek közül néhány nagy szerverfarm lesz, a többiek pedig ügyfélcsomópontok, amelyek csak tranzakciókat hajtanak végre, de nem generálnak újakat.[2]

És akkor is, amikor azt mondta:

> Csak azoknak kellene hálózati csomópontokat futtatniuk, akik új érméket próbálnak létrehozni. Kezdetben a legtöbb felhasználó futtatna hálózati csomópontokat, de ahogy a hálózat egy bizonyos

ponton túl növekszik, ez egyre inkább a speciális hardverrel rendelkező szerverfarmokra szakosodott szereplőkre hárulna.[3]

Satoshi olyan egyértelműen fogalmazott, hogy azt lehetetlen félreértelmezni. Az elképzelése tökéletesen logikus volt. Minden iparágban a vállalkozások hajlamosak arra specializálódni, amiben a legjobbak. A Bitcoin hálózatának fenntartása sem kivétel ez alól. Satoshi egy olyan hálózatot képzelt el, amelynek középpontjában „nagy szerverfarmok" állnak, és az átlagfelhasználók ezekhez csatlakoznak. Lehet, hogy valakinek nem tetszik ez az elképzelés, de a Bitcoin így lett megtervezve. Ez hasonló az e-mail-rendszerhez. Technikai értelemben bárki létrehozhatja a saját e-mail-szerverét, és csatlakozhat a globális e-mail-hálózathoz. De miért tenné? Ez bonyolult, időigényes, és a legtöbb embernek nincs rá semmi szüksége. Ezért a legtöbb esetben ezt a feladatot a szakértőkre bízzuk.

A többség véleménye

Gavin, Mike és Satoshi nem voltak egyedül ezzel a gondolkodásmóddal. A korai fórumok tele vannak más fejlesztőkkel és felhasználókkal, akik szintén megértették, hogy a rendszer nem igényli, hogy a legtöbb ember saját csomópontot futtasson. Alan Reiner, aki a népszerű Armory-tárcát alkotta meg, 2015-ben így nyilatkozott:

> Egy „globális tranzakciós hálózat" és a „mindenki képes legyen egy teljes csomópontot futtatni a 200 dolláros Dell-laptopján mozgalom" céljai nem összeegyeztethetők. El kell fogadnunk, hogy egy globális tranzakciós rendszert nem lehet mindenki által, folyamatosan/teljeskörűen auditálni.[4]

Még a Bitcoin Core támogatói is elismerték, hogy a csomópontokkal kapcsolatos nézőpontjuk jelentősen eltér az eredeti elképzeléstől. „Theymos" – aki a Bitcoin legnépszerűbb vitafórumainak tulajdonosa, és később központi szerepet játszott a nagy blokkokat támogató vélemények cenzúrázásában – még ő is elismerte:

Satoshi egyértelműen szándékozott növelni a maximális blokk méretét... Úgy vélem, hogy Satoshi arra számított, hogy a legtöbb ember valamilyen könnyített csomópontot fog használni, miközben csak a vállalatok és az igazi lelkes rajongók futtatnak teljes csomópontokat. Mike Hearn nézete hasonló Satoshi elképzeléséhez.[5]

Továbbá az sem egyértelmű, hogy a csomópontokat futtató emberek teljes száma csökkenne, ha a költségek növekednének. A hobbisták által futtatott csomópontok száma valóban kevesebb lenne, de ha a Bitcoin a világ új pénzügyi hálózatává válna, több ezer vállalatnak lenne anyagi ösztönzője saját csomópontot futtatni. Ahogy Satoshi a whitepaper-ben írja:

> Azok a vállalkozások, amelyek gyakran kapnak kifizetéseket, valószínűleg továbbra is saját csomópontokat akarnak majd futtatni a nagyobb független biztonság és a gyorsabb ellenőrzés érdekében.[6]

A teljescsomópont-vallás

Nézzük meg részletesebben, miért tartják a kis blokkok támogatói a teljes csomópontokat ennyire fontosnak. A Bitcoin Wiki oldalán van egy bejegyzés a teljes csomópontokról, amely jól bemutatja ezt a filozófiát. Az alábbi hosszú idézet remek összefoglalása ennek:

> A teljes csomópontok alkotják a hálózat gerincét. Ha mindenki könnyített csomópontokat használna, a Bitcoin nem létezhetne... A könnyített csomópontok azt követik, amit a bányászati teljesítmény többsége mond. Ezért, ha a bányászok többsége összefogna például a blokk jutalmának növeléséért, a könnyített csomópontok vakon követnék őket. Ha ez valaha megtörténne, a hálózat kettészakadna, és a könnyített csomópontok, valamint a teljes csomópontok külön hálózatokon, külön valutákat használnának...
>
> Ha minden vállalkozás és sok felhasználó teljes csomópontokat használ, akkor ez a hálózati szétválás nem jelent kritikus problémát, mivel a könnyített klienseket használó felhasználók gyorsan észreveszik, hogy nem tudnak bitcoint küldeni vagy fogadni a

legtöbb olyan embertől, akikkel általában üzletelnek. Ennek hatására abbahagyják a Bitcoin használatát, amíg a rosszindulatú bányászok hatalma meg nem szűnik...

Azonban, ha a hálózat szinte minden résztvevője könnyített csomópontokat használ egy ilyen helyzetben, akkor mindenki továbbra is képes lenne egymással tranzakciókat végezni, így a Bitcoin könnyen „eltéríthető" lenne rosszindulatú bányászok által. A gyakorlatban a bányászok valószínűleg nem kísérelnének meg hasonló forgatókönyvet, amíg a teljes csomópontok elterjedtek, mert jelentős anyagi veszteségeket szenvednének el.

Az ösztönzők azonban teljesen megváltoznak, ha mindenki könnyített csomópontokat használ. Ebben az esetben a bányászoknak egyértelműen érdekükben állna a Bitcoin szabályainak a saját javukra történő megváltoztatása. Egy könnyített csomópont használata csak azért tekinthető viszonylag biztonságosnak, mert a Bitcoin gazdaságának nagy része teljes csomópontokat használ. Ezért kritikus fontosságú a Bitcoin fennmaradása szempontjából, hogy a Bitcoin gazdaságának túlnyomó többségét teljes csomópontok támogassák, ne pedig könnyített csomópontok.[7]

Ezek az elképzelések mára ortodox nézetekké váltak. Bárki, aki ma próbálja megérteni a Bitcoint, talán nem is tudja, hogy ez a cikk erősen elfogult a kis blokkméretet támogató perspektíva irányába, amellyel maga a Bitcoin alkotója sem értett volna egyet. Itt két központi állítást fogalmaznak meg:

1) A bányászoknak érdekükben áll „eltéríteni" a Bitcoint azzal, hogy a szabályokat a saját javukra módosítják; például a blokk jutalmának növelésével.

2) A bányászokat megakadályozza a szabályok önkényes megváltoztatásában az a tény, hogy a teljes csomópontok nem „vakon követik" a bányászati teljesítmény többségét.

Mindkét állítás hamis. Először is, a bányászoknak nem érdeke, hogy önkényesen megváltoztassák a Bitcoin szabályait. Első ránézésre úgy tűnhet, hogy a bányászok profitálhatnak abból, ha új érméket hoznak létre a semmiből. Ez azonban figyelmen kívül hagyja azt a tényt, hogy a Bitcoin értéke miért létezik egyáltalán. Az érték nem önmagában adott; egy összetett hitrendszerből származik, amelyet az emberek a teljes Bitcoin-hálózatról alkotnak. Ha a bányászok úgy döntenének, hogy egymilliárd új Bitcoint állítanak elő maguknak, az alapvetően megrendítené a rendszerbe vetett bizalmat, ami minden Bitcoin értékét jelentősen csökkentené. Lehet, hogy lenne egymilliárd Bitcoinjuk, de mind értéktelenné válna. Mike Hearn megértette ezt a dinamikát:

> A racionális bányászoknak nem áll érdekükben aláásni saját vagyonuk érvényességét. Olyan dolgok végrehajtása, amelyek jelentősen csökkentik a rendszer hasznosságát, még középtávon is önsorsrontó lenne, mivel az emberek csalódottságukban felhagynának a rendszer használatával, és eladnák a bitcoinjaikat, ami az árak csökkenéséhez vezetne. Azt hiszem, jogosan állítható, hogy ha valaki nem tudna alapvető dolgokat, például ételt vagy italt személyesen vásárolni, az sok ember számára jelentősen csökkentené a Bitcoin hasznosságát.[8]

Hearn megértette, hogy a bányászok nem jelentenek fenyegetést a rendszerre. Sőt, ha valaki, akkor éppen a bányászoknak van a legkevesebb ösztönzőjük arra, hogy kárt tegyenek a Bitcoinban, hiszen egyetlen bevételi forrásuk a tranzakciós díjakból és a blokkjutalomból származik, amelyek mind Bitcoinnal vannak kifejezve, és amelyeket a piacon kell értékesíteniük.

A Wiki-cikk második fő állítása az, hogy a teljes csomópontok valamilyen módon megakadályozhatják a hálózat szabályainak megváltoztatását. Ez azonban nem igaz. Ne feledjük, hogy a teljes csomópontok nem tudnak blokkokat hozzáadni a lánchoz, csak ellenőrizni tudják, hogy a blokkok és tranzakciók érvényesek-e. Képzeljük el, hogy a protokollban felfedeznek egy új hibát, amely súlyosan megzavarja a Bitcoin működését, és a szoftvert rövid időn belül frissíteni kell. A bányászok azonnal frissítenének, mivel a profitjuk a hálózat működésétől függ. De mi történne, ha mindenki más, aki teljes csomópontokat futtat, nem frissítene? Vajon ez megakadályozná a bányászokat abban, hogy frissítsenek? Egyáltalán nem. A bányászok továbbra is gond nélkül folytatnák a blokkok hozzáadását a lánchoz, miközben a teljes csomópontokat futtatók egyszerűen leválnának a fő hálózatról, és egy új, saját hálózatot hoznának létre. Ha ezen az új hálózaton nem lenne bányász, nem tudnának új blokkokat hozzáadni a láncukhoz, és semmilyen tranzakciót nem lehetne feldolgozni. Ha valami, akkor ez éppen egy érv amellett, hogy könnyített tárcákat használjunk, hiszen így nem fenyeget az a veszély, hogy elszakadunk a fő hálózattól.

A teljes csomópontoknak nincs közvetlen hatalmuk arra, hogy megakadályozzák a bányászokat a szabályok megváltoztatásában. Azonban igaz, hogy közvetett hatalmuk van arra, hogy értesítsék az embereket a szabályváltozásokról. A Wiki-cikk szerint az akadályozza meg a „rosszindulatú bányászokat" a szabályok megváltoztatásában, hogy tudják, a teljes csomópontok észrevennék, és amint a világ értesülne a tetteikről, az egész rendszer értéke megsemmisülne. Tehát a teljes csomópontok éber figyelme féken tartja a bányászokat. Felszínes értelemben ez igaz. A bányászoknak valóban érdekük, hogy ne változtassák meg önkényesen a Bitcoin szabályait, mert ez megsemmisítené a coinjuk értékét. Azonban ehhez nem szükséges egy nagy teljescsomópont-hálózat, hogy az embereket értesítsék a szabályváltozásokról. Ehhez elegendő egyetlen becsületes bányász vagy akár egyetlen becsületes csomópont is. Bárki képes bizonyítani a világnak, hogy egy adott blokk vagy tranzakció érvénytelen a régi szabályok szerint. Még akkor is, ha a bányászok 100%-a összejátszana, egyetlen teljes csomópont is meg tudná mutatni, hogy a szabályok megváltoztak. Ez azt jelenti, hogy bármely bányász, vállalkozás, kriptovaluta-tőzsde, kutató vagy fizetési szolgáltató bizonyíthatja a szabályváltozást. Ezért gyakorlatilag garantált, hogy mindenki értesülne róla.

Azonban túlzott leegyszerűsítés lenne azt állítani, hogy a teljes csomópontoknak egyáltalán nincs hatalmuk, hiszen nem minden csomópont egyforma. Néhány teljes csomópontot üzemeltető szereplő gazdaságilag jelentős tényező. Ha egy hobbista, aki a pincéjében futtat egy csomópontot, leválik a hálózatról, az nem számít. Viszont, ha egy nagyvállalat vagy egy kriptovaluta-tőzsde kerül hasonló helyzetbe, az már lényeges, és károsíthatja a coin értékét. Ezért a bányászoknak erős ösztönzőjük van arra, hogy biztosítsák a gazdaságilag releváns szereplők támogatását minden általuk javasolt változtatás esetében.

Őszinte és tisztességtelen bányászok

Túlzott leegyszerűsítés lenne azt állítani, hogy a bányászok soha nem jelentenek kockázatot a Bitcoin integritására. Van egy egyértelmű forgatókönyv, amelyben a bányászok tevékenysége káros lehet. Ahogyan a whitepaper is magyarázza, a Bitcoin működéséhez szükséges, hogy a bányászati teljesítmény többsége – más néven „hashrate" – tisztességes legyen, vagyis ne próbálja szándékosan tönkretenni a rendszert. A tisztességes bányászok a nyereséget úgy keresik, hogy maximalizálják a coin hasznosságát és növelik a hálózat méretét. A tisztességtelen vagy rosszindulatú bányászok ezzel szemben másfajta fenyegetést jelentenek. A Bitcoin kifejezetten úgy lett megtervezve, hogy tisztességtelen bányászok jelenlétében is működjön, de csak akkor, ha ezek a bányászok kisebbségben vannak. Ha a hashrate többsége tisztességtelenné válna, akkor a Bitcoin valóban problémákba ütközne. Például, ha egy ellenséges kormány átvenné a hashrate többségének irányítását, a Bitcoin működése megzavarható lenne. Még egy ilyen forgatókönyvben sem nyújtanak védelmet a teljes csomópontok. Mivel nem tudnak blokkokat hozzáadni a lánchoz, és nem tudják irányítani a bányászok viselkedését, egyszerűen leválnának a fő hálózatról. Nem számít, milyen keményen próbálkozik egy teljes csomópont, egyszerűen nincs meg az ereje, hogy megmentsen egy olyan hálózatot, amelyben a bányászati teljesítmény többsége tisztességtelenné vált.

Az a tény, hogy a Bitcoin működéséhez a hashrate többségének tisztességesnek kell lennie, nem egyedi tervezési hiba. Minden proof-of-work-blokklánc ugyanilyen sebezhetőséggel rendelkezik. A tisztességtelen bányászokkal szembeni valódi védelem gazdasági jellegű: a bányászat költségei. Minél drágábbá válik a bányászat, annál magasabb költségekkel kell szembenézniük azoknak a rosszindulatú szereplőknek, akik megpróbálnának többségi hashrate-et szerezni. Ezért minél sikeresebbé válik a Bitcoin, annál magasabb lesz a biztonsági szintje. A kormányok jelentik általában az egyetlen valós fenyegetést arra, hogy megszerezzék a rosszindulatú hashrate többségét, mivel nekik nem kell a nyereség és veszteség korlátai között működniük. Ha egy jól finanszírozott állami szereplő megpróbálná ilyen módon megtörni a Bitcoint, a hálózat valós kihívással nézne szembe, függetlenül attól, hány teljes csomópont létezik.

A történelmi tények egyértelműek. A Bitcoin nem arra lett tervezve, hogy az átlagfelhasználók saját csomópontokat futtassanak. Satoshi ezt több alkalommal is világosan kifejtette, amikor azt mondta:

> A dizájn egy olyan könnyített klienst vázol fel, amelynek nincs szüksége a teljes blokkláncra... ezt Egyszerűsített Fizetési Ellenőrzésnek (Simplified Payment Verification) hívják. A könnyített kliens képes tranzakciókat küldeni és fogadni, de nem tud blokkokat generálni. Nincs szüksége arra, hogy egy csomópontban bízzon a fizetések ellenőrzéséhez, mert ezeket önállóan is ellenőrizheti.[9]

A masszív skálázhatóság mindig is lehetséges volt nagy blokkokkal, és a szükséges infrastruktúrát szakosodott „szerverfarmoknak" kellett volna fenntartaniuk. Ennek ellenére a Bitcoin Core-fejlesztők úgy döttöttek, hogy nem kedvelik Satoshi eredeti elképzelését, és úgy gondolták, javíthatnak rajta azzal, hogy az átlagfelhasználókra bízzák a teljes blokklánc letöltését és minden tranzakció ellenőrzését, még akkor is, ha erre nincs pénzügyi érdekük. Ez jelenleg az uralkodó gondolat a BTC-hálózaton, és ez az oka annak, hogy a tranzakciós átbocsátóképesség korlátozott, és a díjak magasak.

7

A nagy blokkok valódi ára

„Teljes csomópontot akarok futtatni az otthoni számítógépemen."
Valójában érdekel ez bárkit is? Satoshit nem érdekelte, az ő elképzelése az
volt, hogy az otthoni felhasználók SPV-csomópontokat futtassanak, míg
a teljes csomópontokat adatközpontokban üzemeltessék.[1]

—Gavin Andresen, 2015

A nagy blokkok költségei miatti túlzott aggodalom irracionálisnak tűnik, ha elvégezzük a számításokat. Nem kell több egy gyors, egyszerű kalkulációnál ahhoz, hogy belássuk: a Bitcoin jóval az 1 MB-os blokkméret fölé skálázható anélkül, hogy a költségek jelentősen növekednének. Valójában, figyelembe véve az érintett költségek meredeken csökkenő trendjét, még hatalmas hálózatméretnél sem lennének ezek tiltó erejűek az otthoni felhasználók számára – még akkor sem, ha Satoshi nem számított arra, hogy az átlagos felhasználók saját csomópontokat futtatnak majd.

Ahhoz, hogy alapvető teljescsomópont-funkciókat lehessen ellátni, két fő költségtényező játszik szerepet: az adattárolás és a sávszélesség. Ezek költsége évtizedek óta folyamatosan csökken, ahogy általában a technológiai költségek is. Első kézből figyeltem ezeket a trendeket, hiszen a MemoryDealers nevű cégem kifejezetten számítógépes hardverek értékesítésére épült.

A The Bitcoin Standard című könyvben Ammous megpróbálja

elmagyarázni, miért nem megvalósítható a blokkláncon belüli skálázás, számításokon keresztül bemutatva érvelését:

> Ahhoz, hogy a Bitcoin képes legyen feldolgozni azt a 100 milliárd tranzakciót, amelyet a Visa kezel, minden blokk körülbelül 800 megabájtos lenne. Ez azt jelenti, hogy tízpercenként minden Bitcoin-csomópontnak 800 megabájt adatot kellene hozzáadnia. Egy év alatt így minden Bitcoin-csomópont körülbelül 42 terabájtnyi adatot adna hozzá a blokklánchoz.[2]

Ez helyes. Ha a Bitcoin nagyjából négy tranzakciót dolgoz fel másodpercenként egy MB blokkban, akkor egy 800 MB-os blokk körülbelül 3 200 tranzakciót képes kezelni másodpercenként, ami évi százmilliárd tranzakciót jelent. Bárki, aki ismeri a számítógépek működését, tudja, hogy a 10 percenkénti 800 MB adat meglepően alacsony szám, különösen, ha figyelembe vesszük, hogy ez lehetővé teszi a Visa-szintű átbocsátóképességet. Ennek ellenére Ammous az ellenkező következtetésre jut:

> Ez a szám teljes mértékben kívül esik a jelenleg vagy a belátható jövőben kereskedelmi forgalomban elérhető számítógépek feldolgozási képességeinek határain.[3]

Nem tudom, honnan szerezte Ammous az információit, de úgy tűnik, nincs tisztában a technológiai költségekkel. Még hatalmas átbocsátási szintek mellett sem lennének jelentősek sem a tárolási, sem a sávszélesség költségei egy alapvető teljes csomópont futtatásához.

Tárolási költségek

Kezdjük a legegyszerűbb számításokkal, majd nézzük meg, hogyan lehet tovább csökkenteni a költségeket. 2023 szeptemberében egy gyors keresés a Newegg.com oldalon 8 TB-os merevlemezekre a Seagate Barracuda-modellt hozta első találatként, amely 119,99 dollárért[4] kapható – ez 15 dollár terabájtonként. Ha a Bitcoin évente 42 TB adatot használ, az 630 dollár, ami havonta 52,50 dollár. Ha hozzávesszük egy fogyasztói szintű, 6 lemezes NAS-eszköz árát, amely körülbelül 670 dollár[5], akkor ezek együtt évente mindössze 1 300 dollárba kerülnek – ez havonta kicsivel több mint 100 dollár – 100 milliárd tranzakció tárolásáért.

Még ha ezek a költségek már most is alacsonyak, a valós tárolási költségek még ennél is alacsonyabbak a Bitcoin ügyes tervezése miatt. Egyszerűen fogalmazva, a teljes csomópontoknak nem kell tárolniuk az összes tranzakció teljes történetét. Valójában technikailag csak azokat a címeket kell nyilvántartaniuk, amelyek nem nulla egyenleggel rendelkeznek – ezt hívják az „Unspent Transaction Output" (UTXO) készletnek. Az UTXO készletet úgy lehet elképzelni, mint az aktív egyenlegek listáját, amelyekhez azonban nem tartoznak a korábbi tranzakciók történetei. Ezáltal az UTXO-készlet mérete csupán egy apró töredéke az összes tranzakció történeti adatainak. A történeti adatokat „metszéssel" lehet eltávolítani, azaz a régi, már irreleváns információkat el lehet vetni. A Bitcoin-bányászok gyakran már eleve metszett blokklánccal dolgoznak. Ha azonban egy teljes csomópont valamilyen okból meg akarja őrizni a történeti adatokat, könnyedén tárolhat akár hónapokra vagy évekre visszamenőleg. Ahelyett, hogy az összes, 2009-ig visszanyúló adatot tárolná, csak az elmúlt év adatait tarthatná meg. Így ahelyett, hogy évente 42 TB adatot kellene tárolni, összesen 42 TB-ot tárolhatna, ami az éves tárolási költségeket egy egyszeri költséggé alakítaná.

Egy teljes csomópont, amely Visa-szintű tranzakciós mennyiséget kezel és az egész blokklánc történetét tárolja, még mindig csak csekély tárolási költségeket eredményezne fogyasztói szintű hardverrel. Ezek a számítások még nem is veszik figyelembe a technológia jövőbeli, elkerülhetetlen költségcsökkenését. A számítógépes tárolás ára az elmúlt 70 év során folyamatosan jelentős csökkenést mutatott.

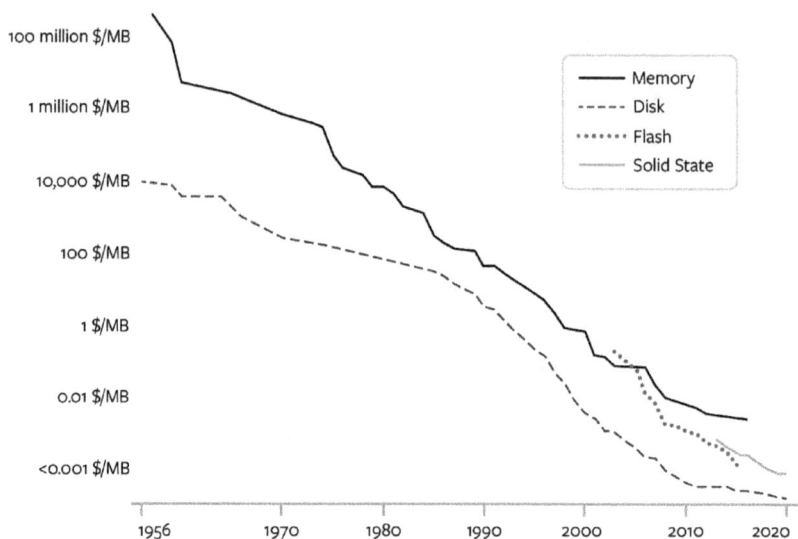

2. ábra: A számítógépes memória és tárolás költsége amerikai dollárban, megabájtonként mérve[6]

Amikor Satoshi 2009 elején elindította a Bitcoint, a számítógépes tárolás körülbelül 0,10 dollárba került gigabájtonként. Azóta az árak több mint 85%-kal csökkentek, és jelenleg kevesebb mint 0,015 dollár gigabájtonként[7]. Ammous állításával ellentétben, miszerint a 800 MB-os blokkok annyi adatot termelnének, hogy az „kívül esne a kereskedelemben elérhető számítógépek feldolgozási képességein," a valós tárolási költségek megfizethetők lennének a fogyasztók számára, és minimálisak lennének a legtöbb vállalkozás esetében.[§]

A sávszélesség költségei

A tárolási költségek nem jelentenek reális aggodalmat. Tehát, ha van bármi értelme a kis blokkok filozófiájának, akkor annak az lehet az

---

[§] Néhány speciális vállalkozás, amelyeknek ultragyors teljesítményre van szükségük, például kriptovaluta-tőzsdék vagy fizetési feldolgozók, magasabb költségekkel szembesülhetnek a RAM-igények miatt – bár ezek is mérsékelhetők. Lásd Gavin Andresen, „UTXO uh-oh...", http://gavinandresen.ninja/utxo-uhoh

alapja, hogy a sávszélesség költségei lennének túlságosan magasak a nagy blokkok esetében. A **The Bitcoin Standard** ezt írja:

> Egy csomópont, amely évente 42 terabájt adatot tud hozzáadni a blokklánchoz, nagyon drága számítógépet igényelne, és a hálózati sávszélesség, amelyre szükség lenne ennyi tranzakció napi feldolgozásához, óriási költséget jelentene. Ez egyértelműen túlságosan bonyolult és költséges lenne egy elosztott hálózat fenntartásához.[8]

Ismételten, Ammous magabiztos kijelentéseket tesz a technológia költségeiről, látszólag anélkül, hogy alapvető kutatást végzett volna a témában. Maga Satoshi már 2008-ban, még azelőtt, hogy bármilyen kódot kiadott volna, foglalkozott ezzel az aggodalommal. Ő így nyilatkozott:

> A sávszélesség talán nem olyan korlátozó tényező, mint gondolnánk. Egy tipikus tranzakció körülbelül 400 bájt méretű... Minden tranzakciót kétszer kell sugározni, tehát mondjuk 1 KB tranzakciónként. A Visa 2008-as pénzügyi évben 37 milliárd tranzakciót dolgozott fel, ami napi átlagban 100 millió tranzakciót jelent. Ennyi tranzakció 100 GB sávszélességet igényelne, ami 12 DVD vagy 2 HD minőségű film méretének felel meg, vagy jelenlegi árakon körülbelül 18 dollár értékű sávszélességet jelentene..
>
> Ha a hálózat ilyen méretűvé nőne, az évekbe telne, és addigra valószínűleg már nem tűnne nagy dolognak 2 HD film átküldése az interneten.[9]

Érdemes kiemelni néhány dolgot ebből az idézetből. Először is, Satoshi napi 18 dolláros becslést adott meg – ami évente több mint 6 500 dollár –, hogy bemutassa, mennyire alacsonyak lehetnek a sávszélesség költségei nagy léptékben, ismét jelezve, hogy nem számított arra, hogy az átlagfelhasználók saját csomópontokat futtatnak majd. A napi 18 dollár nem túlzott összeg, de elegendő ahhoz, hogy elriassza azokat az alkalmi felhasználókat, akiknek nincs módjuk ezeknek a költségeknek a megtérítésére. A bányászoknak azonban nem okozna gondot ez a költség. Ha a feltételezett 100 millió tranzakció mindegyike 0.01 dollár díjat fizetne, az napi 1 millió dollárt eredményezne, amelyet a bányászok között osztanának szét, vagyis körülbelül 41 500 dollár óránként – ez bőven elég lenne a sávszélesség költségeinek fedezésére.

Másodszor, amikor Satoshi 2008-ban megírta azt az e-mailt, az átlagos sávszélesség költsége az Egyesült Államokban 9 dollár volt megabit/másodpercenként. Tíz évvel később ez az összeg óriási mértékben, 92%-kal csökkent, 0,76 dollárra[10]. A sávszélesség költsége világszerte eltérő, de a csökkenő tendencia mindenhol megfigyelhető, és minden jel arra utal, hogy ez folytatódni fog. Az AT&T jelenleg mindössze 80 dollárt kér havonta az amerikai ügyfelektől egy gigabites szolgáltatásért, és 110 dollárt két gigabitesért[11]. Azok, akik már most optikai kábeles internetet használnak, valószínűleg egyáltalán nem tapasztalnának növekedést a sávszélesség költségeiben.

Hogy megértsük, milyen kicsik ezek a számok napjainkban, vegyük figyelembe a Netflix adatfelhasználását. Egy HD videó streamelése a Netflixről körülbelül 3 GB adatot igényel óránként, míg egy 4K videó streamelése körülbelül 7 GB-ot óránként.[12] Ha Satoshi napi 100 GB-os becslését vesszük alapul, az körülbelül 4 GB adatot jelent óránként – ez nagyjából 43%-kal kevesebb, mint a 4K videók streameléséhez szükséges óránkénti sávszélesség a Netflix esetében. Bár igaz, hogy jelenleg nem mindenki képes 4K videókat streamelni az otthonában, a lényeg az, hogy a költségek exponenciálisan csökkennek világszerte, és a fejlett világban már olyan szintet értek el, ahol a teljes csomópontot futtatók esetleg nem is tapasztalnak növekedést a sávszélesség költségeiben. Kétségtelen, hogy néhány csomópont nem tudná kezelni a megnövekedett költségeket, de a Bitcoin-hálózat kapacitását nem szabad a leggyengébb internetkapcsolattal rendelkezőkre korlátozni. Ha a Bitcoin futtatásához egy teljes csomópont, amely képes Visa-szintű tranzakciós átbocsátást feldolgozni, csak gigabites szintű internetkapcsolatot igényel, a belépési korlát nem túl magas.

A sávszélesség-technológia évtizedek óta gyorsan fejlődik, és semmi jel nem utal arra, hogy ez a tendencia lassulna. Amikor Satoshi azt jósolta, hogy a HD filmek interneten való küldése idővel normálissá válik, az négy évvel megelőzte a Google Fiber 2012-es bevezetését, amely az első olyan mainstream szolgáltatás volt, amely gigabites internetkapcsolatot biztosított az otthoni felhasználók számára. A Google Fiber ígérete szerint közel százszor gyorsabb volt, mint az akkori átlagos otthoni kapcsolat[13]. A jövőbeli sávszélesség-technológia hasonlóan ígéretesnek tűnik. 2021-ben japán kutatók új világrekordot állítottak fel az internetsebesség terén, elképesztő, 319 terabit/másodperces sebességet érve el[14]—ami körülbelül 3,2 milliószorosa az Egyesült Államok akkori átlagos internetsebességének, amely 99,3 megabit/másodperc volt.[15] Sok évbe telik, mire ez a technológia elérhetővé válik a piacon, de ez is egy újabb bizonyíték arra, hogy az exponenciális növekedés továbbra is normális marad, és még számos áttörés vár ránk. A sávszélesség egyszerűen nem jelent komoly problémát a Bitcoin nagy léptékű működése szempontjából, és mire a globális elfogadottságot eléri, a költségek még jelentéktelenebbek lesznek, mint jelenleg. Ez vezette Gavin Andresent arra a következtetésre, hogy a Bitcoin számára nem léteznek komoly akadályok a skálázás terén. 2014-ben így írt:

> A hozzávetőleges, gyors számításaim szerint az átlagfeletti otthoni internetkapcsolatom és az átlagfeletti otthoni számítógépem ma könnyedén képes lenne 5 000 tranzakció másodpercenkénti feldolgozására.
>
> Ez napi 400 millió tranzakciót jelent. Elég jó; az Egyesült Államok minden lakója végezhetne naponta egy Bitcoin-tranzakciót, és még így is lépést tudnék tartani vele.
>
> Tizenkét évnyi sávszélesség-növekedés után ez napi 56 milliárd tranzakciót jelentene az otthoni hálózati kapcsolatomon keresztül – elegendőt ahhoz, hogy a világ minden egyes embere napi öt-hat Bitcoin-tranzakciót végezzen. Nehéz elképzelni, hogy ez ne lenne elegendő... Tehát még akkor is, ha a világon mindenki teljesen áttérne a készpénzről a Bitcoinra húsz év múlva, minden tranzakció sugárzása minden teljes érvényesítő csomópont számára nem jelentene problémát.[16]

A BTC-hálózat körülbelül 1 MB méretű blokkokat állít elő tízpercenként, ami nevetségesen kicsi – még egy átlagos mobiltelefonos kép méreténél is kisebb. Folyamatosan streamelünk videókat, amelyek nagyságrendekkel nagyobbak, mint 1 MB¶, és mobilhálózatokon továbbítjuk őket, miközben az adatátvitel költségei folyamatosan csökkennek. A Bitcoin szándékosan úgy lett tervezve, hogy az átlagfelhasználóknak ne kelljen saját csomópontot futtatniuk, de még hatalmas méretarányban sem lennének a költségek tiltó erejűek.

¶   Technikailag ezek a számok kissé növekedtek, miután a mérési metrika „blokkméretről" „blokksúlyra" változott, de a blokkonkénti tranzakciók száma nagyjából összehasonlítható. Ezt részletesebben a 19. fejezet tárgyalja.

8

A megfelelő ösztönzők

Szerintem a legtöbb ember látja a digitális aláírásokat és a peer-to-peer hálózati technológiákat, de nem veszi észre, hogy a Bitcoin zsenialitásának nagy része az ösztönzők kialakításában rejlik.[1]

—Gavin Andresen, 2011

A Bitcoin nem csupán egy szoftverprojekt vagy számítógépes hálózat. Ez egy hatalmas, összetett rendszer, amelyben világszerte emberek milliói vesznek részt. Ahhoz, hogy megértsük, többet kell vizsgálnunk, mint pusztán a szoftverét. A Bitcoin néhány kritikus jellemzője egyáltalán nincs kódolva; ezek az ösztönző struktúrájába vannak beépítve. A felhasználók, a bányászok és a vállalkozások mind arra vannak ösztönözve, hogy a Bitcoin használatát úgy alakítsák, hogy az egyszerre szolgálja a saját érdeküket és az egész hálózatot. Ez a gazdasági koordináció nehezebben észrevehető, de ugyanolyan fontos, mint bármely más technikai részlet.

Miért érdemes teljes csomópontot futtatni?

A „nagyblokkosok" és a „kisblokkosok" eltérően vélekednek a teljes csomópontok szerepéről a hálózaton, ami az ösztönzőkkel kapcsolatos gondolkodásmódbeli különbségeket tükrözi. A kisblokkos filozófia szerint a teljes csomópontoknak kritikus szerepet kell játszaniuk, még akkor is, ha nincs egyértelmű ösztönző. A hétköznapi felhasználókat arra bátorítják, hogy futtassanak saját csomópontokat, töltsék le és validálják a teljes blokkláncot csak azért, hogy használhassák a Bitcoint, még akkor is, ha ez terhet jelent. Egy csomópont első futtatásakor órákig vagy akár napokig is eltarthat, amíg szinkronizál a hálózattal, és több száz gigabájtnyi tárhelyet is elfoglal. Emiatt teljes csomópontokat általában nem futtatnak okostelefonokon, ami sokkal kevésbé teszi kényelmessé a BTC használatát. A felhasználók nem kapnak jutalmat ezért a szoftver futtatásáért; egyszerűen csak megkapják a lehetőséget, hogy mások tranzakcióinak blokkjait validálják.

Bár ez nagyszerű ötletnek tűnhet egy szoftvermérnökökből álló csoport számára, nem reális elvárás, hogy a világ többi része is kövesse ezt. A legtöbb ember soha nem fog teljes csomópontot futtatni, mert nincs rá okuk. Ez túl nagy teher, miközben túl kevés a jutalom. Ha a Bitcoin úgy lett volna tervezve, hogy a hétköznapi embereknek kötelező legyen saját csomópontokat futtatniuk a hálózat biztonsága érdekében, az kritikus tervezési hibának számítana.

Hasonlítsuk ezt össze Satoshi SPV-dizájnjával, amely lehetővé teszi a pénztárcák azonnali letöltését és szinkronizálását. Egy BCH-pénztárcát olyan könnyedén használhatunk okostelefonon, mint bármely más alkalmazást. A BTC támogatói gyakran állítják, hogy az SPV-nek vannak elméleti biztonsági problémái, de nem dokumentáltak olyan esetet, amikor a felhasználók pénzt veszítettek volna emiatt. Az SPV hosszú és sikeres múltra tekint vissza, és a legnépszerűbb BTC-pénztárca-alkalmazások valójában SPV-t vagy hasonló technológiát használnak, vagy letétkezelői pénztárcák. Satoshi felismerte, hogy a komoly infrastruktúra-karbantartást azoknak kell végezniük, akik fizetést kapnak érte – a bányászoknak, nem pedig a hétköznapi felhasználóknak.

Egy másik példa a gazdasági félreértésre az volt, hogy a Bitcoin Core megpróbálta megvédeni a legkisebb csomópontokat attól, hogy kikerüljenek a hálózatról. A fejlesztőknek több alkalommal is lehetőségük lett volna növelni a blokkméretkorlátot, de nem akarták megkockáztatni, hogy bármelyik csomópont – akármilyen kicsi is – kikerüljön a hálózatból. Valójában létezik egy egész mozgalom a BTC támogatói körében, amely teljes csomópontokat helyez el Raspberry Pi-kre – olyan kisméretű számítógépekre, amelyek körülbelül 30 dollárba kerülnek. Nem csoda tehát, hogy a BTC nem tud skálázódni; a hálózaton minden tranzakciót még mindig rendkívül olcsó berendezésekkel lehet feldolgozni! Skálázási szempontból a Core fejlesztői a lehető legrosszabb dolgot tették. A hálózat kapacitását a legkisebb szereplők kapacitásához korlátozták, és nem értették meg, hogy teljesen egészséges, ha a legkisebb csomópontok kikerülnek a hálózatból, ahogy az növekszik. Ahogy Satoshi mondta, a csomópontok „nagy szerverfarmokká" fognak professzionalizálódni. Ez a természetes gazdasági növekedés képe lenne.

A központi tervezők gőgje

Friedrich Hayek az osztrák közgazdasági iskola egyik legismertebb közgazdásza. 1974-ben elnyerte a közgazdasági Nobel-díjat tudományos munkásságáért. Az egyik legismertebb könyve a *The Fatal Conceit* (A végzetes tévhit), amely zseniális elemzése a központilag tervezett gazdaságok problémáinak. Ő fogalmazta meg a híres idézetet:

> A közgazdaságtan érdekes feladata, hogy megmutassa az embereknek, milyen keveset tudnak valójában arról, amit azt hiszik, hogy meg tudnak tervezni.[2]

Minél többet tanulsz arról, hogyan működnek a szabad piacok, annál arrogánsabbnak tűnik azt feltételezni, hogy egy jobb rendszert központi tervezéssel lehetne megalkotni. A piacok hihetetlenül hatékonyak a szűkös erőforrások koordinálásában, mindezt úgy, hogy nincs központi hatóság, amely árakat és termelési kvótákat határozna meg. Hayek híres idézete így folytatódik:

A naiv elmének, amely csak úgy képes elképzelni a rendet, mint egy szándékos elrendezés eredményét, abszurdnak tűnhet, hogy összetett körülmények között a rend és az ismeretlenhez való alkalmazkodás hatékonyabban érhető el a döntések decentralizálásával, és hogy a hatáskör megosztása valójában növeli az átfogó rend lehetőségét. Mégis, a decentralizáció valójában több információ figyelembevételéhez vezet.[3]

Más szavakkal, a szabad piacok lehetővé teszik az információ gyors áramlását a vásárlók, eladók, termelők, fogyasztók, gyártók és a gazdaság minden más résztvevője között. Mindenki azon dolgozik, hogy kitalálja, milyen típusú termékeket állítson elő, milyen mennyiségben, milyen alapanyagokból, milyen költségekkel, hol, és milyen gyártási folyamatok révén. Ez szó szerint túl sok információ ahhoz, hogy egy központi tervezőbizottság mindent átlásson. Ezért tűnik nevetségesnek, ha valaki kijelenti: „A cipők 'helyes' ára 45 dollár páronként." Ez túl sok tényezőtől függ – például miből készülnek a cipők, milyen a minőségük, hol árulják őket? Ahelyett, hogy egy bizottság határozná meg mindenki számára a cipők árát, sokkal jobb, ha az egyes vállalkozók maguk állapítják meg az árakat a piacon belül. Ez több információ feldolgozását és jobb általános koordinációt eredményez.

Ezek a tanulságok közvetlenül alkalmazhatók a Bitcoinra is. Ahogyan egy szabad gazdaság jobban működik, mint egy központilag tervezett, ugyanúgy egy szabad Bitcoin is jobban működik, mint egy központilag irányított. A Bitcoin Core sok kérdésben központi tervezőtestületként működött, például amikor azt képzelték, hogy ismerik a „helyes" blokkméretet, a „helyes" tranzakciós díjszintet vagy a hálózaton lévő „helyes" csomópontok számát. Ezért mondta Gavin Andresen:

A központi tervezés az oka annak, hogy szeretném teljesen eltörölni a blokkméret kemény felső határát, és hagyni, hogy a hálózat maga döntse el, mekkora a túl nagy.[4]

Gazdasági értelemben a BTC blokkméretkorlátja egy központilag tervezett kínálathiány. A nagyobb blokkok iránti kereslet létezik, de a bányászok nem hozhatják létre ezeket egy önkényesen meghatározott szoftveres korlátozás miatt. A BTC-felhasználókat így arra kényszerítik, hogy egy mesterséges „díjpiacon" versenyezzenek azért, hogy tranzakcióikat feldolgozzák. Ugyanez történik a lakáspiacon is, amikor a központi tervezők megakadályozzák az új építkezéseket. Ez kínálathiányt okoz, és az árak az egekbe szöknek. Az alapvető gazdasági elvek, mint a kereslet és kínálat törvénye, egyaránt érvényesek a lakáspiacon és a kriptovaluta-piacon. Ha nem avatkoznak közbe, a bányászok olyan méretű blokkokat hoznak létre, amelyek legjobban megfelelnek a keresletnek.

A Core-fejlesztők központi tervezési hajlama nem korlátozódott a szükségtelen díjpiacok létrehozására. Még a blokkméretkorlátot is arra használták, hogy megpróbálják befolyásolni, mely projekteken dolgoznak más fejlesztők. Wladimir van der Laan, a Core egyik fejlesztője, így magyarázta:

> A növekvő díjnyomás, amely egy valódi díjpiacot eredményez, ahol a tranzakciók versenyeznek a blokkokba kerülésért, sürgeti a decentralizált, off-chain megoldások fejlesztését. Attól tartok, a blokkméret növelése csak elodázná a problémát, és lehetővé tenné, hogy az emberek (és a nagy Bitcoin-vállalatok) megnyugodjanak, amíg ismét el nem jön az idő egy újabb blokkméretnövelésre. Ekkor újra összehívnák Gavint, ami soha nem vezet okos, fenntartható megoldáshoz, csak örökös, kínos vitákhoz, mint ez.[5]

Nemcsak azt gondolták a fejlesztők, hogy elég bölcsek ahhoz, hogy kötelezően meghatározzák a blokkok maximális méretét, hanem azt is hitték, hogy a magas díjakat felhasználhatják arra, hogy ösztönözzék az embereket az általuk preferált projektek fejlesztésére. Nem zavarta őket, ha a hálózat összeomlik, mert ez „sürgősséget teremtene a decentralizált off-chain megoldások fejlesztésére." Ez igazán a végzetes tévhit példája! Természetesen az történt, hogy a fejlesztők tömegesen hagyták el a BTC-t, és egyszerűen csatlakoztak más, ígéretesebb projektekhez.

Az ösztönzőkben bízni, nem az egyénekben

A Bitcoin gazdasági dizájnjának utolsó része, amelyet gyakran félreértenek, a bizalom szerepe. Ahogyan a „digitális arany" fogalmát túl szó szerint értelmezték, úgy a „bizalommentesség" fogalmát is. Amikor Satoshi azt mondta, hogy a Bitcoin nem igényel „megbízható harmadik feleket," nem arra gondolt, hogy egyáltalán semmilyen emberben nem kell megbízni. A Bitcoin gazdasági természetű, ami társadalmi természetet is jelent, tehát bizonyos szintű bizalomra továbbra is szükség van az emberek iránt. Például egy BTC-rajongó futtathat saját csomópontot, ellenőrizheti a blokkláncon lévő összes tranzakciót, és azt gondolhatja, hogy anélkül működik, hogy bárkiben is megbízna. De téved. Valójában sok olyan emberben bízik, akikkel soha nem találkozott. Bízik benne, hogy az operációs rendszere fejlesztői jól végezték a munkájukat. Bízik a CPU-gyártókban, hogy helyesen dolgoztak. Bízik abban, hogy minden egyes cég, amely részt vett a számítógépe gyártásában, nem hibázott a hardverében. Bízik benne, hogy az internetszolgáltatója biztonságosan csatlakoztatja őt az internethez. Lényegében emberek ezreiben bízik szerte a világon, bár nem egyénenként bízik bennük. Ehelyett az ösztönzők gazdasági rendszerében bízik, amely mindannyiukat koordinálja arra, hogy magas minőségű hardvert és szoftvert állítsanak elő. Még akkor is, ha a gyártási láncban lévők utálják egymást – vagy akár személyesen őt is –, bízik benne, hogy a rendszer megfelelően jutalmazza a jó magatartást, és bünteti a rosszat, hogy megbízható termékeket hozzanak létre.

A Bitcoin ugyanígy működik. A rendszert úgy tervezték, hogy központi hatóság nélkül is működjön, így senkinek sem kell megbíznia egy adott személyben vagy vállalatban. De abban bízniuk kell, hogy az ösztönzők elég erősek ahhoz, hogy megbízható hálózatot hozzanak létre. Ez a bizalom nem abból fakadhat, hogy minden egyes ember maga elemzi a kódot. Ennek abból kell származnia, hogy a Bitcoint egészében látják, amely számos embert és vállalkozást foglal magában, akik a saját érdekükben cselekszenek. Amikor a Bitcoin Core megváltoztatta a rendszer ösztönzőit, alapvetően megváltoztatták az egész dizájnt.

Satoshi rendszere nem volt tökéletes, és figyelmen kívül hagyott egy kulcsfontosságú problémát: a Bitcoin szoftverfejlesztésének irányítását és finanszírozását. A bányászok erős ösztönzőkkel rendelkeznek. A felhasználóknak megfelelő ösztönzőik vannak. A fejlesztők ösztönzői azonban homályosak, és érdekellentétekhez vezethetnek. A Bitcoin Core esetében a döntéshozatali folyamatuk struktúrája hibás volt, és végül kisiklott az egész projekt.

Megvizsgáltuk az öt alapvető elképzelést a Bitcoin eredeti dizájnjának megértéséhez:

1) A Bitcoint digitális készpénznek tervezték, amelyet internetes fizetésekhez lehet használni.

2) A Bitcoint úgy tervezték, hogy rendkívül alacsony tranzakciós díjai legyenek.

3) A Bitcoint úgy tervezték, hogy a blokkméret növekedésével skálázható legyen.

4) A Bitcoint nem úgy tervezték, hogy az átlagos felhasználó saját csomópontot futtasson.

5) A Bitcoin gazdasági dizájnja ugyanolyan fontos, mint a szoftvertervezése.

Egyértelmű kellene, hogy legyen, hogy nem az a kérdés, hogy a Bitcoin Core megváltoztatta-e az eredeti dizájnt. A kérdés az, hogy tetszenek-e a változtatásaik. Véleményem szerint az új dizájn nem jelent javulást. Szinte minden szempontból – az árat leszámítva – rosszabbnak tűnik, mint a 2013-as Bitcoin.

9

A Lightning Network

Még a leghangosabb Bitcoin-maximalisták is elismerik, hogy hosszú távon szükség van egy módra, amely lehetővé teszi a Bitcoin használatát pénzként a mindennapi kereskedelemben. Ők azonban nem akarják, hogy az alapszint biztosítsa ezt a funkcionalitást. Ehelyett azt szeretnék, hogy a rendszeres fizetések másodlagos rétegeken, például a Lightning Networkön keresztül történjenek. A kis blokkok hívei azt állították, hogy a blokkméretkorlátot nem kell növelni, mert a Lightning Network megoldja a Bitcoin skálázási problémáit – ezt az érvet évekkel azelőtt hangoztatták, hogy a Lightning egyáltalán létezett volna. A hype ellenére a Lightning Network valósága komor. Számos kritikus tervezési hibája van, amelyek miatt bizonytalan, nehézkes, és valószínűtlen, hogy valaha is széles körű elfogadottságot nyerjen. A Lightning problémáinak minden egyes megoldási kísérlete újabb rétegekkel növelte a komplexitást, amelyek új problémákat hoztak magukkal – ez pedig kifejezetten rossz jel a szoftverfejlesztés szempontjából.

Íme egy alapvető áttekintés a Lightning Network dizájnjáról. A technológia az úgynevezett „fizetési csatornákon" alapul, amelyek lényegében egy folyamatosan frissülő egyenleget tartanak nyilván két fél között. Tegyük fel, hogy Alice nyit egy fizetési csatornát Bobbal, és 10 dollárt helyez el benne. A kezdeti egyenleg ekkor 10 dollár Alice-nél és 0 dollár Bobnál. Ha Alice küld Bobnak egy 3 dolláros tranzakciót, az új egyenleg 7 dollár Alice-nél és 3 dollár Bobnál. Bob visszaküldhet neki 1 dollárt, így az egyenleg 8 dollárra változna Alice-nél és 2 dollárra Bobnál. Ezek a tranzakciók nem kerülnek rögzítésre a blokkláncon; a csomópontjaik külön, a láncon kívül tartják nyilván az egyenlegeket. Bármelyik fél bármikor lezárhatja a csatornát, ekkor a végső egyenlegek egy láncon rögzített tranzakcióval osztódnak el a két fél között.

A fizetési csatorna egy ügyes technológia, amelyen már a kezdetektől dolgoztak, még maga Satoshi is. Azonban nem skálázási megoldásként fejlesztették őket. Ehelyett apró mikrotranzakciókhoz és nagy sebességű kétirányú tranzakciókhoz tervezték, amelyeket speciális helyzetekben, például gépek közötti fizetések esetén használnak. A fizetési csatornák kiválóan alkalmasak mikrotranzakciókra, mivel lehetővé teszik, hogy apró összegek mozogjanak oda-vissza a felek között anélkül, hogy láncon rögzített tranzakciós díjakat kellene fizetni.

A Lightning Network egy kísérlet arra, hogy a fizetési csatornákat összekapcsolva egy másodlagos réteget hozzon létre, amely képes a mindennapi Bitcoin-tranzakciók továbbítására. Tehát ha Alice pénzt akar küldeni Charlie-nak, de nincs közvetlen fizetési csatornája vele, akkor a fizetését Bobon keresztül irányíthatja, aki viszont rendelkezik egy nyitott csatornával Charlie felé. E szolgáltatásért cserébe Bob egy apró tranzakciós díjat kap. Ideális esetben a Lightning hálózaton keresztüli fizetések azonnaliak lennének, rendkívül alacsony díjakkal járnának, és lehetővé tennék a Bitcoin skálázását anélkül, hogy növelni kellene a blokkméretkorlátot, mivel a tranzakciók nagy része láncon kívül történik. Sajnos a Lightning a gyakorlatban nem működik jól, mivel több, a rendszert alapjaiban érintő tervezési hibával küzd.

On-Chain tranzakciók

A Lightning Network legalapvetőbb problémája, hogy láncon rögzített tranzakciókra van szükség a használatához. Egy fizetési csatorna megnyitása és lezárása on-chain tranzakciókat igényel, és ajánlott egyszerre több csatornát is megnyitni. Ezek a csatornák nem állandóak; folyamatos karbantartást igényelnek, és évente frissíteni kell őket. Az on-chain tranzakciók követelménye két kritikus problémát eredményez:

(1) A felhasználóknak on-chain tranzakciós díjakat kell fizetniük már csak a csatornák megnyitásáért vagy lezárásáért is. Ha az alapszintet egy bankok közötti elszámolási rendszerként használják, ezek a díjak akár több száz vagy ezer dollárba is kerülhetnek, csupán azért, hogy valaki csatlakozni tudjon a Lightning Networkhöz.

(2) Mivel a Lightning Networkre való csatlakozás on-chain tranzakciókat igényel, matematikailag lehetetlen nagy számú embert integrálni 1 MB-os blokkokkal.

Az (1). probléma egyértelmű, de gyakran rejtve marad az átlagfelhasználók elől. A legnépszerűbb Lightning-tárcák vagy letétkezelő típusúak – ami azt jelenti, hogy a felhasználók pénzeszközeit egy cég kezeli –, vagy a tárcák gyakran átvállalják az on-chain tranzakciós költségeket. Mindkét megoldás problémás. A letétkezelő Lightning-tárcák teljesen megszüntetik a Bitcoin használatának eredeti előnyeit, és a cégek csak addig tudják átvállalni az on-chain díjakat, amíg azok alacsonyak maradnak. Ha a díjak tartósan 50 vagy 100 dollár fölé emelkednek, a cégek már nem fogják tudni tovább finanszírozni ezeket. A Lightning Network nem oldja meg az alapszintű tranzakciók magas díjaiból adódó problémát.

A (2). probléma szintén egyértelmű, és már a Lightning whitepaper megírása óta ismert. A rendkívül korlátozott blokkméret miatt, még ha minden egyes BTC-tranzakciót kizárólag fizetési csatornák megnyitására használnának, akkor sem lenne elegendő hely arra, hogy blokkonként néhány ezernél több embert csatlakoztassanak. Paul Sztorc, egy elismert BTC-támogató és fejlesztő, írt egy cikket, amelyben részletesen elemezte a számokat. Arra a következtetésre jutott, hogy még ha a blokktér 90%-át csatornák megnyitására fordítanák, akkor is csak körülbelül 66 millió embert lehetne csatlakoztatni évente – ez azt jelenti, hogy körülbelül 120 évig tartana, mire a világ teljes lakosságát integrálni lehetne a Lightning Networkbe. Ő így fogalmazott:

> Más szóval, évente mindössze a világ népességének 0,82%-át tudnánk csatlakoztatni.
>
> Még rosszabb: ha a csatornák csupán egy évig maradnak fenn, akkor 2025. január 1-jére újra kell csatlakoztatni azokat, akik 2024. január 1-jén csatlakoztak. Ebben a rendszerben a Föld népességének legfeljebb 0,82%-a lehet valódi Bitcoin-felhasználó bármely adott időpontban.
>
> A monetáris hálózati hatások rendkívül erősek – az embereknek azt a pénzt kell használniuk, amit mások is használnak. Ezért egy 0,82%-os felső határ nem életképes.[1]

Sztorc javasolt megoldása egy nagy blokkméretű „sidechain" (amelyet a 13. fejezet ismertet), amely több felhasználó csatlakoztatását tenné lehetővé. Az én megoldásom egyszerűen a nagy blokkméretű Bitcoin használata, amelynek nincs szüksége a Lightning Networkre ahhoz, hogy globális léptékben működőképes legyen. A nagyobb blokkok szükségessége az oka annak, hogy Joseph Poon a Lightning whitepaperben ezt írta:

> Ha minden Bitcoin-tranzakció egy mikrotranzakciós csatornahálózaton belül zajlana, és lehetővé tennénk, hogy 7 milliárd ember évente két csatornát nyisson, korlátlan tranzakcióval a csatornán belül, akkor 133 MB-os blokkokra lenne szükség (feltételezve, hogy egy tranzakció 500 bájt és évente 52 560 blokk keletkezik).[2]

A whitepaper szerzője elmagyarázza, hogy a Lightning Network globális léptékű működéséhez még mindig 133 MB-os blokkokra lenne szükség! A mai kis blokkok híveivel ellentétben ő megjegyzi, hogy a 133 MB-os blokkméret továbbra is egy megvalósítható méret:

> A jelenlegi generációs asztali számítógépek képesek lesznek egy teljes csomópont futtatására a régi blokkok törlésével, mindössze 2 TB tárhelyen.

A Lightning Network használatához több on-chain tranzakcióra van szükség. Ezért egy 1 MB-os, 2 MB-os vagy akár 10 MB-os blokkméretkorlát lehetetlenné tenné, hogy valódi skálázási megoldás legyen. Az átlagfelhasználók nem lesznek lelkesek, hogy 50 vagy 100 dollárt fizessenek egy fizetési csatorna megnyitásáért, de még ha hajlandóak lennének is erre, a BTC-blokkméretkorlát egyszerűen túl kicsi a tömeges használat befogadására.

Online csomópontok

A Lightning Network megköveteli, hogy a felhasználók saját csomópontot futtassanak. Ez a tény különösen zavarba ejtette Tone Vayst, a népszerű Bitcoin-személyiséget. Úgy tűnik, hogy nem értette ezt az alapvető jellemzőt, annak ellenére, hogy fáradhatatlanul népszerűsítette a Lightning Networköt a blokkméretnövelés alternatívájaként. Egy YouTube-beszélgetés során Jimmy Songgal egy nézői kérdéssel kezdi:

> **Vays:** Itt egy jó kérdés számodra, Jimmy. Valaki azt kérdezi: „Milyen előnyöm származik abból, ha saját Lightning-csomópontot állítok be?"
>
> **Song:** Ööö, tudsz fizetni embereknek, például a Lightning-hálózaton keresztül ...
>
> **Vays:** Várjunk egy percet, ezt tisztáznom kell. Szükségem van egy Lightning-csomópontra ahhoz, hogy embereknek fizethessek a Lightning-hálózaton keresztül?

Song: Igen.

Vays: Igazán?

Song: Igen, mert az egyetlen módja annak, hogy bárkinek fizess, ha rendelkezel egy csatornával, és nem lehet csatornád, hacsak nincs saját csomópontod.

Vays: De szükséged van saját csomópontra, vagy használhatod valaki másét?

Song: Szükséged van saját csomópontra...

Vays: Ó, wow, tehát minden egyes embernek saját Lightning-csomópontra lehet szüksége?

Song: Igen...[3]

Az a követelmény, hogy mindenki saját csomópontot futtasson, már önmagában is nehézséget jelent a hétköznapi felhasználók számára, mivel a csomópontok folyamatos felügyeletet és karbantartást igényelnek. De van egy további követelmény, amely még súlyosabb problémát jelent: minden csomópontnak folyamatosan online kell maradnia, különben fennáll a veszélye, hogy a felhasználó elveszíti a pénzeszközeit.

A Lightning Network tervezése szerint, amíg egy fizetési csatorna nyitva van, mindkét fél rendelkezik az összes korábbi állapot előzményeivel – például egy egyéni nyilvántartással arról, hogy Alice-nél volt 10 dollár és Bobnál 0 dollár, majd később Alice-nél 7 dollár és Bobnál 3 dollár stb. Amikor egy csatorna lezárul, a „végső" egyenleget az a fél sugározza, aki lezárja a csatornát. Azonban ahelyett, hogy a legfrissebb egyenlegeket küldené el, egy korábbi állapotot is sugározhat, amely lehetőséget ad Alice-nek arra, hogy pénzt lopjon Bobtól. Képzeljük el, hogy az utolsó tranzakciójuk eredményeként Alice-nél 1 dollár, Bobnál pedig 9 dollár maradt. Ha Alice lezárja a csatornát, ahelyett, hogy a legújabb egyenleget küldené el, egy korábbi állapotot is sugározhat, például azt, amikor nála volt 10 dollár és Bobnál 0 dollár. Ha Bob nem veszi ezt észre időben, akkor Alice összesen 9 dollárt lop el tőle.

A Lightning Network ezt a problémát úgy próbálja megoldani, hogy kockázatossá teszi a régi csatornaállapotok közzétételét. Ha Bob két héten belül észreveszi, hogy Alice egy korábbi állapotot sugárzott, akkor közzétehet egy frissebb állapotot, bizonyítva, hogy Alice egy régi egyenleget használt. Ha ez megtörténik, a csatornában lévő összes pénz Bobhoz kerül. Ez elvileg arra ösztönözné a felhasználókat, hogy ne csaljanak, de ez egy gyenge visszatartó erő. Ha Alice már eleve alacsony vagy nulla egyenleggel rendelkezik a csatornában, nem sok veszítenivalója van azzal, ha megpróbál lopni. Ráadásul ahhoz, hogy valaki észrevegye a csalást, a csomópontjának folyamatosan csatlakoznia kell az internethez. Ha Bob csomópontja offline állapotba kerül, nem fogja tudni észlelni, hogy Alice megpróbálja meglopni, így elveszítheti a pénzét. Emiatt néhány Lightning-támogató azt javasolta, hogy a csomópontok számára biztosítsanak akkumulátoros tartalékáramforrást.

A Lightning fejlesztői megpróbálták megoldani ezt a problémát az úgynevezett „Watchtower" rendszer létrehozásával. Ezek harmadik felek, amelyek figyelik a csatornákat, hogy biztosítsák, senki sem csal, még akkor sem, ha az egyik csomópont offline állapotba kerül. Ez az új rendszer azonban egy további réteggel növeli a komplexitást, és azt feltételezi, hogy a Watchtowerek megbízhatóak és hozzáértőek, különben a felhasználók elveszíthetik a pénzüket. A bizalom problémája ezzel csupán egy újabb lépéssel tolódik hátrébb – vagyis a Watchtowereknek is szükségük lenne saját Watchtowerekre.

A biztonsági kockázaton túl az offline csomópontok még csak kifizetéseket sem tudnak fogadni, és nem képesek mások számára sem továbbítani tranzakciókat. A Lightning működéséhez mindkét félnek egyszerre kell online lennie, és a küldő nem küldhet tetszőleges összeget a címzettnek. A címzettnek egy konkrét számlát kell generálnia, amelyet a küldőnek ki kell töltenie – ez az oka annak, hogy folyamatos online jelenlét szükséges.

Az online jelenlét követelménye további biztonsági kockázatot jelent, mivel ez azt jelenti, hogy a felhasználók Bitcoin-kulcsai egy úgynevezett „hot wallet"-ben vannak tárolva, vagyis folyamatosan kapcsolódnak az internethez. A Bitcoin biztonsági alapelve mindig az volt, hogy a pénzeszközök többségét offline „cold storage"-ben tartsák, és csak kis összegeket tároljanak internethez csatlakoztatott pénztárcákban. A hackerek sokkal nagyobb eséllyel tudnak sikeresen támadni hot wallet-eket, márpedig a Lightning Network teljes egészében ezekre épül. Az egyetlen módja annak, hogy valaki a Lightning Networkről pénzt helyezzen át offline cold storage-ba, egy on-chain tranzakció végrehajtása.

Likviditási és útvonalválasztási problémák

A Lightning Networkön keresztüli fizetések útvonalának meghatározása egy másik komoly probléma. Minden tranzakciónak meg kell találnia egy biztos útvonalat a küldőtől a címzettig. Ha Alice fizetni akar Donaldnak, de nincs közvetlen csatornája vele, akkor más csatornákon keresztül kell eljuttatnia a fizetést. Lehetséges, hogy először Bobon keresztül kell küldenie az összeget, aki továbbítja Charlie-nak, mert Charlie-nak van nyitott csatornája Donalddal. Ha Donald nem rendelkezik elég jó kapcsolatokkal a hálózatban, – vagyis nincs elég nyitott fizetési csatornája jól kapcsolódó felekkel – akkor a szoftver nem fog tudni útvonalat találni hozzá, és a tranzakció sikertelen lesz.

De önmagában az útvonal megtalálása nem elegendő. Az útvonal minden egyes csatornájának elegendő likviditással kell rendelkeznie ahhoz, hogy a fizetés sikeresen végbemenjen. Ha Alice egy 100 dolláros tranzakciót akar küldeni Donaldnak Bobon és Charlie-n keresztül, de a Bob és Charlie közötti csatornában csak 50 dollár likviditás van, akkor a fizetés nem tud teljesülni. A gyakorlatban ez gyakori tranzakciós hibákhoz vezet, különösen nagyobb összegű fizetések esetén.

A fizetési csatornák jobb megértéséhez a legjobb analógia a gyöngyök egy zsinóron való mozgatása. Egy csatorna olyan, mint egy zsinór, amely két embert összeköt, és a gyöngyök képviselik a likviditást. Tegyük fel, hogy Alice megnyit egy csatornát Bobbal, és 50 gyöngyöt helyez el a zsinóron.

Ha kávét vásárol, öt gyöngyöt áthelyez a saját oldaláról Bob oldalára. Ezután, amikor egy csomag rágógumit vesz, Bob visszaküld neki egy gyöngyöt. Amikor a fizetési csatorna lezárul – feltéve, hogy egyik fél sem próbál meg csalni –, Alice és Bob az utolsó egyenlegüknek megfelelően kapják meg a gyöngyök végső elosztását.

Ha nincs elég gyöngy egy tranzakció lebonyolításához, a hálózat likviditási problémákba ütközik. Ha Alice és Bob csatornájában csak 50 gyöngy van, akkor lehetetlen, hogy ennél nagyobb értékű fizetéseket továbbítsanak – egyszerűen nincs elegendő gyöngy a mozgatáshoz. A problémát tovább súlyosbítja, hogy egy Lightning Network-tranzakció végrehajtásához olyan útvonalat kell találni Alice-tól Donaldhoz, ahol minden egyes közvetítőcsatorna rendelkezik elegendő likviditással. Ráadásul ezek az egyenlegek folyamatosan változnak: minden alkalommal, amikor egy tranzakció áthalad Bob csatornáján, annak likviditása megváltozik. Ez azt jelenti, hogy nemcsak a fizetési csatornák nyílnak és záródnak folyamatosan a hálózaton, hanem azok egyenlegei is állandóan változnak. Most képzeljük el, hogy milliárdok használják ezt a rendszert, mindegyiküknek több fizetési csatornája van, amelyek folyamatosan változó egyenlegekkel rendelkeznek. Az egyszerű útvonalválasztás egy rendkívül összetett problémává válik, amely talán még megoldhatatlan is lenne a hálózat széles körű centralizációja nélkül. Rick Falvinge, az IT-vállalkozóból lett svéd politikus, a Lightningról szóló videósorozatában erre a következtetésre jutott:

> A hálós útvonalválasztás egy megoldatlan probléma a számítástechnikában, különösen akkor, ha a hálózatban ellenséges szereplők is jelen vannak... A Lightning Networköt zsákutcának tartom... Nem fog elterjedni. Egy kísérleti játékszer marad, amellyel egy ideig kísérleteznek, majd végül félreteszik.[4]

Andreas Brekken, a népszerű Sideshift-kriptovaluta-tőzsde alapítója hasonló következtetésre jutott. Megkérdeztem őt a Lightning használatával kapcsolatos tapasztalatairól az üzletében, és ezt mondta:

> Az útvonalválasztás komoly problémát jelent a Lightning Networkön. A fizetések gyakran nem sikerülnek, és én úgy

próbáltam enyhíteni ezt a problémát, hogy a legnagyobb tőzsdékhez csatlakoztam. De még ez sem oldja meg teljesen a problémát. Olyan szoftvert kell használnom, amely megbecsüli egy tranzakció sikerességének valószínűségét, és ha ez az arány nem elég magas, egyszerűen nem küldöm el a fizetést.

Őszintén szólva, a Bitcoin-felhasználók nagy tömegét vezetik félre azzal, hogy elhitetik velük, hogy ez a rendszer működhet. Miután azonban beépítettem az üzleti tevékenységembe, egyszerűen nem hiszem, hogy valaha is működni fog.

Használhatósági szempontból a Lightning számára a legjobb lehetséges kimenetel az lenne, ha teljesen letétkezelő tárcákat használnának, amelyek a legnagyobb tőzsdékhez csatlakoznak. Ez azonban lényegében teljesen szembemegy a Bitcoin eredeti céljával.

Brekkennek igaza van. Ha a Lightning Networknek bármi esélye van arra, hogy elterjedjen a nagyközönség körében, akkor hatalmas mértékű centralizációra lesz szükség egy „hub and spoke" hálózat formájában, valamint a letétkezelő tárcák széles körű használatára.

„Hub and Spoke" modell

A centralizáció az egyetlen megbízható módja annak, hogy enyhítsük a Lightning Network problémáinak súlyosságát. A letétkezelő tárcák megszüntetik a saját csomópont futtatásának és az állandó online jelenlétnek a terhét. Az útvonalválasztás is egyszerűbbé válik, ha mindenki ugyanahhoz a néhány óriási csomóponthoz csatlakozik, amelyek elegendő kapcsolattal és likviditással rendelkeznek milliók kiszolgálásához – ha például mindenki nyit egy csatornát a PayPallal, akkor nagyobb az esélye annak, hogy mindig lesz elérhető útvonal. A nagyvállalatok nem csupán résztvevői lesznek a Bitcoin gazdaságának, hanem a felhasználók kénytelenek lesznek rájuk támaszkodni az alapvető fizetési funkciókhoz, és ahogyan a letétkezelő tárcák esetében, ezek a központok is könnyen cenzúrázhatók és leválaszthatók a hálózatról.

A Lightning Network centralizációja elkerülhetetlen, és ezt már évek óta előre jelezték. Valójában még tudományos kutatások tárgyát is képezte. A hálózat szerkezetét „hub and spoke modellnek" nevezik, – amely a kerék küllőire emlékeztet – ahol a kisebb csomópontok nagyobb csomópontokhoz csatlakoznak, amelyek pedig néhány szupercsomóponthoz kapcsolódnak.

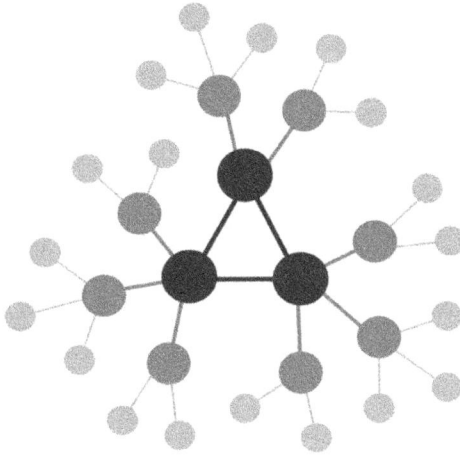

3. ábra: Hub and spoke-hálózat diagramja

Lényeges, hogy ez nem egy elosztott peer-to-peer hálózat, ahol a csomópontok közvetlenül kapcsolódnak egymáshoz. Az on-chain fizetéseknél Alice közvetlen kapcsolatban áll Donalddal. A Lightning esetében azonban először Bobon és Charlie-n kell keresztülmennie. A legnagyobb csomópontok elengedhetetlenné válnak a hálózat zavartalan működéséhez, és ezek a hatalmas csomópontok cenzúrázási képességgel rendelkeznek. Olyan vállalatok fogják üzemeltetni őket, amelyeket könnyű szabályozni. Ha pedig bármilyen okból – meghibásodás, szabályozás vagy egyszerű karbantartás miatt – offline állapotba kerülnek, a hálózat kapcsolati rendszere súlyosan sérül. Az átlagfelhasználók teljesen elvághatók a hálózattól, ha a központi csomóponthoz való kapcsolódásuk megszakad. Alice lehet, hogy egyáltalán nem talál útvonalat Donaldhoz anélkül, hogy kénytelen lenne egy PayPal-szerű közvetítőn keresztül haladni.

Egy akadémiai kutatócsoport ezekről a kockázatokról írt egy 2020-as tanulmányban, amelynek címe „Lightning Network: a second path towards centralisation of the Bitcoin economy."[5] Ezt írták:

> [A] BLN [„Bitcoin Lightning Network"] egyre inkább centralizált hálózattá válik, amely egyre inkább megfelel egy mag–periféria struktúrának. A BLN ellenállóképességének további vizsgálata azt mutatja, hogy a központi csomópontok eltávolítása a hálózat több részre történő összeomlásához vezet, ami arra utal, hogy ez a hálózat célpontja lehet az úgynevezett szétválasztási támadásoknak.

Ezek a kutatók több matematikai és empirikus érvet is felhoztak, amelyek bizonyították, hogy a centralizációs tendencia a hálózat tervezéséből fakad, és arra a következtetésre jutottak:

> A centralizációs tendencia még súlyozott mennyiségek figyelembevételével is megfigyelhető, mivel a BLN-ben kockáztatott bitcoinok 80%-át mindössze a csomópontok körülbelül 10%-a birtokolja (átlagosan, az egész vizsgált időszak alatt)... Ezek az eredmények úgy tűnik, megerősítik, hogy a BLN architektúrája egyre „kevésbé elosztottá" válik, ami nemkívánatos következményként növeli a hálózat sebezhetőségét a támadásokkal és meghibásodásokkal szemben.

A likviditási problémák tovább fokozzák ezeket a centralizációs kényszereket, akárcsak az a követelmény, hogy a tárcának folyamatosan csatlakoznia kell az internethez. A legtöbb ember nem lesz hajlandó több ezer dollárt lekötni a fizetési csatornáiban, különösen azért, mert az állandó online jelenlét növeli a biztonsági kockázatokat. Ez azt jelenti, hogy a nagyobb összegű tranzakciók elkerülhetetlenül nagyvállalati fizetési központokon keresztül fognak áthaladni, mivel ezek rendelkeznek elegendő likviditással és technikai tudással a hackerek elleni védekezéshez.

A Lightning Network elkerülhetetlen centralizációja ironikus, figyelembe véve, hogy a Core-fejlesztők őrült hadjáratot folytattak a centralizáció elkerülése érdekében Satoshi eredeti dizájnjának átalakításával. A Lightning nemcsak végtelenül összetettebb, nehézkesebb és megbízhatatlanabb, mint az on-chain tranzakciók, hanem nagyságrendekkel drágábbá is válik minden felhasználó számára, mivel a használatához szükséges on-chain tranzakciók több száz vagy akár több ezer dollárba kerülhetnek. Ráadásul, ha egy felhasználót kitiltanak egy központi fizetési csomópontról, akkor további on-chain tranzakciókat kell végrehajtania, hogy fenntartsa a kapcsolatát a hálózat többi részével. Ha ezek a tranzakciók egyenként több ezer dollárba kerülnek, akkor a központi csomópontokról való kitiltás teljesen ellehetetlenítheti a Bitcoin használatát a legtöbb ember számára.

Satoshi dizájnjával a hálózatot egy költséges 51%-os támadással lehetne megzavarni. A Lightning Network esetében azonban a zavarkeltés költsége drasztikusan csökken. A kormányok vagy rosszindulatú szereplők egyszerűen megcélozhatják a legnagyobb fizetési csatornákat. Ha képesek egyszerre kiiktatni néhány kritikus csomópontot, a hálózat gyakorlatilag használhatatlanná válik. Nincs szükség hash rate-re.

Egy hamis ígéret

A BTC életképessége most a másodlagos rétegek fejlesztésétől függ. Ha ezek a rétegek nem tudnak olcsó és megbízható fizetéseket biztosítani, akkor a BTC-nek nincs módja a skálázásra – legalábbis anélkül nem, hogy látványosan beismerné a kudarcot és megemelné a blokkméretkorlátot, vagy pedig teljes centralizációval a letétkezelő tárcák irányába mozdulna el. A jelenlegi technológiai állapot szerint a Lightning Network nem lesz komoly megoldás az on-chain tranzakciós díjak problémájára, és nem fogja lehetővé tenni, hogy az átlagemberek a BTC-t kereskedelemben használják. A fizetési csatorna egy ügyes technológia, de nem jelentenek skálázási megoldást. Hasznosak lehetnek mikrotranzakciókhoz, ahogyan Satoshi gondolta, de nem a mindennapi tranzakciókhoz. Talán a jövőben kifejlesztenek egy olyan technológiát, amely megmenti a BTC-t, de jelenleg az eredeti dizájn, amely a BCH-n működik, továbbra is a legjobb rendszer a gyors, olcsó, peer-to-peer online fizetésekhez. A rendszer egyszerűsége és eleganciája páratlan; a díjak alacsonyak maradnak; nincs szükség saját csomópont futtatására; nincs szükség fizetési központokra, és semmi sem akadályozza meg másodlagos rétegek építését a BCH tetejére – sőt, a nagyobb blokkméret még jobb funkcionalitást tesz lehetővé a másodlagos rétegek számára.

Azt szeretném, ha a Lightning beváltaná az ígéreteit, mert ha ez sikerülne, a világ egy jobb hely lenne. Jelenleg azonban semmi okom nincs azt hinni, hogy ez meg fog történni. Minden jel arra mutat, hogy ez egy kudarcba fulladt kísérlet, a Core-fejlesztők szégyene, és egyértelmű bizonyítéka annak, hogy a Bitcoin-maximalisták, akik ezt a technológiát az on-chain tranzakciók helyettesítőjeként erőltették, teljesen tévedtek, és milliókat vezettek félre.

Nehéz elképzelni egy hatékonyabb módját a Bitcoin megzavarásának annál, mint ami valójában történt. Néhány év alatt a BTC az internet legjobb fizetési rendszeréből egy lassú, drága és megbízhatatlan megoldássá vált. Satoshi zseniális dizájnját félretették egy jövőbeli technológia ígéretéért, amely nem váltotta be a hozzá fűzött reményeket. Ez a kudarc egyszerre értelmezhető ártatlan és rosszindulatú szempontból is. A Bitcoin története lehet pusztán egy rossz projektmenedzsment példája, de figyelembe véve ennek a technológiának a felforgató erejét, sokkal valószínűbbnek tűnik, hogy a Bitcoint szándékosan szabotálták az ellenségei.

II. Rész:

A Bitcoin eltérítése

10

Kulcsok a kódhoz

A Bitcoint gyakran úgy emlegetik, mintha az emberi befolyástól függetlenül létezne, és olyan megvesztegethetetlen lenne, mint a fizika törvényei. A hálózat állítólag túl nagy és decentralizált ahhoz, hogy bármely csoport irányítása alá kerüljön, bármilyen hatalmas is legyen. A The Bitcoin Standard szerint:

> A Bitcoin értéke nem függ semmilyen fizikai tényezőtől a világon, így soha nem lehet teljesen akadályozni, megsemmisíteni vagy elkobozni sem a politikai, sem a bűnözői világ fizikai erőivel. Ennek a találmánynak a huszonegyedik századi politikai valóságokra gyakorolt jelentősége abban rejlik, hogy a modern állam megjelenése óta először van egy egyértelmű technikai megoldás arra, hogy az egyének megszabaduljanak az őket irányító kormányok pénzügyi befolyásától.[1]

Ez egy gyönyörű elképzelés, és igazán szeretném, ha a Bitcoin így működne, de sajnos a történelem mást mutat. A Bitcoin nagyon is egy emberi projekt, és nem védett sem az egyéni, sem az intézményi korrupcióval szemben. A társadalmi és politikai tényezők döntő fontosságúak, és már a kezdetektől fogva meghatározó szerepet játszottak.

Realitásvizsgálat

A letétkezelő tárcák elterjedésének köszönhetően az elkobzás már rendkívül egyszerűvé vált. Ez folyamatosan megtörténik. Mivel a blokklánc nyilvános, a kormányok bizonyos érméket gyanúsnak jelölhetnek, és nyomon követhetik őket a főkönyvben. Ha ezek az érmék egy központosított kriptotőzsdére kerülnek – ahogy általában történik –, a tőzsdék befagyasztják a hozzájuk tartozó számlákat, és értesítik a hatóságokat. Az érintett érméket ezután néhány kattintással lefoglalhatják. Még ha az érmék nem is mozognak közvetlenül egy központosított tőzsdére, valószínűleg egy onnan származó tranzakció során kerültek forgalomba, ami – a pénzmosás elleni szabályozások miatt – lehetővé teszi a kormány számára, hogy legalább egy személy kilétét azonosítsa, aki kapcsolatba került ezekkel az érmékkel. Ettől a ponttól kezdve a hatóságok figyelemmel kísérhetik a blokkláncot, nyomon követhetik az adott személy gazdasági tevékenységét, és következtethetnek azoknak a személyeknek a kilétére is, akikkel tranzakciókat folytatott. Ez már most is megtörténik, amikor a Bitcoin nagyobb bűnügyi ügyekben érintett, de nincs semmilyen alapvető ok, ami miatt ugyanez ne történhetne meg hétköznapi felhasználókkal is.

Az az elképzelés, hogy a Bitcoin „egyértelmű technikai megoldás" a politikai szereplők fizikai erőszakkal való fenyegetésére, naiv. Ha a kormány azt gyanítja, hogy valamit rejtegetsz, ugyanúgy kivizsgálhatja az ügyet, mint bármely más esetben. Követelhetik, hogy add át a pénzügyi nyilvántartásaidat, a privát kulcsaidat és az elektronikus eszközeidet. Ha megtagadod, behatolhatnak az otthonodba, bebörtönözhetnek és elkobozhatják a tulajdonodat. A Bitcoin nem szabadít fel a fizikai világból, és nem akadályozza meg, hogy a kormány erőszakkal fenyegessen. Egy technikailag hozzáértő felhasználó talán elkerülheti a megtakarításai elkobzását vagy megsemmisítését, de az átlagfelhasználók számára ez komoly nehézséget jelentene.

A Bitcoin által biztosított pénzügyi szabadságot leginkább a nem letétkezelő tárcák maximalizálják. Bár nem tökéletes megoldás, az érmék nyomon követhetősége és elkobzásának lehetősége jelentősen csökken, ha az átlagfelhasználók kis költséggel közvetlenül hozzáférhetnek a blokklánchoz, és nem kell központosított tárcákat vagy tőzsdéket használniuk – hasonlóan a készpénzhez. A készpénzes tranzakciókat sokkal nehezebb ellenőrizni, mint azokat az elektronikus tranzakciókat, amelyek bankokon vagy olyan fizetési szolgáltatókon keresztül zajlanak, mint a PayPal. Ez az egyik oka annak, hogy a kormányok világszerte arra törekednek, hogy eltávolodjanak a fizikai készpénztől, és az általuk ellenőrzött digitális valutákra térjenek át. Ezért annyira forradalmi koncepció a peer-to-peer digitális készpénz; több hatalmat hagy az átlagemberek kezében, miközben megadja nekik az elektronikus pénz kényelmét.

A Bitcoin irányítása

Az olyan fogalmak, mint a „digitális arany" és az „értékmegőrző eszköz", valamint a Bitcoin hírhedt „decentralizációja" inkább marketingszlogennek, mint a valóság. Valójában a Bitcoin egyik központi története arról szól, hogyan térítette el egy kis csoport a projektet a hálózat többségének ellenkezése ellenére. Egy csoport következetesen bizonyította, hogy nagyobb hatalommal és befolyással rendelkezik, mint bárki más: a szoftverfejlesztők. Azok, akik karbantartják és frissítik a Bitcoin kódját, egyben a legnagyobb befolyással is bírnak a hálózat felett. Ez nemcsak a Bitcoinra, hanem a legtöbb kriptovaluta-projektre is igaz – a fejlesztők hozzák meg a döntéseket. És ami még fontosabb, a szoftverfejlesztők nem önmagukat finanszírozzák, valahogy fizetést kell kapniuk. Ezért egy kriptovaluta-projekt valódi hatalmi dinamikáját az határozza meg, hogy a fejlesztői hogyan hoznak döntéseket és hogyan jutnak pénzhez. A BTC története egy intő példa arra, mi történik, ha a fejlesztők ösztönzői eltérnek a hálózat többi részének érdekeitől.

A Bitcoin híresen egy „nyílt forráskódú" projekt, ami azt jelenti, hogy az összes kód nyilvános, és bárki szabadon megtekintheti, használhatja és módosíthatja anélkül, hogy terhes licencelési korlátozások vonatkoznának rá. Ezt a tulajdonságot azonban gyakran félreértelmezik azok, akik azt akarják állítani, hogy nincs központosított hatóság a szoftver irányítása felett. A Bitcoin fejlesztéséről szóló retorika azt sugallja, hogy a folyamat nyitott és érdemalapú – hogy ha valaki jó kódot ír, azt automatikusan beépítik a szoftverbe. Még a Bitcoin.org weboldalán is ez olvasható: „A Bitcoin egy ingyenes szoftver, és bármely fejlesztő hozzájárulhat a projekthez."[2] De ez egyszerűen nem igaz. Szigorú hierarchiák határozzák meg, hogy milyen kód kerül be a szoftverbe, és vannak meghatározott személyek, akiknek hatalmuk van a kódváltozások jóváhagyására vagy elutasítására. Ha más filozófiát képviselsz, mint ezek a személyek – például, ha egyetértesz Satoshival, és úgy gondolod, hogy a blokkméretkorlátot növelni vagy eltörölni kellene –, akkor bármennyire is jó a kódod, nem fogják beépíteni.

Ahhoz, hogy bármilyen kódot hozzátehess a projekthez, meg kell győznöd a megfelelő embereket. Ha nem tetszik nekik az ötleted, vagy ha személy szerint nem kedvelnek, egyszerűen figyelmen kívül hagyhatnak. A Bitcoin fejlesztése egy társadalmi jelenség, akárcsak bármely más közösségi folyamat. Ahelyett, hogy azt mondanánk, hogy „Bárki hozzájárulhat a projekthez", pontosabb lenne így fogalmazni: „Bárki, aki egyetért egy maroknyi Core-fejlesztő filozófiájával és a Bitcoin jövőképével, elfogadja a fejlesztési folyamataikat és hierarchiájukat, valamint társadalmilag is jóváhagyást kap tőlük, benyújthat kódot értékelésre!" De ez nem igazán hangzik decentralizációnak, ugye? A helyzet valóságát jól összefoglalta Hilary Allen professzor, az Amerikai Egyetem oktatója. Egy 2022 végén tartott kongresszusi meghallgatáson az Egyesült Államok szenátorainak bizottsága előtt így fogalmazott:

> [Általában] azt halljuk, hogy a „kripto más, mert decentralizált", de valójában nem decentralizált. Minden szinten vannak emberek, akik irányítanak dolgokat. Azt hallottuk, hogy a Bitcoin decentralizált. Nos, a Bitcoint néhány fő fejlesztő irányítja – kevesebb mint tíz –, és ők képesek változtatásokat végrehajtani a szoftveren, amelyet aztán a bányászpoolok alkalmaznak, és belőlük is csak néhány van. Tehát ezekben a rendszerekben határozottan vannak emberek – gyakran nagyon kevesen –, akik a háttérből mozgatják a szálakat.[3]

Nincs tévedés abban, amit mond, még akkor sem, ha a következtetései ellentmondanak a Bitcoin szoftverfejlesztéséről szóló általánosan elfogadott narratívának. A legkitartóbb támogatók, akik azt állítják, hogy a szoftvert nem központilag irányítják, gyakran rámutatnak arra, hogy technikailag bárki letöltheti a Bitcoin forráskódját, megnyithatja és módosíthatja a saját számítógépén. Bár ez igaz, mégis félrevezető. A saját számítógépeden végrehajtott módosítások nem változtatják meg azt a kódot, amelyet mindenki más futtat. Ha a „rossz" részeket módosítod – például a blokkméretkorlátot –, azonnal leválsz a hálózatról. A „hivatalos" szoftver, amelyet mindenki letölt – amelyet az iparág körülbelül 99%-a használ –, egy maroknyi ember irányítása alatt áll, akik birtokolják a kód kulcsait. Végső soron ők döntik el, hogy mi kerül hozzáadásra, eltávolításra vagy módosításra mindenki más számára.

A kulcsok hatalomváltása

Az a puszta tény, hogy a Bitcoin Core szoftverfejlesztésének van egy irányítási struktúrája, önmagában nem feltétlenül rossz dolog. Valahogyan döntéseket kell hozni. Egyetlen szoftverprojekt sem lehet sikeres, ha bárki szabadon megváltoztathatja a kódot kedve szerint. De mivel ma már több száz milliárd dollár kötődik ehhez a hálózathoz, pontosan kik frissíthetik a kódot, és hogyan?

A Bitcoin Core fejlesztésének kulcsai egy meghatározott fejlődési folyamaton mentek keresztül. 2009 januárjában az irányítás egyszerű volt: Satoshi Nakamoto volt a vezető. Minden kódmódosítást személyesen neki kellett jóváhagynia, és senki sem kérdőjelezte meg a tekintélyét. Egy 2015-ös interjúban Gavin Andresen így emlékezett vissza a korai irányítási folyamatra:

> Ha visszanézünk a történelemben, minden nagyon egyszerű volt. Az történt, amit Satoshi eldöntött az elején, és innen indultunk. Egyetlen forráskód létezett. Egyetlen álnév/személy volt, aki minden döntést meghozott arról, hogy „mi legyen a Bitcoin", „hogyan fejlődjön", „mit kellene tenni". Innen indultunk.[4]

2010 végére Satoshi úgy döntött, hogy valaki másnak kell irányítania a projektet. Így választása Gavin Andresenre esett, aki osztotta a Bitcoinról alkotott vízióját. 2010. december 19-én Andresen ezt írta a fórumokon:

> Satoshi áldásával, és nagy vonakodással, elkezdek aktívabb szerepet vállalni a Bitcoin projektmenedzsmentjében. Kérek mindenkit, hogy legyen türelmes velem; sok tapasztalatom van startupok projektmenedzsmentjében, de ez az első nyílt forráskódú projekt, amelynek ekkora mérete van, és amelyben részt veszek.[5]

Andresen Satoshi jelképes „örökösévé" vált, és 2014-ig ő volt a vezető karbantartó. Satoshival ellentétben nem ő volt az egyetlen, aki módosíthatta a kódot, mivel már korán úgy döntött, hogy ezt a hatalmat néhány más embernek is átadja. Így magyarázta döntését:

> Amint Satoshi hátralépett, és rám bízta a projektet, az első dolgaim egyike az volt, hogy megpróbáljam decentralizálni azt, hogy ha engem elütne egy busz, egyértelmű legyen, hogy a projekt tovább fog működni. Ezért van jelenleg öt ember, akiknek hozzáférésük van a Bitcoin forráskódjának GitHub-fájához.[6]

Andresen döntése ésszerű és jó szándékú volt, de sajnos nem várt következményekkel járt, és utólag stratégiai hibának tűnik. Néhány embernek „commit-hozzáférést" adott – vagyis a jogot, hogy módosítsák a hivatalos online adattárban lévő kódot –, de nem mindannyian osztották Satoshi nagy blokkokkal és alacsony díjakkal kapcsolatos vízióját. Néhányan nyilvánvalóan úgy gondolták, hogy jobb rendszert tudnak tervezni. A fejlesztők közötti filozófiai különbségek szélsőséges fejlesztési késedelmekhez vezettek, és frakciók alakultak ki. Végül az egyik csoport saját céget alapított, nem sokkal később pedig a különböző fejlesztői csoportok ellenséges táborokká váltak.

2014-ben Andresen bejelentette, hogy visszalép a Bitcoin Core napi szintű karbantartásától, és inkább magasabb szintű kutatásokra összpontosít. Utódjául Wladimir van der Laant választotta. Van der

Laan aktív közreműködő volt a Bitcoin kódjában, de végül a három pro-
jektvezető közül a legpasszívabbnak bizonyult, és hagyta, hogy kritikus
döntések megoldatlanok maradjanak. Mike Hearn 2015-ben kifejezte
frusztrációját a Bitcoin Core kompetens vezetésének hiánya miatt:

> Amit a Bitcoin Core-ban láttunk, az egy hagyományos nyílt
> forráskódú projektként indult. Satoshi volt a vezető, majd átadta
> a szerepét Gavinnak, és Gavin vette át az irányítást. Később
> Gavin delegálta a feladatot Wladimirnak, aki átvette a vezetést,
> és ez teljesen normális bármilyen technikai projekt esetében.
> Egy vezető van, aki meghallgatja az emberek véleményét, majd
> döntéseket hoz. Sajnos Wladimir inkább kerüli a döntéshozatalt,
> legalábbis szerintem. Nem hiszem, hogy ő maga is vitatná ezt a
> jellemzést. Ha nézeteltérés adódik, inkább hátralép, és abban
> reménykedik, hogy a vita magától konszenzusba rendeződik, ahol
> mindenki egyetért. Amikor ez nem történik meg, egyszerűen
> figyelmen kívül hagyja a helyzetet. Így a Bitcoin Core az elmúlt
> években fokozatosan egy konszenzusvezérelt irányítási modell felé
> sodródott—de valójában sokkal inkább egy olyan rendszerhez
> hasonlít, ahol bárki megvétózhat bármit. Ha valaki kifogást
> emel, vagy intellektuálisan hangzó ellenvetéseket fogalmaz meg,
> akkor nincs konszenzus, és így változás sem történik. Ez hatalmas
> problémává vált, különösen azért, mert néhányan, akik commit-
> hozzáféréssel rendelkeznek és szeretnek ilyen érveket gyártani...
> élvezik a bonyolult elméletek és összetett javaslatok kidolgozását
> a Bitcoin újratervezésére. Ennek eredményeként a fejlesztők
> gyakorlati, mindennapi igényei gyakran háttérbe szorulnak.[7]

Ezeket a problémákat soha nem oldották meg, és végül oda vezettek,
hogy Hearn 2016-ban teljesen elhagyta a projektet. Távozásakor egy
kiváló esszét tett közzé „The Resolution of the Bitcoin Experiment"
címmel, amely azóta kötelező olvasmánnyá vált mindenki számára, aki
a Bitcoin elméletét és történetét szeretné megérteni. Ebben részletesen
kifejti, hogy az irányítási struktúra miért vallott kudarcot, és hogyan
vezetett ez ahhoz, hogy a BTC eltávolodjon az eredeti dizájn elveitől:

Egy vállalatnál egy olyan személyt, aki nem osztja a szervezet céljait, egyszerűen el lehet távolítani: elbocsátással. De a Bitcoin Core egy nyílt forráskódú projekt, nem pedig egy vállalat. Miután kiválasztották azt az öt fejlesztőt, akik commit-hozzáférést kaptak a kódhoz, és Gavin úgy döntött, hogy nem akar vezető lenni, nem volt semmilyen eljárás arra, hogy bárkit eltávolítsanak ebből a körből. Emellett semmilyen interjú vagy szűrés nem történt annak biztosítására, hogy ezek a fejlesztők valóban egyetértenek-e a projekt céljaival.

Ahogy a Bitcoin egyre népszerűbbé vált, és a forgalom kezdte elérni az 1 MB-os korlátot, a fejlesztők időnként felvetették a blokkméretkorlát emelésének lehetőségét. Azonban ez a téma gyorsan érzelmekkel túlfűtötté vált. Vádaskodások kezdődtek, miszerint a korlát növelése túl kockázatos lenne, ellentétes a decentralizációval, és így tovább. Mint sok kis csoport esetében, az emberek inkább elkerülték a konfliktust. A problémát egyszerűen halogatták. A helyzetet tovább bonyolította, hogy [Core-fejlesztő Greg] Maxwell alapított egy céget, amely aztán több más fejlesztőt is alkalmazott. Nem meglepő módon az ő nézeteik is fokozatosan igazodtak az új főnökük álláspontjához...[8]

Egyetértek Hearn elemzésével, és gyakran elgondolkodtam azon, hogy mi történt volna, ha Andresen más fejlesztőket választott volna hatalmának megosztására, vagy ha ő maradt volna az egyetlen commit-hozzáféréssel rendelkező személy, vagy ha az iparág teljesen elutasította volna a Bitcoin Core fejlesztőit, és egy másik csapatot választott volna helyettük – egy olyan helyzet, amely majdnem bekövetkezett 2015-ben, 2016-ban és ismét 2017-ben. Ahhoz, hogy megértsük, hogyan vált a szoftverfejlesztés ennyire centralizálttá, először érdemes megvizsgálni, honnan származik a Bitcoin Core.

A Bitcoin Core eredete

2013 előtt nem létezett olyan, hogy „Bitcoin Core." Addig minden egyszerűen „Bitcoin" néven volt ismert – a szoftver, a pénzegység és a hálózat egyaránt –, ami felesleges zavart okozott egy olyan projekt esetében, amelynek már eleve bonyolult híre volt. Ezért 2013 novemberében javaslatot tettek a szoftver nevének megváltoztatására:

> Hogy megszüntessük a zavart a Bitcoin-hálózat és az általunk ebben a tárhelyben karbantartott referenciakliens-implementáció között, amelyeket egyaránt zavaró módon „bitcoin" néven ismernek, szeretnénk átnevezni a klienst.[9]

Ez a javaslat nem váltott ki vitát. Gavin Andresen egyetértett vele, és azt mondta: „Most jó alkalom van a névváltásra, csináljuk meg." Ettől a ponttól kezdve a szoftvert „Bitcoin Core"-nak nevezték el, és fejlesztői „Bitcoin Core" fejlesztőkké váltak. Annak ellenére, ami az azt követő években történt, a Bitcoin Core eredete nem volt rosszindulatú.

Satoshi távozása után a Bitcoin Core-nak nem is kellett volna az egyetlen szoftveres megvalósításnak lennie a Bitcoin-protokollhoz. Az eredeti elképzelés az volt, hogy több különböző implementáció létezzen, ne csak a Core-szoftver, így lehetőség nyílna a specializációra. A bányászok például létrehozhatták volna a saját verziójukat, amely a gyors tranzakció-ellenőrzésre összpontosít, míg a csomópontok más funkciókra specializálódhattak volna. Egy kiváló 2015-ös interjúban Andresen így magyarázta:

> Nagyon fontos, hogy az emberek fejben különválasszák a „Bitcoint" mint protokollt – vagyis a rendszert, amelyet mindannyian tranzakciókra használunk –, és a Bitcoin Core nyílt forráskódú szoftverprojektet, amely a GitHubon található, és amelyhez egy csomó ember kódot ír. A kettő valójában nem ugyanaz. A Bitcoin Core-t „referenciaimplementációnak" nevezem, és ezt már évek óta így hívom, ami magában foglalja azt az elképzelést, hogy a Bitcoin-protokollnak más megvalósításai is lesznek.[10]

Nem nehéz megérteni, miért jó ötlet többféle implementáció létezése. Amellett, hogy segít kiszűrni azokat a hibákat, amelyeket egy adott fejlesztőcsapat esetleg figyelmen kívül hagy, a többféle implementáció a legegyszerűbb módja annak, hogy megelőzzük a fejlesztők egy csoport általi kisajátítását. Egy olyan projekt esetében, amelynek célja a hatalom decentralizációja, súlyos hiba lenne, ha egyetlen csoport ellenőrizhetné a teljes hálózat szoftverfejlesztését. Andresen így folytatta:

> Amikor az irányításról gondolkodunk, külön kell választanunk azt, hogy „hogyan fog fejlődni a protokoll" attól, hogy „hogyan fog fejlődni és hogyan lesz irányítva a Bitcoin Core, mint referenciaimplementációs kód." Szerintem ez két külön irányítási folyamat, [de] mivel egyetlen forráskóddal kezdtünk, amely meghatározta a protokollt, és amelyet mindenki használt, sok ember fejében ez a kettő nem különül el..

> De szerintem nagyon fontos, hogy a protokollt külön kezeljük ettől az egyetlen forráskódtól... Már egy ideje mondom, hogy el szeretnék jutni arra a pontra, ahol több erős és megbízható implementáció létezik.[11]

Mike Hearn osztotta ezt a nézetet, és úgy gondolta, hogy ez elengedhetetlen a valódi decentralizációhoz. Elsőre úgy tűnhet, hogy Hearn azon vágya, hogy egyetlen személy – mint Satoshi – hozza meg a végső szoftveres döntéseket, ellentmond annak a célnak, hogy a projekt decentralizált maradjon, de elmagyarázta, miért összeegyeztethetők ezek az elképzelések:

> Interjúztató: Ha feltételezzük, hogy a Bitcoin Core továbbra is meghatározza a szabályokat, akkor kissé furcsának találom azt az érvet, hogy ez az öt ember egyszerűen megegyezhet abban, hogy „Adjunk minden hatalmat egyetlen személynek." Ez rendben lehet, amíg Gavin ott van, és racionális ember, de ez valójában ellentmond a teljes decentralizált rendszer alapelvének...

> Mike Hearn: Egyáltalán nem. A Bitcoin decentralizációja nem abból fakad, hogy öt ember van a döntéshozásban három vagy kettő helyett, igaz? Vagy akár egy helyett. Ha egytől öt emberig terjedő csoport dönt, akkor ugyanúgy mondhatnánk, hogy „A központi banknak van egy bizottsága, amely meghatározza a monetáris politikát, tehát a dollár decentralizált." Ennek a rendszernek ilyen módon való értelmezése egyszerűen nem logikus.

A Bitcoin decentralizációja abból fakad, hogy mindenki ellenőrizheti a blokkláncot és saját maga ellenőrizheti a szabályokat. Abból ered, hogy létezik egy versenyképes piac a különböző implementációk számára, és végső soron abból, hogy az emberek, ha akarják, áttérhetnek más implementációkra, és elágaztathatják a blokkláncot.[12]

Más implementációk végül megjelentek a BTC-ben. Amikor egyértelművé vált, hogy a Core-fejlesztők nem hajlandók növelni a blokkméretkorlátot, az iparág többször is megpróbált más implementációkra áttérni. Azonban minden alkalommal támadások érték ezeket az alternatívákat és azokat a vállalkozásokat, amelyek támogatták őket. Az embereket különböző eszközökkel próbálták elrettenteni a Bitcoin Core alternatíváinak használatától – szolgáltatásmegtagadási (DDoS) támadásokkal, hamis alkalmazásértékelésekkel, tömeges cenzúrával és közösségi médiás lejáratókampányokkal. Ennek eredményeként ma a Bitcoin Core szoftverét a BTC csomópontok körülbelül 99%-a futtatja, míg azok, akik a nagyobb blokkokat támogatják, olyan alternatív kriptovalutákat használnak, mint a Bitcoin Cash. A szoftverfejlesztés decentralizációjának kudarca végül egy olyan projekthez vezetett, amelyet teljes mértékben egyetlen csoport ural, amely egyetlen kódtárat tart karban a GitHubon.

Most, hogy megértettük a Bitcoin dizájnjának változásait és annak központosított fejlesztési struktúráját, a Bitcoin története sokkal tisztábban rekonstruálható.

11

A négy korszak

Sosem lesz egyetlen, mindenki számára elfogadható, hivatalos története a Bitcoinnak, mert a történet túl összetett ahhoz, hogy egyetlen ember teljes egészében átlássa az igazságot. Megoszthatom a saját nézőpontomat, emlékeimet és személyes tapasztalataimat, amelyek tudomásom szerint sok más korai felhasználó és vállalkozó élményeivel is egybevágnak, akik kezdettől fogva együtt dolgoztak ezzel a technológiával. Számomra a Bitcoin négy különböző korszakon ment keresztül, amelyek mindegyike saját kultúrával, vezetési hierarchiával, iparági fejlettségi szinttel és a nyilvánossághoz való viszonnyal rendelkezett. Ezek a korszakok fokozatosan összefolynak, és nincs pontos kezdetük vagy végük, de mégis hasznos eszközt nyújtanak a történelem rekonstruálásához, hogy jobban megértsük a jelenlegi helyzetet.

Korszak:	Első	Második	Harmadik	Negyedik
Kultúra:	Tech-rajongók és libertariánusok	Növekedés központú	Polgárháború	Ár-centrikus
Vezetés és hiearchia:	Satoshi Nakamoto	Gavin Andresen	Vitatott	Bitcoin Core
Iparág fejlettség:	Nem létező	Fiatal	Növekvő	Széleskörben elterjedt
Ismertség a köztudatban:	Ismeretlen	Szkeptikus	Felkapott	Általánosan ismert

1) Az első korszak: Homályban
2009-2011

Az első korszakot a homály fedte. A mai folyamatos híradások és a körülötte lévő hype miatt nehéz elhinni, hogy a Bitcoin éveken át gyakorlatilag ismeretlen volt. Az egész közösség néhány online fórumon, kriptográfiai levelezőlistákon és szűk libertárius körökben létezett. Évekbe telt, mire komolyabb nyilvános figyelmet kapott. A legkorábbi időkben még az sem volt egyértelmű, hogy a Bitcoin egyáltalán működni fog, nemhogy nemzetközi szenzációvá válik. Még az eredeti úttörők is egy bizonytalan jövőjű technológiaként tekintettek rá. Gavin Andresen 2012-ben a blogján figyelmeztetett:

> FIGYELMEZTETÉS: Ezt már néhány éve mondom, de még mindig nagyrészt igaz: a Bitcoin egy kísérlet – csak annyi időt vagy pénzt fektess bele, amennyit megengedhetsz magadnak, hogy elveszíts![1]

Az első korszak számomra 2010 végén kezdődött, amikor először hallottam a Bitcoinról a Free Talk Live-rádióműsorban. A technológia túl jónak tűnt ahhoz, hogy igaz legyen – gyors, olcsó, digitális pénz, amelyet nem egy központi bank bocsát ki, és nem politikai erők irányítanak. Tudtam, hogy ha valóban úgy működik, ahogy hirdetik, egy új korszakot hozhat el a globális jólét és szabadság terén. Ezért mindenképpen többet akartam megtudni róla. Az ezt követő tíz nap intenzív volt, minden szabadidőmet a Bitcoin tanulmányozásával töltöttem. Az internetet böngésztem minden új információ után – cikkek, blogbejegyzések, fórumviták, bármi, ami az új technológiáról szólt. Az éjszakáim egyre hosszabbak lettek, és végül az alvásom rövid szundításokká alakult. Felébredtem, és azonnal folytattam a kutatást.

A lelkesedésem bajba sodort. Bár az elmém imádta a Bitcoinról való tanulást, a testem már kevésbé. Nem ettem eleget, nem aludtam eleget, és az a makacs kaparó érzés a torkomban egyre rosszabb lett. Tíz nap után az egészségem annyira leromlott, hogy már nem lehetett figyelmen kívül hagyni. Teljesen kimerültem, és még ahhoz sem volt erőm, hogy elvezessek az orvoshoz. Ezért felhívtam a barátomat, Kevint, aki elvitt a kórházba. Az orvosok jól ismerik az alkoholfogyasztás következményeit, de lehet, hogy én voltam az első ember, akit kórházba kellett vinni túlzásba vitt olvasás miatt! Azt mondták, hogy meg kell nyugodnom és aludnom kell. Adtak egy nyugtatót, és miután közel húsz órán át aludtam egyhuzamban, sokkal jobban éreztem magam. Másnap hazamentem, és úgy döntöttem, hogy folytatom a kutatásomat – természetesen valamivel lassabb tempóban. Ez volt a Bitcoinhoz vezető utam kezdete.

Míg a korai úttörők óvatosak voltak, hogy ne legyenek túlzottan optimisták az új technológiával kapcsolatban, én nem voltam ennyire megfontolt. Meg voltam győződve róla, hogy a Bitcoin meg fogja változtatni a világot, és milliárdok életét fogja jobbá tenni. Tudtam, hogy vennem kell belőle, mivel egy ilyen értékes találmány szinte garantáltan növekedni fog az árfolyamában. De azokban az időkben rendkívül nehéz volt Bitcoint vásárolni. Alig ismerték, és csak néhány lelkes rajongó kereskedett vele eldugott weboldalakon.

Az első nagy Bitcoin-tőzsde valójában egy átnevezett weboldal volt, amelyet eredetileg a Magic: The Gathering-kártyák kereskedelmére hoztak létre. A modern kriptotőzsdékhez képest a felhasználói élmény nem volt éppen gördülékeny. Az első Bitcoinjaim megvásárlásához nem használhattam PayPalt, ACH-befizetést vagy hitelkártyát. Ehelyett közvetlenül át kellett utalnom a pénzt Jed McCaleb, a weboldal tulajdonosának személyes bankszámlájára. Szerencsére megbízható volt, és sikerült megszereznem az első Bitcoinjaimat, darabonként kevesebb mint egy dollárért.

Abban az időben valójában nem tudtam használni a Bitcoinjaimat, mivel senki sem fogadta el fizetőeszközként. Ezért úgy döntöttem, hogy a cégem, a MemoryDealers.com lesz az első, amely elfogadja. Online számítógépes alkatrészeket árultunk, és tudomásom szerint mi lettünk az első kiskereskedő, aki Bitcoint fogadott el fizetésként. Az e-kereskedelemben szerzett tapasztalataimból tudtam, hogy hatalmas igény van egy olyan online valutára, amelyet bárhol lehet használni minimális díjakkal – és minél inkább használható a Bitcoin a kereskedelemben, annál értékesebbé válik, és annál nagyobb szabadságot hoz a világnak.

Termékeinket Bitcoinért árulni jó döntésnek bizonyult, mert a világ minden tájáról érkező Bitcoin-felhasználók lelkesen akarták elkölteni új digitális pénzüket. Nemcsak az eladásaink növekedtek, hanem ez egy remek módja volt annak is, hogy több Bitcoint halmozzunk fel. Ahelyett, hogy személyes banki átutalásokat küldtem volna, egyszerűen online árultam termékeket Bitcoinért cserébe. Nem sokkal később kihelyeztünk egy ma már híressé vált táblát a Szilícium-völgyben, amely büszkén hirdette: „Elfogadunk Bitcoint." Biztos vagyok benne, hogy az emberek 99,9%-a, aki látta, még soha nem hallott a Bitcoinról – de éppen ez volt a lényeg.

4. ábra: A hirdetőtáblánk „Elfogadunk Bitcoint" felirattal

Az első korszak nagy részében Satoshi biztosította az ideológiai és technológiai vezetést. A korai fórumhozzászólásokban rengeteg kérdést kapott a Bitcoin dizájnjáról, különösen a skálázásról, és meggyőző válaszokat adott, amelyek meghatározták azt a víziót, amely oly sok embert vonzott a projekthez.

2) A második korszak: Növekedés és optimizmus
2011-2014

A második korszakot egy teljesen új iparág növekedése és a Bitcoin-közösségben uralkodó ragályos optimizmus határozta meg. Egy új pénzügyi rendszer alapjai épültek, és én is hozzájárulhattam ennek kialakításához. Ez életem egyik legizgalmasabb időszaka volt. Mi, Bitcoin-használók, egy kis csoportot alkottunk, de valami különleges volt a kezünkben. Nemcsak pénzt lehetett keresni, hanem mindannyian tudtuk, hogy hatalmas lehetőségünk van arra, hogy pozitív irányba változtassuk a világot.

Abban az időben még nem létezett valódi kereskedelmi infrastruktúra; teljesen a nulláról indultunk. Több kereskedőre volt szükség, akik elfogadják a Bitcoint, több tőzsdére, ahol kereskedni lehet vele, és egyszerűbb eszközökre a használatához. Új vállalatok létrehozására volt szükség, de 2011-ben a kockázati tőkebefektetők még nem fedezték fel a Bitcoint. Így végül én lettem a világ első befektetője Bitcoin-startupokban. A piac annyira fiatal volt, hogy szinte minden sikeres befektetés mindenki számára előnyös volt, különösen, ha egy olyan alapvető problémát oldott meg, amellyel mindannyian szembesültünk. Például az árfolyam-ingadozás egy hírhedt probléma volt, amely miatt a kereskedők vonakodtak Bitcoint elfogadni fizetésként. Ezért azonnal megragadtam a lehetőséget, hogy kezdőtőkét biztosítsak a BitPay számára, egy olyan startupnak, amely lehetővé tette a kereskedők számára, hogy Bitcoint fogadjanak el, és azonnal fiat-valutára váltsák, kiküszöbölve az árfolyam-ingadozás kockázatát. A szolgáltatásuk döntő fontosságúnak bizonyult a szélesebb körű elfogadás szempontjából, és a BitPay azóta az egész kriptovaluta-ipar egyik legfontosabb vállalatává vált.

Más korai befektetéseim olyan vállalatokba irányultak, mint a Blockchain.info, amely lehetővé tette a felhasználók számára, hogy Bitcoint küldjenek és fogadjanak anélkül, hogy bármilyen szoftvert le kellene tölteniük, mivel egy webböngészőn keresztül elérhető online tárcát biztosított. A Kraken, a BitInstant és a Shapeshift sokkal egyszerűbbé tették a nagyközönség számára a Bitcoin megszerzését, míg a Purse. io lehetővé tette, hogy az emberek Amazonon költsék el érméiket. Bár a „Bitcoin Jézus" becenév rajtam ragadt, én inkább úgy gondolok a Bitcoin történetében betöltött szerepemre, mint a „Bitcoin Johnny Appleseed"-re, mivel sok korai vállalat elindításához segítettem tőkét biztosítani.

Talán a legszórakoztatóbb probléma, amelyet ebben az időszakban meg kellett oldani, az volt, hogy egyszerűen túl kevesen ismerték a Bitcoint. Bárhová utaztam, mindig megkérdeztem az embereket, hogy elfogadják-e. Természetesen a legtöbben azt sem tudták, miről beszélek. Ezért bemutattam nekik. Megpróbáltam meggyőzni minden üzlettulajdonost, hogy fogadja el a jövő pénznemét – és élvezze a népszerűségi hullám előnyeit. Ha bejelentették, hogy online elfogadják a Bitcoint, azonnal új ügyfelek özönlöttek hozzájuk, akik szerettek volna érméiket elkölteni. A korai Bitcoin-használók gyakran lelkesen költötték új pénzüket a kereskedelemben, hiszen mindannyian tudtuk, hogy ha a Bitcoin sikeres lesz mint új pénzforma, akkor mi is sikeresek leszünk. Ha egy ismert vállalat elkezdte elfogadni, a közösség úgy ünnepelte, mintha a csapatunk megnyerte volna a világbajnokságot. Manapság, ha egy nagyvállalat bejelenti, hogy elfogad kriptovalutát fizetésként, az alig éri el a hírek ingerküszöbét. De akkoriban a Bitcoin még a hitelességért küzdött, és a nyilvános megítélése ingadozott az „ismeretlen újdonság a kockáknak" és a „bűnözők pénzneme" között. Ezért valódi ünneplésre adott okot – és komoly mérföldkövet jelentett az iparág számára –, amikor olyan óriások, mint a Newegg vagy a Microsoft, úgy döntöttek, hogy elfogadják.

A közösség általában harmonikus volt, és egységesen hitt ugyanabban a Bitcoin-vízióban: egy digitális készpénzben, amely alacsony tranzakciós díjakkal működik, bárki számára elérhető, akinek van internetkapcsolata, és képes skálázódni a tömeges elfogadás felé. Gavin Andresen volt a vezető fejlesztő, Mike Hearn pedig befolyásos technikai vezetővé vált – mindketten osztották ezt a víziót. Ha akkoriban ellátogattál valamelyik Bitcoin meet-up csoportba világszerte, mindenhol ugyanazt a történetet hallottad. Ha beszéltél a legmeghatározóbb vállalkozókkal, ők is ugyanazt mondták volna. De annak ellenére, hogy az iparág széles körben egységes volt, a fejlesztők között kezdtek megjelenni kisebb frakciók, és egy kisebbség eltérő irányba akarta terelni a Bitcoint.

3) A 3. korszak: Polgárháború
2014-2017

A Bitcoin történetének legfontosabb időszaka a Polgárháború korszaka volt. Valójában a mai kriptovaluta-iparágat még mindig azok az események határozzák meg, amelyek 2014 és 2017 között zajlottak. Ez volt a legzavarosabb korszak, tele személyeskedő támadásokkal, tömeges cenzúrával, propagandával, közösségimédia-manipulációval, kudarcba fulladt konferenciákkal, be nem tartott ígéretekkel, majd végül a hálózat összeomlásával és a Bitcoin Cash-re való szétválásával. Nem sokkal azután, hogy Andresen Van der Laant nevezte ki a Bitcoin Core vezető karbantartójának, a belső frakciók egyre inkább megerősödtek és ellenségessé váltak egymás iránt, a blokkméret körüli vita pedig robbanásszerűen elmélyült. Több kulcsfontosságú Core-fejlesztő megalapította saját cégét, a Blockstreamet, amely messze a legbefolyásosabb vállalattá vált a Bitcoin szoftverfejlesztésében, és központi szerepet játszott annak kisajátításában. Ha abban az időszakban ellátogattál volna a legnagyobb cégekhez, szinte mindenhol éles kritikát hallottál volna a Core-fejlesztőkkel szemben, akik akadályozták a Bitcoin növekedését és korlátozták annak hasznosságát. Több neves fejlesztő nyilvánosan figyelmeztetett arra, hogy a BTC eltérítése éppen a szemünk előtt zajlik.

Ebben az időszakban az iparág kétségbeesetten próbálta egyben tartani a közösséget és skálázni a technológiát, többször is megkísérelve megkerülni a Core-fejlesztőket, de ezek a próbálkozások végül sikertelenek maradtak. Több konferenciát is szerveztek annak érdekében, hogy megállapodjanak egy megoldásban. 2016-ban Brian Armstrong részt vett az egyik ilyen konferencián, majd egy cikkben osztotta meg benyomásait:

Azt hiszem, a konferencia szervezői valamiféle konszenzusban reménykedtek, de a végére egyértelművé vált, hogy a szakadék túl mély. A beszélgetések kezdetben különböző kompromisszumokra összpontosítottak, hogy a skálázás kérdését elodázzák. Ahogy azonban a diskurzus folytatódott, egyre kevésbé aggódtam amiatt, hogy milyen rövid távú megoldást választunk, mert rájöttem, hogy ennél sokkal nagyobb problémánk van: a Bitcoin rendszerszintű kockázata, ha a Bitcoin Core marad az egyetlen csapat, amely a Bitcoin fejlesztésén dolgozik.

A Core-csapatban rendkívül intelligens emberek dolgoznak, de a múlt hétvége után, amit velük töltöttem, vannak dolgok, amelyek kifejezetten aggasztanak velük kapcsolatban, mint csapat. A „tökéletes" megoldásokat részesítik előnyben a „kellően jó" megoldásokkal szemben. Ha pedig nem létezik tökéletes megoldás, úgy tűnik, számukra az sem gond, ha inkább nem cselekednek – még akkor sem, ha ezzel a Bitcoin léte is veszélybe kerül. Úgy tűnik, erősen hisznek abban, hogy a Bitcoin hosszú távon nem skálázható, és hogy bármilyen blokkméretnövelés egy olyan útra vezet, amelyet ők nem hajlandók megengedni.

Bár a Core-csapat azt állítja, hogy nyitott egy 2 MB-os hard forkra, valójában nem hajlandók prioritásként kezelni azt. Úgy tekintenek magukra, mint a hálózat központi tervezőire és az emberek védelmezőire. Úgy tűnik, számukra elfogadható lenne, ha a Bitcoin elbukna, amennyiben ez azt jelenti, hogy nem kell kompromisszumot kötniük az elveikkel. Véleményem szerint a Bitcoin jelenlegi legnagyobb kockázata – ironikus módon – éppen az, ami a múltban a legtöbbet segített rajta: a Bitcoin Core fejlesztői.[2]

Armstrong véleményét akkoriban a nagy gazdasági szereplők többsége, köztük a bányászok is osztották. Emlékszem, hogy részt vettem az egyik ilyen konferencián, és könyörögtem a legnagyobb bányászoknak, hogy emeljék meg a blokkméretkorlátot. Határozottan egyetértettek abban, hogy ezt meg kellene tenni, de mivel el akarták kerülni a konfliktusokat, végül a Core döntésére hagyatkoztak. Azóta sokan közülük a Bitcoin Cash lelkes támogatói lettek.

Ebben a rendkívül megosztott időszakban a nagyközönség nagyrészt tudatlan maradt a háttérben zajló vitákról, majd 2017 végén egy újabb hatalmas befektetési hullám miatt az árak a káosz közepette az egekbe szöktek. Egy BTC végül elérte a 20 000 dolláros árfolyamot, miközben az átlagos tranzakciós díj 50 dollár fölé emelkedett, és a tranzakciók megerősítési ideje meghaladta a két hetet! A Bitcoin történetében először anti-adopció történt, mivel különböző vállalatok elfordultak tőle a magas díjak és a megbízhatatlan fizetések miatt. A narratíva gyorsan elmozdult a „csak értékmegőrző" irányába, amely szerint a Bitcoinnak nincs szüksége alacsony díjakra. Ahelyett, hogy a Bitcoin továbbra is egy eszköz lett volna a hétköznapi emberek számára – különösen azoknak, akik instabil valutával rendelkező fejlődő országokban élnek –, a fókusz a központi bankárokra és a Wall Street spekulánsaira terelődött. A Blockstream vezetője, Samson Mow ezt az új irányt tökéletesen megragadta, amikor kijelentette: „A Bitcoin nem azoknak való, akik napi 2 dollárnál kevesebből élnek."[3]

4) A 4. korszak: Mainstream
2018- napjainkig

A negyedik korszak akkor kezdődött, amikor a Bitcoin először elérte a 20 000 dolláros árfolyamot, és a hírek folyamatosan foglalkozni kezdtek vele. A hype annyira extrém volt, hogy emlékszem, a CNBC adásaiban állandóan futott egy árfolyamjelző a képernyő sarkában, amely folyamatosan követte a BTC árát – még akkor is, amikor a műsor teljesen más témáról szólt, vagy reklámokat sugároztak. Mintha a világ legfontosabb pénzügyi híre az lett volna, hogy mennyibe kerül egy Bitcoin. Majdnem egy évtized után a titok végleg kiszivárgott: a Bitcoin elérte a mainstream szintet. Más kriptovaluták is élvezték a Wall Street spekulációs lázát. Egy új finanszírozási modell megjelenése lehetővé tette, hogy friss startupok hulláma milliókat gyűjtsön ICO-kon (Initial Coin Offerings) keresztül – némelyik életképes üzleti modellel, de sokuk mindenféle reális terv nélkül.

Az új narratíva olyan könyvekkel kezdett megszilárdulni, mint a

The Bitcoin Standard, amely bár több kritikus ponton is hibázott, mégis széles körben népszerűvé vált. Ugyanezeket az elképzeléseket egyöntetűen ismételgették minden fontosabb vitafórumon, így a kis blokkok filozófiája lett az egyetlen nézőpont, amellyel az újoncok találkoztak, amikor elkezdtek ismerkedni a Bitcoinnal. Az eredeti víziót a nagy blokkokról és a blokklánchoz való univerzális hozzáférésről sikeresen démonizálták, történetét pedig szándékosan elhomályosították.

A kultúra mániákusan a BTC árfolyamára összpontosít, függetlenül annak valódi hasznosságától vagy tényleges felhasználásától. Minden eseményt – bármennyire is jelentős – kizárólag annak potenciális árhatása alapján ítélnek meg, nem pedig abból a szempontból, hogy mennyiben járul hozzá az emberi szabadsághoz vagy jóléthez. Például, amikor El Salvador kormánya bejelentette, hogy a BTC hivatalos fizetőeszközzé válik, szinte senki sem említette meg azt a tényt, hogy a kormány kizárólag letétkezelő tárcákat biztosít állampolgárainak – ami azt jelenti, hogy a kormány nyomon követheti és cenzúrázhatja a tranzakciókat az alkalmazásukon keresztül, befagyaszthatja a számlákat, vagy könnyen elkobozhatja az érméket, ha úgy dönt. Az állami integráció nagyszerű az árfolyam növekedése és a hype szempontjából, de kérdéses, hogy az átlagos el salvadori állampolgár egyáltalán profitál-e belőle.

A jelen korszak egyik világos pontja a kriptopénz-iparág hatalmas projektválasztéka. A befektetők világszerte felismerik, hogy ez a technológia a pénzügy jövője. A hitelességi probléma végre megoldódott. Még ha a BTC már nem is egy decentralizált projekt, az iparág maga decentralizált, és az emberek számos versengő lehetőség közül választhatnak. Nem számít, hogy a jövőben mely projektek kompromittálódnak, amíg a választás szabadsága megmarad, a piac ki fogja válogatni, mely érméket érdemes használni.

A Bitcoin univerzális ismertsége ellenére a Mainstream-korszak hasonló érzést kelt, mint 2011: továbbra is komoly tudatossági probléma áll fenn. A nagyközönség ismeri a BTC-t, de nincs tisztában az eredeti dizájnnal és a nagy blokkméretű Bitcoin lehetőségeivel. Ismét ugyanazt a technológiát népszerűsítem, ami több mint tíz éve izgalomba hozott!

Csakhogy ezúttal a probléma nem az információ teljes hiánya, hanem a rengeteg félrevezető információ. A hype és a hírességek támogatása közepette az alapfogalmak még mindig nem érthetők meg.

A II. rész hátralévő része elsősorban arra az időszakra összpontosít, amikor a Bitcoin legnagyobb átalakulásai zajlottak: a Polgárháborúra, amely nagyjából 2014 és 2017 között tartott.

12

Figyelmeztető jelek

Naiv lenne azt gondolni, hogy egy olyan világformáló projekt, mint a Bitcoin, örökké észrevétlen maradhat. A nemzetközi pénzügyi hatalmak – legyenek azok állami vagy magánszereplők – sokat veszíthetnek, ha a kriptopénzek sikeresek maradnak és kívül esnek a befolyásukon. Annak ellenére, hogy a Bitcoin közösségében a kezdeti időkben optimizmus és egység uralkodott, már korán voltak jelei annak, hogy a helyzet nem volt idilli vagy mentes a belső feszültségektől. Már 2011-ben, amikor az árfolyam 30 dollárra emelkedett, a fő vitafórum, a Bitcointalk.org hirtelen spamáradattal telt meg: botok végtelen értelmetlen bejegyzéseket posztoltak, ellehetetlenítve a kommunikációt. Valaki figyelt és szándékosan akarta megzavarni az információáramlást, bár nem világos, hogy ki.

Információmanipuláció

Talán az első vitathatatlan figyelmeztető jel 2013 májusában érkezett. A blokkméretvita már elkezdődött, de még a legkonzervatívabb fejlesztők is egyetértettek abban, hogy az 1 MB-os korlátot növelni kell. A kérdés az volt, hogy mikor és milyen mértékben. Különböző javaslatok születtek: egyesek fokozatos növekedést javasoltak 2, majd 4, majd 8 MB-ra. Mások egy olyan állítható blokkméretkorlátot akartak, amely automatikusan igazodik a legutóbbi blokkok átlagos méretéhez, míg megint mások teljesen eltörölték volna a korlátozást. Senki sem gondolta, hogy a másodpercenkénti hét tranzakciós felső határ jó ötlet lenne. Azaz, egészen addig, amíg a fejlesztő, Peter Todd ki nem adott egy animációs videót „Miért tartja a blokkméretkorlát a Bitcoint szabadnak és decentralizáltnak" címmel.

Peter Todd animációját az első jól finanszírozott, nyílt propagandának tartom. Annyira felháborító, hogy nehéz elhinni, hogy pusztán filozófiai nézetkülönbség állt volna mögötte. A narrátor azt magyarázza, hogy a decentralizáció nevében a Bitcoinnak örökre 1 MB-os blokkméret-korlátot kellene fenntartania:

> Van egy alternatívánk a blokkméret növelésére: az off-chain tranzakciók... a blokkláncot továbbra is nagyobb tranzakciókhoz használnád, de a kisebb ügyleteket fizetési feldolgozók kezelnék, így az apró vásárlások, például a reggeli kávéd, nem terhelnék le az egész rendszert...
>
> Ellentétben egy teljesen nyilvános blokklánccal, ahol nem választhatod meg, ki bányássza a tranzakcióidat, vagy kiben bízol a hitelesítés során, az off-chain tranzakciók egyszerre lehetnek azonnali, valóban privátak, és teljes kontrollt biztosítanak számodra abban, hogy kiben bízol meg.
>
> Mit tehetsz azért, hogy a Bitcoin decentralizált maradjon? Ha bányász vagy, csak olyan poolokban bányássz, amelyek támogatják a blokkméretkorlát fenntartását, és kérd meg a poolodat, hogy ezt nyilvánosan is vállalja. Ha felhasználó vagy, ne foglalkozz azokkal, akik megpróbálják megváltoztatni a Bitcoin szoftverét az 1 MB-os blokkméret növelése érdekében, és mondd el azoknak, akikkel tranzakciókat végzel, hogy támogatod a Bitcoin decentralizáltságának megőrzését és távoltartását a jelenlegi vállalati rendszertől.[1]

Ennek a javaslatnak az abszurditását akkoriban nem lehetett eléggé hangsúlyozni. Bár ma már ismerősen hangozhat, 2013-ban még nevetségesnek tartották, még a hangos kisblokkméret-pártiak, például Greg Maxwell is, aki így írt:

> Egy kicsit összerezzenek a videó túlzott leegyszerűsítésétől... és aggódom amiatt, hogy néhány év múlva világossá válhat, hogy a 2 MB, 10 MB vagy bármilyen más méret teljesen biztonságos minden szempontból – talán még a mobil eszközök is lehetnek teljes csomópontok a Tor-hálózaton 10 MB-os blokkokkal a 2023-as interneten. Akkorra pedig már elég tranzakciós volumen lehet ahhoz, hogy a díjak elegendőek legyenek a biztonság fenntartásához – és talán néhányan dogmatikusan ragaszkodnak majd az 1 MB-os korláthoz, mert a videó után úgy gondolták, hogy az 1 MB egy varázsszám, nem pedig a jelenlegi konzervatív kompromisszum.[2]

Más Bitcoin-használók dühöt és megvetést fejeztek ki az animációval kapcsolatban az online fórumokon. Nemcsak a videó tartalmát gúnyolták ki, hanem az a zavarba ejtő tény is felháborodást keltett, hogy egy belső szereplőtől – az elismert fejlesztőtől, Peter Toddtól – származott. A Bitcoin-közösség érzései egyértelműen megmutatkoztak a videó hozzászólásai között:

> „Remélem, ezek az idióták nem teszik tönkre a Bitcoint azzal, hogy meggyőzik az embereket a blokkméret kicsiben tartásáról. Mi lenne jobb módja annak, hogy a Bitcoin egy apró és jelentéktelen tranzakciós eszköz maradjon..."

> „0:55-nél az információ dezinformációvá vált, 1:28-nál teljesen kínos lett, 2:28-nál pedig egyenesen Orwelli szintre jutott."

> „Ez a videó veszélyes propaganda és marketinges szemfényvesztés. Félrevezetnek titeket, ébredjetek fel!"

> „Miféle hazugság ez!? 0:45-ig rendben van, de a többi egy olyan Bitcoin-hálózatot ír le, amely szembemegy a Satoshi által leírt skálázási képességekkel, így ennek a korlátnak a fenntartása megszegné a felhasználókkal kötött társadalmi szerződést."

Ahhoz, hogy megértsük a videó készítői felé irányuló dühöt, érdemes alaposabban elemezni a szövegét, és meglátni, hogyan képviselte pontosan az ellenkezőjét mindannak, amit a Bitcoin jelentett. Vegyük például ezt a részt:

> Van egy alternatívánk a blokkméret növelésére: az off-chain tranzakciók... a blokkláncot továbbra is nagyobb tranzakciókhoz használnád, de a kisebb ügyleteket fizetési feldolgozók kezelnék, így az apró vásárlások, például a reggeli kávéd, nem terhelnék le az egész rendszert...

Más szóval, a Bitcoin használatának alternatívája az, hogy nem használjuk a Bitcoint. Harmadik felekre támaszkodni a kisebb kifizetések lebonyolításához ellentétes a digitális készpénz eszméjével. Az apró vásárlások nem „terhelik le" a rendszert; a rendszer éppen ezekre lett kialakítva. Az on-chain tranzakciók nagy összegű ügyletekre korlátozása azt jelenti, hogy a Bitcoint csak a tehetősek számára tartják fenn. Egy átlagember nem engedheti meg magának, hogy minden készpénzes tranzakcióért plusz 5 dollárt fizessen, nemhogy 50 vagy 500+ dollárt, és a világ legtöbb országában nincs kiépített infrastruktúra a kriptopénzes fizetések feldolgozására.

A nagy összegű tranzakciókat ráadásul sokkal valószínűbb, hogy pénzügyi hatóságok ellenőrzik és szabályozzák, különösen akkor, ha az embereket letétkezelő pénztárcák használatára kényszerítik. Ebben az esetben a blokklánc nem nyújtana lényeges előnyt a meglévő rendszerekhez képest, hiszen a legtöbben nem fognak autót vagy házat vásárolni, illetve nyugdíj-megtakarításukat felvenni kormányzati felügyelet nélkül. Ha a Bitcoint nem lehet készpénzként használni, a világ nagy része egyáltalán nem fogja használni. A szöveg így folytatódik:

> Ellentétben egy teljesen nyilvános blokklánccal, ahol nem választhatod meg, ki bányássza a tranzakcióidat, vagy kiben bízol a hitelesítés során, az off-chain tranzakciók egyszerre lehetnek azonnali, valóban privátak, és teljes kontrollt biztosítanak számodra abban, hogy kiben bízol meg.

Elismerést érdemelnek a készítők, amiért egy valóban lenyűgöző propagandadarabot hoztak létre! Egy nem létező problémát kreálnak, majd felkínálják az újszerű megoldásukat, amely lényegében az, hogy ne is használjuk a Bitcoint. A felhasználók 99,9%-ának semmi oka nincs arra, hogy érdekelje, ki bányássza vagy hitelesíti a tranzakcióikat. Ami számít, az az, hogy a tranzakcióik bekerüljenek egy blokkba. Ráadásul ne felejtsük el, hogy a felhasználók maguk is érvényesíthetik saját tranzakcióikat anélkül, hogy teljes csomópontot futtatnának – egyszerűen csak mások tranzakcióit nem tudják hitelesíteni. Az az állítás pedig, hogy az off-chain tranzakciók valóban privátak, szintén hamis. A gyakorlatban a jelenleg megvalósított két off-chain megoldás – a Lightning Network és az úgynevezett „sidechainekre" épülő rendszerek – a hétköznapi felhasználók számára mindkettő erősen centralizált. E technológiák kudarcairól később részletesebben is szó lesz.

Peter Todd sima, félrevezető videója mérföldkő volt a Bitcoin történetében, és nem ez volt az egyetlen dolog, amit 2013-ban tett, ami gyanút keltett.

Azonnali tranzakciók? Túl kockázatos

A digitális készpénznek azonnali tranzakciókat kell biztosítania. Elképzelhetetlen, hogy bármely sikeres kriptopénz készpénzként működjön, ha a tranzakciói több mint néhány másodpercig tartanak. A Bitcoin alapvető dizájnjától fogva már a kezdetektől lehetővé tette az azonnali tranzakciókat, és én magam is naponta használtam őket az üzleti tevékenységemben, valamint amikor a Bitcoin népszerűsítésével foglalkoztam. Ennek a funkciónak az egyértelmű fontossága ellenére néhány Core-fejlesztő úgy döntött, hogy az azonnali tranzakciók „túl kockázatosak", és szándékosan megbontották a Bitcoin működését, hogy elriasszák a felhasználókat ezek használatától.

Ahogy a 2. fejezetben kifejtésre került, a Bitcoin-tranzakciókat a bányászok blokkokba csoportosítják. Minden egyes új blokk az előzőre épül, és minden további blokkal növekszik a biztonság. Képzeljük el, hogy egy tranzakció éppen most került be egy blokkba, nevezzük ezt „1. blokknak". Ekkor azt mondhatjuk, hogy a tranzakció „egy megerősítéssel" rendelkezik. Amikor létrejön a 2. blokk, az hozzáadja a biztonságot az 1. blokk összes tranzakciójához, így az eredeti tranzakciónk most már „két megerősítéssel" bír. Ugyanez igaz a 3., 4., 5. és az azt követő blokkokra is. Hagyományosan, ha rendkívül biztonságos tranzakciókra van szükség, az ökölszabály szerint érdemes megvárni hat blokk létrejöttét, vagyis hat megerősítést, ami átlagosan egy órát vesz igénybe.

Mi a helyzet azokkal a tranzakciókkal, amelyeket már létrehoztak, de még nem kerültek be egy blokkba? Ezeket „nulla megerősítésű" tranzakcióknak, vagy röviden „zero-conf" tranzakcióknak nevezik. A zero-conf tranzakciók csak néhány másodpercet vesznek igénybe a küldéshez és fogadáshoz, bár természetüknél fogva kevésbé biztonságosak. A nem tökéletes biztonság nem egy nehezen érthető koncepció, és semmilyen vállalkozás számára nem ismeretlen kihívás, de néhány fejlesztő nyilvánvalóan elfogadhatatlannak tartotta ezt.

Tegyük fel, hogy ki akarjuk játszani a rendszert, kihasználva a nulla megerősítésű (zero-conf) tranzakciókat. Képzeljük el, hogy van 200 dollár értékű BTC-nk. Két üzlet áll előttünk: Alice-é és Bobé, és egyiküket meg akarjuk csalni. Bemegyünk Alice boltjába, vásárlunk 150 dollár értékben, és egy 40 dolláros tranzakciós díjat fizetünk. A tranzakciónk megjelenik a hálózaton, de még nem került be egy blokkba. Ezután azonnal bemegyünk Bob boltjába, és ugyanazt a 150 dollárnyi BTC-t elköltjük. Mivel ugyanazokat a coinokat próbáljuk kétszer elkölteni – vagyis egy „double spend" támadást hajtunk végre –, mindkét tranzakció nem kerülhet be a blokkláncba. Csak az egyik lesz elfogadva és rögzítve, ami azt jelenti, hogy Alice vagy Bob 150 dollárral meg lesz károsítva. A Bitcoin tervezése alapján ez elméletileg lehetséges, és időnként valóban előfordulnak double spend esetek. De vajon ez azt jelenti, hogy a rendszer hibás? Természetesen nem.

Az egyszerű és elegáns megoldás a Bitcoin tervezésének kezdete óta létezik. Ezt „first-seen rule"-nak, vagyis „elsőként látott szabálynak" nevezik. A bányászok és a csomópontok folyamatosan nyilvántartják a blokkba kerülésre váró nulla megerősítésű (zero-conf) tranzakciókat. A „first-seen rule" lényege, hogy ha két ütköző tranzakció jelenik meg, akkor az a tranzakció nyer, amelyiket először észlelte a hálózat. Tehát az előző példánkban, miután elküldtük a 150 dollárt Alice-nak, a Bitcoin-hálózat már ismerné ezt a tranzakciót, és egyszerűen elutasítaná a kísérletet, hogy ugyanazt az összeget Bobnál újra elköltsük.

A „first-seen rule" nem volt kötelező érvényű, és nem volt protokollszinten érvényesítve. Ez egy egyszerű, ésszerű szabály volt, amelyet a bányászok és a csomópontok követhettek, mivel lehetővé tette az azonnali tranzakciókat. Ugyanakkor lehetőséget adott arra is, hogy elméleti szinten kidolgozott csalási módszereket alkalmazzanak a kereskedők ellen, például korrupt bányászokkal való együttműködés révén. Bár léteztek társadalmi és gazdasági ösztönzők, amelyek visszatartották ezt a korrupciót, és bár a vállalkozók már más fizetési módszereknél is képesek voltak kezelni ezeket a kockázatokat, néhány fejlesztő úgy gondolta, hogy bármilyen elméleti bizonytalanság tervezési hibának számít, amelyet kód szinten kell orvosolni. Így jött az ötlet egy visszavonásgombra.

A visszavonásgomb

A „first-seen rule" helyett Peter Todd a „replace-by-fee" (RBF) javítást javasolta, amely szerint ha két ütköző tranzakció jelenik meg, az a tranzakció nyer, amelyik magasabb díjat fizet. Tehát, miután elküldtük Alice-nak a 150 dolláros tranzakciót egy 40 dolláros díjjal, besétálhatnánk Bob üzletébe, elkölthetnénk ugyanazt a 150 dollárt egy 50 dolláros díjjal, és a hálózat ezt a második tranzakciót fogadná el érvényesnek. Ez a szabályzat jelentősen megkönnyíti a double spend támadásokat, gyakorlatilag megbízhatatlanná téve a nulla megerősítésű (zero-conf) tranzakciókat – ami Todd kifejezett célja volt. Az online fórumokon Peter Todd indított egy bejegyzést „Emlékeztető: a zero-conf nem biztonságos; 1 000 USD jutalom a replace-by-fee javításért" címmel, amelyben ezt írta:

Valaki, aki John Dillon néven szerepel, ma reggel e-mailt küldött a bitcoin-fejlesztői levelezőlistára, amelyben 500 dolláros jutalmat ajánlott fel [később 1 000 dollárra emelte] annak, aki megvalósítja a tranzakciók replace-by-fee (RBF) alapú cseréjének javítását. Ez egy olyan ötlet, amelyet két nappal ezelőtt én magam is közzétettem a levelezőlistán:

Mindenesetre a sürgetőbb kérdés... a tranzakciókhoz csatolt díjak megváltoztatása azután, hogy már sugározták őket a hálózaton ...

Minél többet gondolkodom a kérdésen, annál inkább úgy vélem, hogy ezt a zero-conf őrületet még csírájában el kell fojtani: meg kell változtatni a továbbítási szabályokat úgy, hogy a tranzakciókat díjalapú helyettesítés alapján cseréljék le, függetlenül attól, hogy ez hogyan módosítja a tranzakciós kimeneteket. Természetesen ez lehetővé teszi, hogy egy meg nem erősített tranzakciót triviálisan duplán elköltsenek. Másrészt viszont... lehetőséget ad egy korlátozott „visszavonás" gomb megvalósítására, amikor valaki hibázik....

Folyamatosan ismételgetjük, hogy ne fogadjanak el zero-conf tranzakciókat, de az emberek mégis megteszik, mert biztonságosnak tűnik. Ez egy nagyon veszélyes helyzet...

Akár tetszik, akár nem, a zero-conf veszélyes, ha nem bízol a másik félben. Azért írtam le a replace-by-fee ötletet, mert valóban úgy gondolom, hogy kockázatot vállalunk, ha az embereket hamis biztonságérzetbe ringatjuk. A blokklánc- és a proof-of-work-rendszer az, ami biztosítja a konszenzust arról, hogy mely tranzakciók érvényesek és melyek nem; bármi másban bízni veszélyes.[3]

Érdemes végigmenni Todd érvelésének logikáján. Először is egy feltételezett problémával kezdi: a felhasználók tranzakciói elakadhatnak, ami valójában csak a rendkívül alacsony vagy nulla díjú tranzakcióknál jelentett gondot. Ironikus módon azonban az elakadt tranzakciók valódi problémává váltak, amikor a blokkok 2017-ben beteltek, és a tranzakciós díjak megugrottak. Amikor a felhasználók tranzakciói napokra vagy akár hetekre beragadtak, az RBF valóban hasznosnak bizonyult ezek „feloldására". Így kis blokkméret, magas díjak és megbízhatatlan tranzakciók mellett az RBF kezdett logikusabbá válni.

Ezután rátér a valódi lényegre: az ő szemében a zero-conf tranzakciók nem elég biztonságosak, és a tájékozatlan felhasználók egyszerűen nem értik ezt. Ezért, hogy megakadályozza az embereket abban, hogy megszokják a zero-conf tranzakciókat, az RBF véglegesen megszüntette azok működését. Saját szavaival élve, ha a bányászok úgy döntenek, hogy bevezetnek valamit, mint az RBF, akkor a zero-conf úgyis öszszeomlik. Más szóval, a Bitcoin azonnali fizetési funkcióját fejlesztői szinten kellett szándékosan tönkretenni, hogy a bányászok a jövőben ne tehessék meg ugyanezt. Ez sajnos nem túlzás, hanem pontosan tükrözi az álláspontjukat. John Dillon, ennek a javításnak a rejtélyes finanszírozója, így fogalmazott:

> Nem azért ajánlom fel ezt a jutalmat, mert szerintem a visszavonásgomb fontos... A probléma az, hogy olyan emberek, mint Mike Hearn, gond nélkül tönkretennék a Bitcoint egy kétségbeesett kísérletben, hogy megállítsák a double spend támadásokat, amikor azok valódi problémává válnak... Ha most megtörjük a zero-conf biztonságát, akkor nem lesz nyomás arra, hogy bevezessék [az ő centralizált] szemét megoldását. Aki a legrosszabbul jár majd, az a Satoshidice lesz, és nekik eleve nem kellene úgy használniuk a blokkláncot, ahogyan eddig tették.[4]

És 2015-ben, miközben ez a vita még mindig zajlott, a jól ismert programozó, Bram Cohen egyetértett:

> Azt állítani, hogy a zero-conf nem működik, túlzott leegyszerűsítés. A zero-conf jelenleg rendben működik... egyelőre. De ha bármilyen érdemi méretben kezdik el használni, elkerülhetetlenül kialakul egy megállíthatatlan összeesküvés azok kihasználására, akik erre támaszkodnak. Ahelyett, hogy megvárnánk, míg bekövetkezik a katasztrófa, a Bitcoin fejlesztésének előre kell terveznie a zero-conf támogatásának ütemezett és rendezett megszüntetését, még azelőtt, hogy az összeesküvés kialakulna, vagy olyan károk keletkeznének, amelyek ütköznének a zero-conf támogatásával.[5]

Megoldások a kódon kívül

Nem meglepő, hogy a szoftverfejlesztők szoftveres megoldásokkal próbálják orvosolni a problémákat. Ez a hozzáállás azonban rövidlátássá válhat, ha nem szabnak neki határt – ahogy Gavin Andresen megfogalmazta: „A mérnökök hajlamosak arra, hogy ne lássák a fától az erdőt. Elvesznek a részletekben, és szem elől tévesztik a nagyobb képet."[6] Ebben a kontextusban a nagyobb kép maga a Bitcoin kódján túli világ. A vállalkozók évezredek óta oldanak meg problémákat nem tökéletes fizetési biztonság mellett, ráadásul sokkal fejletlenebb technológiákkal, mint a kriptovaluták. Erre nagyszerű betekintést nyújtott Justus Ranvier, egy mérnök, aki valódi gyakorlati tapasztalattal rendelkezik. Ő Peter Todd RBF-ről szóló fórumposztjára így válaszolt:

> A biztonság ebben a kontextusban helytelenül egy bináris fogalomként van kezelve. Lényegében létezik egy teljes fogyasztói gazdaság, amely hitelkártyákra épül, amelyek – Bitcoin-fogalmak szerint – 90 napot vesznek igénybe a tranzakciók megerősítésére. A valós világban trillió dollárok cserélnek gazdát olyan fizetési módszereken keresztül, amelyek semmivel sem biztonságosabbak, mint a nulla megerősítésű Bitcoin-tranzakciók. A zero-conf tranzakciók elfogadása kockázatkezelési és üzleti tervezési kérdés, nem pedig egy „biztonságos" kontra „nem biztonságos" probléma.

És máshol így ír:

> Túl sok időt töltöttél a The Sims-játékkal, és elfelejtetted, hogy mind a kereskedők, mind a bányászpoolok üzemeltetői érző, intelligens lények, nem pedig automaták. Ha a zero-conf double spend kockázatai elég nagyok ahhoz, hogy érdemes legyen erőforrásokat fordítani a csökkentésükre vagy megszüntetésükre, akkor a kereskedők megtalálják a módját, hogy megoldják a problémát.[7]

Valójában a kriptopénzes fizetési szolgáltatók teljes mértékben tisztában vannak a double spend kockázataival, és számos lehetőségük van annak kezelésére. A legegyszerűbb megoldás, hogy a fizetési szolgáltató vállalja át a kockázatot az ügyfél helyett egy bizonyos díj fejében – lényegében fizetési biztosítást nyújtva. Egy másik lehetőség, hogy az ügyfeleket egy adott pénztárca-alkalmazás használatára kötelezik a vásárlások során, ami megnehezíti a double spend végrehajtását. RBF nélkül egy double spend támadás végrehajtása nehézkes és nem éri meg a fáradságot kisebb összegek ellopására, míg nagyobb vásárlások esetében természetes elvárás lehet, hogy a vásárlóknak meg kell várniuk egy vagy két megerősítést. Valójában olyan cégek, mint a SatoshiDice, amelyek Bitcoin-alapú szerencsejáték-szolgáltatásokat kínáltak, már bevezettek egy olyan rendszert, amely lehetővé tette az azonnali tranzakciókat kisebb összegekre, míg a nagyobb összegek esetében megerősítéseket követeltek meg.

A nulla megerősítésű (zero-conf) tranzakciók különösen fontosak a hagyományos bolti fizetések esetében. Mivel csak az ügyfelek egy nagyon kis százaléka próbál személyesen lopni az üzletekből, egyes kereskedők egyszerűen elfogadhatják a double spend kockázatát saját maguk. A hagyományos módszerek a csalás vagy lopás kockázatának csökkentésére továbbra is működnek. Ha például már van biztonsági rendszerük, könnyen rögzíthetik a csalót kamerafelvétellel. Ezek csak néhány lehetséges megoldások a zero-conf biztonsági aggályok kezelésére. Ha a double spend valaha is valódi problémává vált volna, biztosan még jobb megoldásokat is találtak volna rá. A piacok rendkívül hatékonyak a kockázatok felismerésében és kezelésében.

A replace-by-fee (RBF) bevezetése sokakat arra késztetett, hogy felszólaljanak ellene. Charlie Lee, aki akkoriban a Coinbase mérnöki vezetője volt, így nyilatkozott:

> A Coinbase teljes mértékben egyetért Mike Hearnnel. Az RBF irracionális és káros a Bitcoin számára.[8]

Jeff Garzik, a Bitcoin Core korai fejlesztője egyetértett:

> Korábbi kijelentéseimet megismételve: elismerem, hogy Peter „felperzselt föld" replace-by-fee javaslata találó elnevezést kapott, és a jelenlegi hálózaton széles körben antiszociális hatású lenne.[9]

Gavin Andresen egyértelműen kijelentette:

A replace-by-fee rossz ötlet.[10]

Még Adam Back is, aki később jelentős szerepet játszott a Bitcoin eltérítésében, egyetértett:

Egyetértek Mike-kal és Jeff-fel. A nulla megerősítésű tranzakciók szétrombolása vandalizmus.[11]

Ennek ellenére 2015 végén az RBF sikeresen bekerült a Bitcoin Core-ba. Jelenleg az RBF tranzakciók egy jelzőbittel készülnek, így a kereskedők – ha óvatosak – elutasíthatják azokat. A fejlesztők azonban jelenleg is vitatják, hogy ezt az alapértelmezett beállítást meg kell-e változtatni. Ha a jelzőbitet valaha eltávolítják, a nulla megerősítésű (zero-conf) fizetések a BTC hálózatán gyakorlatilag semmilyen biztonságot nem fognak nyújtani. Ezzel szemben a zero-conf fizetések alapvető funkciónak számítanak a Bitcoin Cash esetében, és a fejlesztők aktívan dolgoznak azon, hogy tovább javítsák azok biztonságát és megbízhatóságát.

Tiszta propaganda

Annak ellenére, hogy az RBF körül hatalmas vita alakult ki, ha ma megpróbálod kutatni a témát, elkerülhetetlenül félrevezető információkkal találkozol. A Bitcoin Core weboldalán található egy GYIK-szekció az RBF-ről. Az egyik kérdés így hangzik:

Vitatott volt az opt-in RBF pull request?

Egyáltalán nem. Hónapokra visszanyúló, széleskörű informális megbeszélések után a pull requestet 2015. október 22-én nyitották meg. Ezt követően legalább négy Bitcoin fejlesztői heti értekezleten megvitatták...

A pull request vitájában 19 ember vett részt, köztük legalább három különböző pénztárcamárkán dolgozó fejlesztők. Közülük 14-en kifejezetten [támogatták] a változtatást, köztük legalább egy olyan személy, aki korábban határozottan ellenezte a teljes RBF-et. A pull request nyitvatartása alatt sem ott, sem máshol nem érkezett egyértelműen negatív visszajelzés, amiről tudomásunk lenne.[12]

Ez a rész gondosan megfogalmazott, hogy a hétköznapi olvasó azt a benyomást keltse, hogy az RBF nem volt vitatott. Figyeljük meg, hogy a kérdés a „pull requestre" (PR) vonatkozik, nem pedig magára az RBF koncepciójára – vagyis, ha kizárólag az adott GitHub-bejegyzés hozzászólásait nézzük, ott a többség támogatta a változtatást. Ez azonban csak azért van így, mert a valódi, heves vita más platformokon zajlott. A megadott dátumok is félrevezetőek. Azt állítják, hogy az informális megbeszélések „hónapokra" nyúltak vissza 2015 végéig, de a Bitcointalk. orgfórum bejegyzései egyértelműen mutatják, hogy az RBF-ről már 2013-ban is heves viták folytak.

A GYIK azt állítja: „Nem érkezett egyértelműen negatív visszajelzés a PR-ben, vagy máshol, amiről tudomásunk lenne, amíg a PR nyitva volt." (Kiemelés tőlem.) De a pull requestet 2015 októberében nyitották meg! Mike Hearn már hét hónappal korábban, 2015 márciusában,[13] egy átfogó, ellenérveket felsorakoztató cikket írt saját weboldalán, amelyben élesen bírálta a replace-by-fee bevezetését.

Egy másik szakaszban a GYIK azt a kérdést teszi fel: „Úgy hallottam, hogy az opt-in RBF-et kevés vagy semmilyen vita nélkül vezették be." A válasz erre egy tucatnyi link felsorolása „Legutóbbi RBF-viták 2015 májusáig visszamenőleg" címmel. Ez azonban teljesen elhallgatja azt a tényt, hogy az RBF mindössze két hónappal korábban már forrongó vita tárgya volt. Ez a gondosan megtervezett információkontroll arra szolgál, hogy félrevezesse az újonnan érkezőket a Bitcoinról, és rendkívül megnehezíti a történetének valódi megismerését.

Ki volt egyáltalán John Dillon?

A Bitcoin története tele van rejtélyes alakokkal, kezdve ismeretlen alkotójával, Satoshi Nakamotóval. De Satoshi nem az egyetlen árnyékos figura. John Dillon egy másik ilyen személy, akiről alig tudunk valamit. Dillon volt az, aki felajánlott 1 000 dollárt a replace-by-fee javítás kifejlesztéséért, amelyet Peter Todd javasolt. Mint kiderült, Dillon támogatta és finanszírozta Todd munkáját az elhíresült „1 MB-örökre" animációs videó elkészítésében is. Amikor Todd bejelentette, hogy a videón dolgozik, Dillon így reagált:

> Nagyon fontos, hogy ezt az üzenetet eljuttatod az emberekhez. A Bitcoin sokkal nagyobb, mint ez a kis fórum... Gyanítom, hogy rengeteg Bitcoin-tevékenység zajlik anélkül, hogy bárki is törődne a Bitcoinnal mint fizetési rendszerrel. Peter említette a Silk Roadot, amit szerintem zseniális. Ez már eleve egy off-chain tranzakciós rendszer.
>
> Komoly Bitcoin-befektetőként engem is a vagyonmegőrzés érdekel, nem az ostoba mikrotranzakciók, és tudom, hogy a partnereim is ugyanígy gondolkodnak. Azt is tudjuk, hogy a Bitcoin értéke alig függ attól, hogy fizetési rendszerként működik-e...[14]

Miután az elhíresült animáció elkészült, Dillon így írt:

> Végre volt alkalmam megnézni az új videódat. Profi munka, nagyszerű munkát végeztél. Hamarosan küldök neked még 2,5 BTC-t ugyanazzal a módszerrel, mint korábban. Jó látni azt a nagy, 10 BTC-s adományt, amit kaptál, ráadásul egy 125 BTC-s címről! Ez igazán sokatmondó, hogy az adományaid nagy része jelentős Bitcoin-egyenleggel rendelkező címekről érkezik – eddig összesen körülbelül 250 BTC. Ez is azt mutatja, hogy azok, akik a legtöbbet fektették a Bitcoinba, egyben a legtöbbet veszíthetik a centralizáció és a szabályozás miatt. Folytasd a harcot![15]

Dillon nem csupán egy lelkes kisblokkméret-párti volt. Úgy tűnik, hogy kiterjedt beszélgetéseket folytatott néhány Core-fejlesztővel, és egy ponton Gavin Andresen megjegyezte: „Kezdem gyanítani, hogy jdillon egy nagyon kifinomult troll, akinek a rejtett célja a Bitcoin elpusztítása."[16]

Gavin gyanúja lehet, hogy helytálló volt. 2013 novemberében Dillon állítólag hackertámadás áldozata lett néhány dühös Bitcoiner részéről, amikor Bitcointalk-fiókja egy saját bejegyzést tett közzé „'John Dillon' Mi is tudunk szivárogtatni, te trollkodó szemétláda" címmel. A bejegyzés egyetlen linket tartalmazott, amely egy archívumra mutatott, benne Dillon privát levelezésével, valamint más fejlesztők róla folytatott beszélgetéseivel. A szivárogtatás hitelességét senki sem vitatta. Dillon láthatóan összehangoltan dolgozott Toddal, és több olyan projektet is finanszírozott, amelyek a Bitcoint egy drága elszámolási rendszerré kívánták alakítani. Maga Peter Todd is tisztában volt vele, hogy az emberek gyanakodni kezdtek Dillonhoz fűződő kapcsolatára. Egy IRC-beszélgetésben Todd és Greg Maxwell így írtak:

> <petertodd> Mindenki tudja, hogy John és én „ismerjük" egymást, ha pedig bármi, akkor szeretném, ha az én PGP-aláírásom is szerepelne a kulcsán, hogy a kapcsolatunk jellege egyértelmű legyen.
>
> <gmaxwell> (Szerintem az emberek fele azt hiszi, hogy te és John ugyanaz a személy vagytok. :P)
>
> <petertodd> Ha, tudom, bevallom, néha kicsit hátborzongatónak találom... elismerte, hogy vallásos áhítattal olvassa az összes bejegyzésemet.

De messze a legérdekesebb beszélgetés egy e-mail-váltás Dillon és Todd között, amelyben Dillon azt állítja, hogy kapcsolatban áll a hírszerző közösséggel. Ezt írta:

> Csak hogy tudd, ez a Torral kapcsolatos dolog aggaszt... Kérlek, ne hozd nyilvánosságra, de a napi munkám a hírszerzéshez kötődik, és viszonylag magas pozícióban vagyok.

Tudod, évekkel ezelőtt egészen más gondolatokkal vágtam bele ebbe a munkába, mint amilyenek most vannak. Az elmúlt évtized valóban sok ember véleményét megváltoztatta ezen a területen, teljesen eltérő módokon. Én magam Snowden és Assange oldalán állok, de... mondjuk úgy, hogy ha van családod, a mártírszerepre való hajlandóságod csökken. Ugyanez igaz sok kollégámra is.

Remélhetőleg a Bitcoin támogatásával segíthetek helyrehozni valamennyit abból a kárból, amit okoztunk, de óvatosnak kell lennem, és nehéz minden szükséges óvintézkedést megtenni a kommunikáció során. Ha kiderülne, hogy ilyen módon részt veszek a Bitcoinban, mondjuk úgy, hogy annak lennének következményei...

Erre Todd láthatóan aggódva válaszol:

Megemlítettem a helyzeted egy barátomnak, aki egykori hírszerző, és nagyon is tisztában van azzal, milyen veszélyeket rejt ez a szakma bárki számára, akinek van erkölcsi érzéke.

Azt mondta, hogy ezt szó szerint adjam át neked: „Egy öreg holló nyomatékosan tanácsolja, hogy fontold meg a saját magadra és a családodra leselkedő kockázatokat, és hagyd abba, amit csinálsz." Bízom az ítélőképességében, és ami még fontosabb, az erkölcsi elveiben is.

Légy óvatos. Én azt javaslom, hogy alaposan gondold át, vajon az, amit csinálsz, már elég hatással volt-e a céljaidra ahhoz, hogy megérje – erre a kérdésre én nem tudok helyetted válaszolni.[17]

Ezek az e-mailek olyanok, mintha egy kémregényből származnának. Lehetetlen tudni, hogy Dillon igazat mondott-e, de érdemes megjegyezni, mennyire gyanús az egész helyzet. „John Dillon" egy ismeretlen személy álneve, aki fizetett Peter Toddnak, a Core egyik fejlesztőjének, hogy készítsen egy videót, amely a Bitcoin áteresztőképességének hét tranzakcióra való korlátozását népszerűsíti. Jutalmat ajánlott fel a replace-by-fee kifejlesztésére, amelynek célja „a zero-conf biztonság mostani megtörése" volt – vagyis az azonnali tranzakciók működésének megszüntetése. Gavin Andresen nyilvánosan feltételezte, hogy

Dillonnak hátsó szándéka van a Bitcoin elpusztítására, majd később, a kiszivárgott e-mailekből kiderült, hogy Dillon azt állította, hogy egy hírszerző ügynökség magas rangú tagja. (De nem kell aggódni, mert azt is mondta, hogy meggondolta magát, és most már tényleg azt akarja, hogy a Bitcoin sikeres legyen!) Mindez a történelem legforradalmibb pénzügyi találmánya körül zajlott, amely közvetlen kihívást jelent a világ kormányzati, pénzügyi és bankrendszerei számára. Az olvasók levonhatják a saját következtetéseiket, de az én szememben 2013 végére a Bitcoint már célba vették az eltérítésre.

13

Az áramlat blokkolása

A nyílt forráskódú szoftverfejlesztés hírhedten nehéz terület, ha egyértelmű üzleti modellt kell találni hozzá. Gyakran nem világos, hogy a programozók hogyan kapjanak fizetséget a munkájukért, amikor a végtermékük ingyenesen és nyilvánosan elérhető. Egyes projektek a felhasználóktól kérnek önkéntes adományokat. Mások prémium támogatást kínálnak vállalatok és intézmények számára. A kriptovaluta-projektek különösen bonyolultak, mivel ezek a szoftverek pénzügyi termékek. Bármilyen hiba közvetlen hatással lehet emberek millióinak pénztárcájára. Különböző csoportok különböző stratégiákat próbáltak ki saját fejlesztésük finanszírozására. Egyesek számára az egyszerű adományalapú modell működött. Mások a kezdeti kibocsátás során egy jelentős mennyiségű érmét különítettek el egy alapítvány számára, amely a fejlesztést felügyeli. Vannak olyan projektek is, amelyek a blokkjutalom egy százalékát közvetlenül a fejlesztőknek juttatják. Számos kreatív finanszírozási modell született az évek során.

A Bitcoin fejlesztése egy újabb nyílt forráskódú projekt, amely nehézkes üzleti modellel rendelkezik. Világformáló jelentősége, mérete és összetettsége miatt minden eddig kipróbált finanszírozási megoldás vitákat váltott ki – és nem véletlenül, hiszen az egész rendszer integritása attól függ, hogyan kapnak fizetést a fejlesztők. A finanszírozás és az irányítás kéz a kézben járnak, és a fejlesztők közötti érdekellentétek komoly fenyegetést jelentenek. Egy projekt korrumpálásának legegyszerűbb módja, ha először a finanszírozási mechanizmusát rontják meg.

A Bitcoin-alapítvány

Ellentétben a mai fejlesztői csoportok többségével, a Bitcoin kezdetben önkéntesek projektjeként indult. Ahogy egyre népszerűbbé vált, természetesen felmerült a kérdés a fejlesztők kompenzációjával kapcsolatban. Az első kísérlet arra, hogy egy hivatalosabb szervezetet hozzanak létre a szoftver karbantartásának támogatására, 2012-ben történt a Bitcoin Foundation megalapításával, amely a Linux Foundation mintájára szerveződött. A Bitcoin Foundation nagyvállalatoktól és más érdeklődő felektől fogadott el adományokat. Én magam is támogattam, és alapító igazgatósági tag voltam. A legfontosabb célja az volt, hogy finanszírozást biztosítson Gavin Andresen számára, aki akkor a Bitcoin Core vezető fejlesztője és tudományos főmunkatársa volt. Egy The New Yorker-interjúban Andresen így magyarázta:

> A Linux Foundation egyfajta központként szolgál a Linux számára, és fizeti a vezető fejlesztőt, Linus Torvaldsot, hogy semmi mással ne kelljen foglalkoznia, csak a kernel fejlesztésével... Ez egy nehéz kérdés, mert amikor egy nyílt forráskódú projekt elér egy bizonyos méretet, felmerül a fenntarthatóság problémája. A Linux a világ legsikeresebb nyílt forráskódú projektje, így logikusnak tűnt, hogy ezt a modellt vegyük alapul.[1]

A Foundation másik célja az volt, hogy javítsa a Bitcoin hírnevét a szabályozó hatóságok és a nagyközönség szemében, mivel abban az időben gyakran bűnözők pénzeként bélyegezték meg. Andresen 2014 elején lemondott a Bitcoin Core vezető fejlesztői pozíciójáról, hogy inkább a tudományos kutatásokra és a Bitcoin Foundation feladataira összpontosítson. Az év áprilisában ezt írta:

Néhány évvel ezelőtt létrehoztam egy Google Scholar-értesítést a „bitcoin" kifejezésre. Akkoriban már annak is örültem, ha havonta egy értesítést kaptam. Ma viszont egyre nehezebb lépést tartanom a Bitcoinnal és más kriptovalutákkal kapcsolatos remek számítástechnikai és közgazdasági tanulmányokkal; csak az elmúlt héten a Google harminc új tanulmányról értesített, amelyek érdekelhetnek...

Hogy egyértelmű legyek: nem fogok eltűnni; továbbra is írni és átnézni fogom a kódot, valamint megosztom a véleményemet technikai kérdésekben és a projekt prioritásairól. Élvezem a programozást, és úgy gondolom, hogy tudományos főmunkatársként akkor lehetek a leghatékonyabb, ha nem vesztem el a kapcsolatot a mérnöki valósággal, és nem esek abba a hibába, hogy hatalmas, gyönyörű, elméleti kastélyokat építsek, amelyek csak fehér könyvekben léteznek.[2]

Sajnálatos módon Andresennek nem volt sok ideje, mielőtt a Foundation széthullott a rossz vezetés, az átláthatóság hiánya és egy sor jelentéktelen, de kellemetlen botrány miatt. 2014 végére a szervezet működésképtelenné vált, és néhány igazgatósági tag jogi problémákba keveredett. 2015 áprilisában bejelentették, hogy a Foundation gyakorlatilag csődbe ment, és nem tud elegendő pénzt gyűjteni a fejlesztés további finanszírozásához.[3] Így aztán ugyanabban a hónapban Andresen csatlakozott az MIT Digital Currency Initiative nevű projektjéhez, ahol tovább folytatta a Bitcoin fejlesztését két másik Core-fejlesztővel, Wladimir van der Laannal és Cory Fields-szel együtt.[4]

A Bitcoin Foundation bukásával, és Van der Laan vezető fejlesztői kinevezésével a Bitcoin lassan egy teljesen más projektté alakult át a következő három év során. Egy másik világban, ha a Foundation sikeres lett volna, nem egyértelmű, hogy ez az átalakulás egyáltalán megtörténhetett volna. Ezzel kapcsolatban Mike Hearn később így írt:

A kriptovaluták egyik filozófiai problémája az, hogy a decentralizáció iránti elkötelezettséget hajlamosak voltak úgy értelmezni (vagy úgy beállítani), mint egy általános szabályt mindenféle intézmény és szervezett folyamat ellen. Gavin és én is részt vettünk a Bitcoin Foundation megalapításában, de az végül kudarcot vallott. Részben azért, mert túl gyorsan hozták létre, és túl sok kétes figura keveredett bele, de leginkább azért, mert a pszeudo-libertáriusok minden erejükkel azon dolgoztak, hogy szétrombolják, arra hivatkozva, hogy a Bitcoinnak nem lenne szabad sem alapítvánnyal, sem hivatalos fejlesztési folyamattal rendelkeznie.

Ez nem egy decentralizált utópiához vezetett, hanem inkább egy homályos, informális és belterjes fejlesztési folyamathoz, amelyet háttéralkuk, manipulációk és a konszenzus mesterséges kialakítására tett kísérletek, valamint a fejlesztők megvásárlása irányítottak. Ha a közösség Gavin azon törekvése mögé sorakozott volna fel, hogy intézményekkel szervezettebbé tegye a fejlesztést, a dolgok másképp alakulhattak volna, mivel így nagyobb ellenállás épült volna be a projekt eltérítésével szemben.[5]

Bár a Bitcoin Foundation bukása jelentős esemény volt, a szoftverfejlesztési struktúra legfontosabb változásai 2014 végén következtek be, amikor néhány Core-fejlesztő megalapította saját cégét, a Blockstreamet.

Blockstream megalapítva

A Blockstream végül a Bitcoin történetének legbefolyásosabb vállalatává vált. Alapítói Adam Back, Gregory Maxwell, Pieter Wuille, Matt Corallo, Mark Friedenbach, Jorge Timón, Austin Hill, Jonathan Wilkins, Francesca Hall és Alex Fowler voltak. Ellentétben a Bitcoin Foundationnel, a Blockstreamet profitorientált vállalatként hozták létre – ez pedig azonnal kíváncsivá tette a Bitcoin-közösség tagjait az üzleti modelljükkel kapcsolatban. Greg Maxwellet egy „Ask Me Anything" (AMA) esemény során megkérdezték erről a Redditen, de ő egy elnagyolt választ adott:

> Úgy véljük, hogy az iparágban (nemcsak a Bitcoin, hanem az informatika egész területén) egyfajta űr létezik a kriptográfiailag

erős, bizalommentes technológiák terén... Úgy gondoljuk, hogy óriási üzleti potenciál rejlik az ilyen infrastruktúra kiépítésében és támogatásában, részben a Bitcoinhoz kapcsolódóan, részben azon kívül. Például technológiai és szolgáltatási szolgáltatóként működhetünk más vállalkozások számára, segítve őket abban, hogy átálljanak egy inkább Bitcoin-szerű üzleti modellre.

Jelenleg arra összpontosítunk, hogy kiépítsük az alapinfrastruktúrát, hogy legyen egy olyan alap, amelyre felépíthetjük a bevételt termelő üzleti modellt, amit szeretnénk. Ezután reméljük, hogy ezt visszaforgathatjuk további fejlett technológiák fejlesztésébe.[6]

A Blockstream sikeresen létrehozott egy bevételt termelő üzleti modellt, de ez súlyos érdekellentétet eredményezett. Az alapinfrastruktúra kiépítése helyett inkább megbénította azt, majd fizetős megoldásokat kínált az általa létrehozott problémákra. Különösen ironikus, hogy Maxwellt egy ilyen kritikus infrastruktúra fejlesztésére alkalmazták, hiszen korábban maga is elismerte, hogy kezdetben azt hitte, a Bitcoin által használt kulcsfontosságú technológiai mechanizmus egyáltalán nem is megvalósítható:

> Amikor a Bitcoin először megjelent, tagja voltam a kriptográfiai levelezőlistának. Amikor megláttam, csak nevettem. Mert már korábban bebizonyítottam, hogy a decentralizált konszenzus lehetetlen.[7]

Amikor a Blockstream megalakult és lezárta az első tőkebevonási körét, kezdetben jó jelnek tartottam, hogy egyre több befektető fedezi fel a Bitcoint. Ahogy azonban telt az idő – és kiderült, hogy legnagyobb befektetőik az intézményi bankrendszerből érkeztek –, egyre szkeptikusabb lettem, ahogy számtalan más Bitcoiner is. Visszatekintve ma már úgy látom, hogy a Blockstream megalapítása volt a Bitcoin „Polgárháborús korszakának" kezdete. Nem sokkal az alapítás után megváltozott a közösségi kultúra: a véleménykülönbségek ellenségeskedéssé fajultak, és a legszélsőségesebb kisblokkméret-párti álláspont – amelyet korábban szinte senki sem vett komolyan – egyre hangosabb és agresszívebb lett. A Blockstream mérnökei elkezdték hangoztatni, hogy a Bitcoin nem skálázható az eredeti tervek szerint, miközben az online fórumokon cenzúra jelent meg. A vezető fejlesztő, Van der Laan passzivitását – aki kerülni akarta a konfliktusokat – kihasználták a status quo fenntartása érdekében. A Core-fejlesztők mereven ragaszkodtak ahhoz, hogy a blokkméret növeléséhez az ő „konszenzusukra" van szükség, ezzel gyakorlatilag vétójogot szerezve a protokoll skálázásának bármilyen formájával szemben.

Miért hozna létre egy fejlesztői csoport egy céget azért, hogy átvegye egy projekt irányítását, majd megakadályozza annak skálázását? A válasz egyszerű: az üzleti modelljük azon alapul, hogy a Bitcoin alaprétege ne legyen képes skálázódni. Minél kevesebbet tud a Bitcoin önmagában elvégezni, annál több szolgáltatást tud a Blockstream kínálni egy díj ellenében.

Az üzleti modell

A Blockstream nem sokkal az alapítása után gyanút keltett, és számtalan összeesküvés-elmélet célpontjává vált – némelyik hihetőbb volt, mint a többi. Évekig találgatták, hogy a Core-fejlesztők furcsa viselkedésének legjobb magyarázata az érdekellentét lehet – ha ugyanis a Blockstream vagy annak befektetői hasznot húznak a Bitcoin korlátozásából, akkor ez logikus magyarázatot adna a történtekre. Ma azonban már nem kell találgatnunk, mert nyíltan beszélnek róla. Egy Forbes-interjúban Adam Back, a Blockstream vezérigazgatója egyértelműen ismertette üzleti stratégiájuk egyik elemét: „A Blockstream azt tervezi, hogy sidechaineket értékesít vállalatok számára, havi fix díjat számít fel, tranzakciós díjakat szed, és akár hardvereket is árul."[8]

Mik azok a „sidechainek"? A vállalat fehér könyve a következőképpen magyarázza az alapelvet:

Egy új technológiát, az úgynevezett pegged sidechaineket

javasoljuk, amely lehetővé teszi a bitcoinok és más főkönyvi eszközök átvitelét több blokklánc között. Ez lehetőséget biztosít a felhasználók számára, hogy új és innovatív kriptovaluta-rendszerekhez férjenek hozzá anélkül, hogy új eszközöket kellene vásárolniuk.

Mivel ezek a rendszerek a Bitcoin pénznemét használják, könnyebben működhetnek együtt egymással és a Bitcoinnal, elkerülve az új valuták bevezetésével járó likviditáshiányt és piaci ingadozásokat. Mivel a sidechainek különálló rendszerek, a technológiai és gazdasági innováció nincs akadályozva.[9]

Más szóval, a sidechainek arra törekednek, hogy összekapcsolják a különböző blokkláncokat azáltal, hogy egy főkönyv bejegyzéseit egy másik főkönyv bejegyzéseihez kötik. Ez egy érdekes ötlet, és elméletben lehetőséget teremt a kreatív kísérletezésre. Különböző szabályok és hálózatok működhetnek eltérő főkönyveken, miközben továbbra is interoperábilisak maradnak a Bitcoinnal. Ezért javasolták a sidechaineket a Bitcoin skálázásának egyik alternatív módszereként – így különböző projektek kapcsolódhatnak a Bitcoin-blokklánchoz anélkül, hogy közvetlenül rá kellene épülniük.

Vegyünk egy példát a sidechainek koncepciójának tisztázására. Képzeljünk el egy új blokkláncot, amelyet nanopénzmozgásokra terveztek – olyan kis összegű tranzakciókra, amelyek akár egy fillér milliomod részénél is kisebbek lehetnek, még az eredeti Bitcoin céljainál is kisebb mértékben. Nevezzük ezt a blokkláncot NanoBits-nek (NBT). Ahelyett, hogy teljesen elszigetelt blokklánc lenne, a NanoBits integrálódhatna a Bitcoin blokkláncához egy sidechain-kapcsolaton keresztül, lehetővé téve a felhasználók számára, hogy Bitcoint zároljanak NBT-re váltás céljából. Például 0,001 BTC zárolásával egy milliárd NBT-t lehetne feloldani. Ha a felhasználók később vissza akarják váltani az érméiket a BTC-blokkláncra, akkor a milliárd NBT-t visszacserélhetnék BTC-re. Ha ezt megfelelően valósítják meg, az ilyen rendszer elősegítheti az innovációt, mivel a sidechainek teljesen eltérő szabályok szerint működhetnek, így különböző fejlesztőcsapatok kísérletezhetnek anélkül, hogy meg kellene győzniük az egész közösséget a változások elfogadásáról. Ráadásul ez az innováció anélkül történhetne, hogy veszélyeztetné a fő blokkláncot, mivel bármilyen új hiba vagy probléma kizárólag a sidechainen belül maradna. Ez az elméleti működési modell. A gyakorlatban viszont teljesen más a helyzet.

A sidechainek ötlete mindig is vonzott, és személyesen is támogattam a fejlesztésüket a BTC-hálózaton a DriveChain-projekttel, amelyet Paul Sztorc vezetett. Mint minden szoftverfejlesztési projekt esetében, egy jól működő megoldás létrehozása sokkal nehezebbnek bizonyult, mint egy jól hangzó ötlet megfogalmazása.

Ha helyesen valósítják meg, a sidechaineknek nem szabadna központosított hatóságokba vetett bizalmat igényelniük a működésükhöz – ezt próbálja megvalósítani a DriveChain-projekt. A Blockstream azonban egy teljesen más megközelítést alkalmazott a saját sidechain-megoldásával, amelyet Liquid Network néven hoztak létre. A Liquid Network egy „federated" sidechain, amelyet jobban lehet úgy érteni, mint egy központosított sidechaint vagy akár egy altcoint. A hálózat alapvető biztonsága egy kis létszámú, gondosan kiválasztott csoportba vetett bizalmon alapul, amelyet Liquid Federation néven emlegetnek. A saját weboldaluk szerint:

> A Liquid Federation egy kriptovaluta-iparágban tevékenykedő vállalatok csoportja, amely magában foglal tőzsdéket, kereskedési platformokat, infrastruktúra-szolgáltatókat, játékfejlesztőket és más szereplőket. A szövetség számos olyan feladatot lát el, amelyek alapvető fontosságúak a Liquid Network működéséhez.[10]

Jelenleg mindössze tizenöt tagja van ennek a szövetségnek, és ha több mint egyharmaduk tisztességtelenné válna, a hálózat biztonsága összeomlana, és a felhasználók elveszíthetnék a pénzüket. Ez nemcsak hogy központosított rendszert eredményez, hanem miután a BTC-det Liquid tokenekre váltod, többé már nem a Bitcoin hálózatát használod. Ehelyett a Blockstream saját, zárt Liquid Networkjén végzed a tranzakciókat, és minden egyes tranzakciós díj egy olyan pénztárcába kerül, amelyet ők irányítanak.[11] Ez egy jövedelmező rendszer. A Liquid egy sidechain, ami azt jelenti, hogy a tranzakciós díjakat nem a Bitcoin bányászai kapják meg, hanem közvetlenül a Blockstream.

Miért választaná valaki, hogy BTC-jét Liquid tokenekre cseréli? Az egyik legkézenfekvőbb ok egyszerű: a BTC tranzakciós díjai túl magasak! Adam Back, a Blockstream vezérigazgatója nyíltan hirdette a Liquid Networköt mint megoldást a Bitcoin fő hálózatán tapasztalható magas díjak problémájára, és a Twitteren így fogalmazott:

> Ha aktívan kereskedsz, és nem szereted a magas díjakat, használj olyan tőzsdéket, amelyek integrálták a [Liquidet], vagy panaszkodj egy olyan tőzsdének, amely nem. Fizess 1-2 centet, hogy a tranzakciód 2 perc alatt végleges legyen, miközben mások 50 centtől 2,50 dollárig terjedő díjat fizetnek egy óránál hosszabb átutalásért... Légy része a megoldásnak.[12]

Hogy egyértelmű legyen: ez a Blockstream vezérigazgatója – azé a vállalaté, amely a Bitcoin Core legbefolyásosabb fejlesztőinek többségét foglalkoztatta a hálózat legkritikusabb időszakában –, aki arra irányítja az embereket, hogy az ő saját, zárt blokkláncát használják a magas díjak és a hálózati torlódás „megoldásaként". Eközben a BTC-hálózat teljesítménye csak azért olyan gyenge, mert a Bitcoin Core fejlesztői eleve megtagadták a blokkméretkorlát növelését. Az érdekellentét óriási. Úgy tűnik, hogy a Blockstream egy fizetős megoldást árul azokra a problémákra, amelyeket maga okozott, és az sem egyértelmű, hogy a Liquid Networknek egyáltalán lenne-e létjogosultsága, ha a Bitcoin nagy blokkokkal működne.

Egy bankár álma

A Liquid Network tranzakciós díjainak begyűjtése nem az egyetlen módja annak, ahogyan a Blockstream profitál belőle. A Liquid integrációját alkalmazó vállalatoktól havi díjat is szednek, valamint saját tokeneket bocsátanak ki a hálózatukon.

2020-ban a Blockstream bejelentette, hogy technológiai partneri kapcsolatot létesített egy új startup céggel, az Avanti-val, amely egy kriptobarát bank létrehozásán dolgozik. A vállalat weboldala szerint:

> Az Avanti egy új típusú bank – egy szoftverplatform, amely banki engedéllyel rendelkezik, és amelyet digitális eszközök és a hagyományos pénzügyi rendszer összekapcsolására terveztek. Csapatunk mélyreható tapasztalattal rendelkezik mindkét területen. Nem csupán egy bank vagyunk – betéti intézményként működünk, ami azt jelenti, hogy jogosultak vagyunk az Egyesült Államok jegybanki rendszerében (Federal Reserve) dollárkiegyenlítési bankként tevékenykedni.[13]

A kisblokkméretű vízióban a bankok továbbra is kulcsszerepet játszanak a jövő pénzügyi rendszerében, mivel ők lesznek az elsődleges szereplők, akik közvetlen hozzáférést kapnak a blokklánchoz. Így logikus lépés volt a Blockstream részéről, hogy ebben a rendszerben központi szereplőként pozicionálja magát, technikai szolgáltatásokat, tanácsadást és saját zárt hálózatát kínálva a Bitcoin alternatívájaként. Ez a stratégia eddig sikeres volt. Az Avanti nemrég bejelentette, hogy belép a jövedelmező digitális eszközpiacra egy új token, az Avit kibocsátásával, amely állításuk szerint egy amerikai dollárra lesz beváltható – bár nem teljes egészében dollártartalékkal fedezve. Egy Coindesk-cikk így magyarázza:

> Bár az Avit nem lenne egy az egyben az amerikai dollárhoz kötve – mivel egy új digitális eszköz, nem pedig egy valós világban létező eszköz digitális reprezentációja –, a valuta 100%-ban hagyományos amerikai eszközök tartalékával lenne fedezve.[14]

Más szóval, az Avanti Bank olyan tokeneket fog kibocsátani, amelyek dollárra válthatók, anélkül, hogy ténylegesen dollárokkal lennének fedezve. Ehelyett a tokenjeik mögötti valós eszközök hozamot termelnek számukra. Bár önmagában nincs semmi alapvetően hibás ebben az üzleti modellben, ez egy újabb példa arra, hogyan asszimilálódnak a kriptovaluták a hagyományos pénzügyi rendszerbe anélkül, hogy

kihasználnák a kripto egyedi tulajdonságait. A „hagyományos ame-
rikai eszközök tartalékával" fedezett banki tokenek nem védettek az
inflációval szemben, nem állnak ellen a cenzúrának, és nem jelentenek
fenyegetést a fennálló pénzügyi rendszerre. Mivel hozamot termelnek,
a csőd kockázatát is magukkal hozzák. Ha a tokeneket kibocsátó bank
csődbe megy, a felhasználók pénzt veszítenek – ismét bebizonyítva, hogy
miért vonzóbbak azok a valuták, amelyek nem igényelnek megbízható
harmadik felet.

Tekintve, hogy a Bitcoin narratívája arról szól, hogy felforgatja a
hagyományos pénzügyi iparágat, van némi irónia abban, hogy a Block-
stream bankokkal működik együtt digitális dollárok kibocsátásában.
Ráadásul már a kormányokkal is közvetlen integrációba kezdenek,
segítve őket a tőkebevonásban. El Salvadorban a Blockstream közre-
működésével hozták létre a Bitcoin Bondot, amelynek célja egymilliárd
dollár bevonása az állam számára, miközben éves osztalékot fizet a
befektetőknek. Mind a Bitcoin Bond, mind az Avit Tokenek a Liquid
Networkre épülnek, tovább terelve a forgalmat a BTC hálózatáról a
Blockstream saját sidechainjére.[15]

A Bitcoin Core-fejlesztők és a Blockstream közötti összeférhe-
tetlenség könnyen belátható. Ilyen eltorzult ösztönzők mellett nem
meglepő, hogy Satoshi olcsó, peer-to-peer tranzakciókra épülő vízióját
az alapszinten elhagyták; a nagy blokkok ugyanis megölnék az üzleti
modelljüket. Ezzel szemben a Bitcoin Cash esetében bárki létrehozhat
tokeneket, és on-chain tranzakciókat végezhet minimális díjak mellett.
Oldalláncokra és letétkezelő pénztárcákra nincs szükség a skálázáshoz,
mivel az alapszint sokkal nagyobb tranzakciós áteresztőképességet képes
kezelni. Ha viszont valaki mégis használni szeretné ezeket, oldalláncok
és letétkezelő megoldások a nagy blokkokkal is működnek — sőt, még
jobban is teljesítenének.

Feltűnő tőkebevonás

A Blockstream többszöri tőkebevonásának részletei sem javították a cég megítélését, sem nem oszlatták el a körülötte keringő összeesküvés-elméleteket. Eddig körülbelül 300 millió dollárt gyűjtöttek össze befektetőktől. Majdnem egyharmad milliárd dollár jelentős összeg bármely vállalat számára, különösen egy olyan esetében, amely nyílt forráskódú szoftvereken dolgozik.

2016 elején sokan felkapták a fejüket, amikor a Blockstream lezárt egy 55 millió dolláros Series A tőkebevonási kört. [16] Az egyik fő befektető az AXA Strategic Ventures nevű kockázatitőke-befektető cég volt, amely a francia multinacionális vállalat, az AXA leányvállalata. Az AXA a világ tizenegyedik legnagyobb pénzügyi szolgáltatója a Fortune Global 500 szerint. [17] Akkoriban az AXA vezérigazgatója Henri de Castries volt, aki a nemzetközi pénzügyi rendszer egyik befolyásos alakja. Egy 2015-ös cikkében a The Guardian-újság így jellemezte De Castries-t:

> Henri de Castries talán a világ legerősebb embere. Ő az egyik legnagyobb biztosítótársaság, az AXA vezérigazgatója és elnöke, valamint a híres francia nemesi Castries-ház tagja. De Castries emellett a Bilderberg-csoport elnöke is, amely európai és északamerikai politikai és üzleti vezetőkből áll, és évente zárt ajtók mögött tanácskozik a „világot érintő megatrendekről és főbb kérdésekről" – vagy ha valaki összeesküvés-elméletekben hisz, akkor titokban irányítja a világot. [18]

Mintha a rejtélyes John Dillon önmagában nem szolgáltatna elég muníciót az összeesküvés-elméletekhez, a Bitcoin története valódi kapcsolatot is tartalmaz a Bilderberg-csoporttal. A Bilderberg-csoport évtizedek óta vitatott, mivel rendkívül titkos találkozókat tart, amelyeken a világ legbefolyásosabb emberei vesznek részt – egyfajta elit „ki kicsoda" a politikai, pénzügyi, akadémiai és médiavilágból. Az 1950-es évek óta működő szervezetben számtalan hatalmi szereplő megfordult, olyan államfőktől, mint Tony Blair és Bill Clinton, európai királyokon át, például Belgium, Norvégia és Spanyolország uralkodóin keresztül, üzleti mogulokig, mint Bill Gates és Jeff Bezos, valamint nagyvállalatok, bankok és hírmédiák vezérigazgatói és alapítói világszerte. [19] Természetesen, amikor ennyi befolyásos ember zárt ajtók mögött tart megbeszéléseket, az összeesküvés-elméletek elkerülhetetlenek – függetlenül attól, hogy jogosak-e vagy sem. A történelemből tudjuk, hogy egyes összeesküvések valósak, és naivitás lenne azt gondolni, hogy az ilyen találkozók semmilyen hatással nincsenek a világ eseményeire – hiszen épp ezért rendezik meg őket! Valós hatásuk ismeretlen, de biztosan nem nulla.

Végső soron lehetetlen megállapítani e kapcsolatok valódi jelentőségét. Lehet, hogy csupán egy érdekes véletlen, hogy a Blockstream finanszírozását egy olyan kockázatitőke-társaság biztosította, amelynek anyavállalata a világ egyik legnagyobb pénzügyi cége, és amelynek vezérigazgatója egyben a Bilderberg-csoport elnöke. Őszintén szólva nem tudom, de legalábbis a kapcsolat túl érdekes ahhoz, hogy ne említsem meg, és ez is a Bitcoin színes történetének egy újabb fejezete.

Kutatók évek óta próbálják nyomon követni a Blockstreambe áramló pénzek útját, és bár számos érdekes kapcsolat és lehetséges összeférhetetlenség merült fel, semmi sem egyértelmű. Például a Digital Currency Group egy másik kockázatitőke-társaság, amely gyanút keltett azáltal, hogy számos kriptovaluta-projektbe, köztük a Blockstreambe is befektetett. Amikor a cég 2015-ben megalakult, kezdeti finanszírozása az intézményi pénzügyi szektorból érkezett, többek között a MasterCardtól – amely közvetlen versenytársa a Bitcoinnak[20]. Mégsem létezik semmilyen egyértelmű bizonyíték arra, hogy a MasterCard egy háttérben zajló összeesküvés részeként próbálta volna befolyásolni a Bitcoin fejlesztését. Bár kétségtelenül tisztában voltak a Bitcoin potenciális felforgató erejével, lehetetlen megállapítani, milyen szándék állt a befektetésük mögött. Talán egyszerűen csak részesedni akartak a kriptovaluta-piac növekedéséből és innovációjából, vagy talán befolyást akartak szerezni a Bitcoin kódját leginkább irányító vállalat felett. Mindkét forgatókönyvet könnyen el tudom képzelni.

A Blockstream legnagyobb tőkebevonási köre 2021-ben történt, amikor több mint 200 millió dollárt gyűjtöttek be a Series B finanszírozás során, ezzel a cég értékelése 3,2 milliárd dollárra emelkedett.[21]Ez a hatalmas összeg évekkel azután érkezett, hogy kulcsfontosságú Bitcoin

Core-fejlesztőket vontak be, a BTC teljes piaci részesedése jelentősen csökkent, 2017-ben megtörtént a Bitcoin Cash szétválása, valamint több hálózati hiba következett be, amelyek az egekbe szökő tranzakciós díjakat és drámaian megnövekedett visszaigazolási időket eredményeztek. Egy tisztán üzleti szempontú értelmezés szerint a befektetők úgy gondolják, hogy a Blockstream alternatív hálózata jelentős bevételt fog generálni a jövőben azáltal, hogy versenyre kel a fő BTC-hálózattal a tranzakciók lebonyolításában. Egy kevésbé jóindulatú értelmezés szerint viszont a Blockstream jelentős kifizetést kapott azért, hogy kritikus időszakban akadályozza a Bitcoin fejlődését, és alapvetően megváltoztassa azt, hogy jobban hasonlítson a hagyományos pénzügyi rendszerhez. Néhány százmillió dollár eltörpül amellett, amit a bankok veszíthetnek, ha a Bitcoin teljes potenciálját kiaknáznák.

A Bitcoin korai elfogadói közé tartozó és internetes személyiségként ismert Stefan Molyneux már 2014-ben aggodalmát fejezte ki ezzel kapcsolatban, amikor megjósolta, hogy a meglévő pénzügyi és politikai érdekcsoportok fenyegetésként fogják felismerni a Bitcoint, és megpróbálják lassan bekebelezni. A következőt mondta:

> Nagyon fontos, hogy az emberek megértsék, mekkora monstrummal néz szembe a Bitcoin. A pénzügyi-kormányzati komplexum részéről lesznek próbálkozások arra, hogy kordában tartsák ezt a technológiát... [azzal érvelve], hogy „Ne pusztítsuk el teljesen, mert már elég nagy ahhoz, hogy az emberek észrevegyék, mit tettünk..." Ehelyett inkább apró akadályokat fognak elé gördíteni, míg a legtöbben túl nehézkesnek találják a használatát, majd azt mondják: „Nos, ez egy érdekes ötlet volt, de nem egészen úgy működött, ahogy az emberek remélték." Szerintem ez a legnagyobb veszély.[22]

Molyneux talán előrelátó volt. Függetlenül attól, hogy volt-e roszszindulat a folyamatban, biztosan kijelenthetjük, hogy a 2024-es Bitcoin sokkal kevésbé fenyegeti a meglévő hatalmi struktúrákat, mint a

2014-es Bitcoin. Egy nehézkesen használható hálózattá vált, amely arra kényszeríti a felhasználókat, hogy másodlagos, ellenőrzött rétegekre támaszkodjanak a jobb felhasználói élmény érdekében. A letétkezelő pénztárcák szintén könnyen szabályozhatók, és visszacsempészik a rendszerbe a megbízható harmadik felek szükségességét. Ha a nagyobb képet nézzük, a Bitcoin újratervezése feltűnően hasonlít a jelenlegi monetáris rendszerhez, ahol a hétköznapi felhasználóknak nincs teljes ellenőrzésük a saját pénzük felett, és pénzügyi szolgáltatókra kell hagyatkozniuk. Az új rendszer előnyeit elsősorban a korai elfogadók élvezik, akik hatalmas árfolyam-emelkedésből profitáltak.

Az eredeti Bitcoin-dizájn elvei és céljai szempontjából nézve a Blockstream-protokollra gyakorolt hatása katasztrofális volt. A BTC ma már semmiben sem hasonlít az eredeti Bitcoinhoz, és valószínűtlen, hogy a jövőben visszatérne ahhoz.

Szerencsére a Blockstream nem rendelkezik monopóliummal a kriptovaluta-fejlesztés felett, és a Bitcoin Cash fejlesztői 2017-ben sikeresen kikerülték őket – bár a folyamat nem volt könnyű, és rengeteg fájdalommal és drámával járt.

14

Az irányítás központosítása

A Bitcoin-szoftver feletti kontroll központosítása nem egyik napról a másikra történt. Ez egy több évig tartó folyamat volt, amely során az eltérő vélemények gyakoriak voltak. A Bitcoin Core és a Blockstream kritikája mindenhol jelen volt, különösen azután, hogy Gavin Andresen lemondott a Core vezető karbantartói szerepéről. Utólag egyértelműnek tűnik, hogy a Bitcoin fejlesztése veszélybe került, de maga a folyamat akkoriban még nem volt egyértelmű. A fejlesztés kisajátítására vonatkozó nyílt vádak ritkábbak voltak, mivel az iparág legtöbb meghatározó szereplője kétségbeesetten próbálta egyben tartani a hálózatot. Emellett a Blockstream üzleti modellje csak évekkel az alapítása után vált ismertté, így a nyilvánvaló összeférhetetlenségekről kezdetben csak találgatni lehetett. Azonban a világos üzleti modell hiánya már 2014-ben feltűnt egy Wall Street Journal-cikkben, amely a vállalat befektetőiről szólt:

> A Blockstreamnek nincs egyértelmű ütemterve arra, hogyan alakít egy nyílt forráskódú szoftvermérnöki projektet jövedelmező vállalattá. Ehelyett a befektetők hitbeli ugrást tettek, főként a vállalat társalapítóinak hírnevére alapozva... A Blockstream üzleti modelljének bizonytalan természete azonban bonyolult

befektetéssé tette a céget sok kockázatitőke-befektető számára, akiknek általában igazolniuk kell a megtérülést saját befektetőik felé.

Egy befektetési alap kezelője elmondta, hogy elutasította a befektetési ajánlatot, mert nem tudott támogatni egy ennyire homályos tervet. Mr. Hoffman viszont személyes, nonprofit alapítványán keresztül fektetett be... mert határozottan úgy vélte, hogy a Blockstream első finanszírozási körének a Bitcoin-ökoszisztéma fejlesztésére kellett irányulnia, és nem az anyagi megtérülésnek kellett az elsődleges céljának lennie..."

Néhány kommentátor aggodalmát fejezte ki amiatt, hogy egy ilyen szellemi tőkével rendelkező magáncég túlzott befolyást szerezhet egy olyan Bitcoin-hálózatban, amelynek közösségi tulajdonban és decentralizáltnak kellene lennie. A társalapító, Austin Hill] elmondta, hogy éppen ezért volt kiemelten fontos, hogy a Blockstream átlátható módon jöjjön létre, „közszolgáltatásként, és ne egy eszközként a Bitcoin eltérítésére."[1]

Függetlenül Austin Hill személyes szándékától, a Blockstream végül mégis a Bitcoin eltérítésének eszközévé vált. Utólag könnyű tisztán látni, de amikor a Bitcoin történetét rekonstruáljuk, fontos megérteni, hogy akkoriban sok minden nem volt egyértelmű. Évekbe telt, mire a Liquid Network-öt nyíltan a Bitcoin-blokklánc alternatívájaként kezdték reklámozni – ez okos stratégia volt a Blockstream részéről, hiszen ha már a kezdetektől saját tulajdonú hálózatukat hirdették volna skálázási megoldásként, nevetség és erőteljes ellenállás fogadta volna őket.

Ehelyett a Bitcoin Core és a Blockstream hatalmának központosítása lassú és módszeres folyamat volt. Apró lehetőségeket használtak ki arra, hogy egyre nagyobb ellenőrzést szerezzenek a hálózat felett. Kihasználták Van der Laan gyenge vezetését és konfliktuskerülő hozzáállását. Talán a legfontosabb, hogy a „fejlesztői konszenzus" eszméjét úgy használták fel, hogy ezzel lényegében vétójogot szereztek a szoftver felett – még akkor is, ha ezzel radikálisan megváltoztatták a rendszer egész szerkezetét és gazdasági modelljét. Jeff Garzik erre figyelmeztetett egy nyilvános e-mailben, amikor a blokk méretkorlátjának növelését elutasították, mondván:

Ez egy rendkívüli erkölcsi kockázat: néhány Bitcoin Core-fejlesztő vétójoggal élhet egy [blokkméretkorlát] növelés ellen, és ezzel átformálhatja a Bitcoin gazdasági modelljét, kizárva bizonyos vállalkozásokat a rendszerből. Sokkal kisebb erkölcsi kockázatot jelentene a jelenlegi gazdasági modell fenntartása (a blokkméret növelésével), és e hatalom gyakorlásának elkerülése.[2]

Programozható pénz vagy spam?

A blokk méretkorlátja nem az egyetlen terület volt, ahol a Core-fejlesztők érvényesítették hatalmukat. Egy másik jó példa az úgynevezett „spam tranzakciók" fogalma és a Bitcoin okosszerződésekre való felhasználása. Bár ezeket mára eltávolították a BTC-szoftverből, és szinte teljesen feledésbe merültek, a Bitcoin eredetileg úgy lett megtervezve, hogy támogassa az okosszerződéseket – azokat az összetett számításokat, amelyekről ma főként az Ethereum ismert. A Bitcoin okosszerződés-rendszere kezdetlegesebb volt a modernebb kriptovalutákhoz képest, de még így is széles körű funkcionalitással bírt, amelynek nagy részét a Bitcoin Cash ismét aktiválta.

A Core-fejlesztők nemcsak a Bitcoin digitális készpénzként való használhatóságát rombolták le, hanem az eredeti technológia alapvető funkcióit is eltávolították. Miért tették ezt? Ugyanazért, amiért elutasították a blokkméret növelését: nem illett bele az általuk elképzelt új Bitcoin-modellbe. Nem kedvelték Satoshi elképzelését, ezért létrehoztak egy saját verziót, amelyben a blokklánc kizárólag nagy értékű tranzakciókhoz használható. Minden egyéb, legyen szó kis összegű fizetésekről vagy okosszerződésekről, a „spam" kategóriába sorolható, és a Core-fejlesztők korlátozhatják. Ezt a Counterparty csapata saját kárán tapasztalta meg.

A Counterparty az elsők között volt, akik kihasználták a Bitcoin szélesebb technikai funkcionalitását. Lényegében egy decentralizált, digitális eszköznyilvántartást építettek a Bitcoin tetejére, lehetővé téve a felhasználók számára, hogy saját tokeneket hozzanak létre és kereskedjenek velük közvetlenül az alaprétegen. A megvalósítás technikai részletei nem lényegesek, egy kivétellel. A Bitcoin kezdete óta a felhasználók képesek voltak adatokat hozzáadni a blokklánchoz, ami lehetővé tette a pénzügyi tranzakciókon túli funkciókat. A Counterparty fejlesztői – és mások is – ezt a lehetőséget használták fel termékeik létrehozására. Számukra sajnálatos módon a Core-fejlesztőket zavarta, hogy ilyen módon használják a technológiát, mivel szerintük ez „feleslegesen felduzzasztotta" a blokklánc méretét. Mivel azonban ezt a felhasználási módot teljesen megakadályozni lehetetlen volt, a Core-fejlesztők egy kifejezett funkciót vezettek be, amely lehetővé tette kis mennyiségű adat hozzáadását a blokklánchoz a lehető legkevésbé problémás módon – ezt nevezték el „OP_RETURN" funkciónak.

Amikor az OP_RETURN-funkciót eredetileg bejelentették, azt ígérték, hogy lehetővé teszi 80 bájt adat hozzáadását a tranzakciókhoz – amelyeket a bányászok és a csomópontok könnyen eldobhatnak. A Counterparty fejlesztői erre a 80 bájtos korlátra alapozva kezdték el új platformjuk fejlesztését. Azonban amikor az OP_RETURN végül megjelent, annak méretét a felére csökkentették, ami gyakorlatilag ellehetetlenítette azokat a projekteket, amelyeket az eredeti 80 bájtos[3] korlátra terveztek. Ez heves vitákat váltott ki a nyilvánosság, a Core-fejlesztők és a Counterparty-fejlesztők között.[4]

A Core-fejlesztők döntése sokak számára visszatetsző volt, és innovációellenes lépésként értékelték. Erre maga Vitalik Buterin is felfigyelt, és a vitát egyikeként említette azoknak az okoknak, amiért az Ethereumot egy teljesen különálló blokkláncra építette ahelyett, hogy a Bitcoinra alapozta volna. Ő így fogalmazott:

> Az OP_RETURN körüli dráma előzetesen arra késztetett, hogy az Ethereumot inkább a Primecoinra építsem, mint a Bitcoinra. A Primecoin-alapú tervet végül elvetettük, mert több figyelmet és erőforrást kaptunk, mint amire számítottunk, így képesek voltunk saját alaprétegt létrehozni...[5]

És máshol ezt írta:

> Az ETH-protokoll legkorábbi verziói egy Counterparty-stílusú metacoinként léteztek a Primecoin tetején. Nem a Bitcoinon, mert akkoriban zajlott az OP_RETURN vita, és bizonyos Core-fejlesztők kijelentései alapján attól tartottam, hogy a protokollszabályok megváltozhatnak alattam (például bizonyos adatkódolási módok betiltásával a tranzakciókban), hogy megnehezítsék a dolgokat. Nem akartam egy olyan alapprotokollra építeni, amelynek fejlesztőcsapata harcban állna velem.[6]

Greg Maxwell válaszul Buterin kijelentésére – miszerint a Core-fejlesztők viselkedése hozzájárult ahhoz, hogy elhagyja a Bitcoint – egyértelműen felháborodottan reagált. Ő így fogalmazott:

> [T]udsz akár egyetlen bizonyítékot is mutatni ennek alátámasztására? Hogyan lenne az OP_RETURN-nak bármi köze az Ethereumhoz, amikor definíció szerint semmit sem csinál?[7]

Erre Buterin így válaszolt:

> Nem emlékszel az OP_RETURN-drámára? A lényeg az, hogy az OP_RETURN 40 bájtra csökkentését hadüzenetként értelmeztem a [Counterparty-stílusú] metaprotokollok ellen, amelyek a Bitcoin blokkláncát használták volna (és ez lett volna az Ethereum is).[8]

Tehetségek elüldözése

A Counterparty kulcsfontosságú fejlesztőinek többsége, valamint számtalan más kreatív elme végül a Bitcoin-blokklánc helyett az Ethereum felé fordította figyelmét. Ma az Ethereum továbbra is arról ismert, hogy kultúrája és platformja sokkal nyitottabb az innovációra. A kriptovaluta-vállalkozó Erik Voorhees később így írt:

Sajnálatos módon úgy gondolom, hogy a [Bitcoin-maximalisták] elérték, hogy a Bitcoin kifejezetten barátságtalan legyen a kísérletezéssel és az alkalmazásfejlesztőkkel szemben, így mindannyian az Ethereumhoz mentek, és most már egyértelműen ott van a hálózati hatás. Nem hiszem, hogy a Maxiknak ez számít, hiszen megvan a saját „arany 2.0" narratívájuk, akár jól, akár rosszul.[9]

Azzal, hogy elüldözték az embereket a Bitcointól, a Core-fejlesztők megerősítették központosított hatalmukat az egész hálózat felett. Ők dönthették el, hogy mennyi kreatív kísérletezés megengedett, és azt is, hogy mely projektek valósulhatnak meg vagy lehetetlenülnek el az általuk hozzáadott vagy eltávolított funkciók alapján – ezáltal minden személyes kapcsolat a Core-fejlesztőkkel különösen értékessé vált. Emellett meghatározták a Bitcoin fejlesztési kultúráját is, amely gyakran szükségtelenül drámai és innovációellenes volt. Függetlenül attól, hogy engedékenyek vagy szigorúak voltak, a lényeg az, hogy egyáltalán ekkora befolyással rendelkeztek.

A Core-fejlesztők a blokklánc kreatív felhasználásával szembeni ellenségessége különösen ironikus annak fényében, hogy a „programozható pénz" narratívája milyen népszerűvé vált a Bitcoin kapcsán. Kevesebb mint egy évvel az OP_RETURN-funkció bevezetése után Greg Maxwell így írt:

Úgy gondolom, hogy az OP_RETURN komoly problémákat okozott, és továbbra is gondot jelent, hogy egyesek azt hiszik, hogy a nem Bitcoinhoz kapcsolódó adatok tárolása a blokkláncon... elfogadott, helyes és nem antiszociális felhasználási módja a rendszernek.[10]

Maxwell elképzelésében a felhasználóknak úgy kellene viselkedniük, mint egy gyülekezet tagjai, követve egy felsőbb hatalom által meghatározott, jóváhagyott viselkedési szabályokat. Ez a merev kontroll sem a kreativitásnak nem kedvez, sem pedig nem reális egy olyan hálózat számára, amely – ha hagynák skálázódni – akár milliárdnyi embert is magába foglalhatna. Nem várható el, hogy az egyének tisztában legyenek azzal, mi az „elfogadott" felhasználási mód; egyszerűen azt a funkcionalitást fogják használni, amely számukra hasznos.

A vállalkozóknak és kreatív szakembereknek biztosítékra van szükségük arra, hogy az a protokoll, amelyre építenek, nem fog hirtelen működésképtelenné válni, mert néhány fejlesztő meggondolja magát, vagy úgy dönt, hogy egy adott blokklánchasználati mód elfogadhatatlan. A gyakorlatban minél több korlátozást vezettek be a Bitcoinra, annál inkább a felhasználók alternatív rendszerek felé fordultak, amelyek szélesebb funkcionalitást kínáltak számukra. Ahogyan Gavin Andresen már 2014-ben feltételezte, ez talán egy szándékos következmény volt:

> Van egy kis kisebbség, amely úgy véli, hogy JOBB lenne, ha a tranzakciók fiat-valutára, egy altcoinra vagy egy központosítottabb, blokkláncon kívüli megoldásra terelődnének. Ezzel határozottan nem értek egyet.[11]

Szerencsére, amikor a Bitcoin Cash megjelent, az OP_RETURN volt az egyik első funkció, amelyet frissítettek, és 220 bájtra növeltek. Ez a plusz tárhely, kombinálva a jelentősen nagyobb blokkokkal, sokkal kreatívabb blokklánchasználatot tesz lehetővé, mint amire a BTC esetében lehetőség van. A megnövekedett adatfelhasználás nem jelent komoly problémát a nagy blokkfilozófia szerint, mivel az átlagfelhasználóknak nem kell saját csomópontot futtatniuk, és a bányászok könnyedén eldobhatják ezeket az adatokat. Mindenkit arra ösztönöznek, hogy kihasználja ezt a funkciót és új felhasználási módokat találjon rá – még akkor is, ha Greg Maxwell ezt nem hagyná jóvá!

Az alacsony tranzakciós díjak szintén kulcsfontosságúak a programozható pénz hosszú távú sikeréhez. A magas díjakhoz való hozzáállás mára megváltozott, de eredetileg még egy ötcentes tranzakciós díjat is nevetségesen magasnak tartottak. Egy híres interjúban Vitalik Buterin így fogalmazott:

Jelenleg egy Bitcoin-tranzakció öt centbe kerül, ami... most rendben van, mert a PayPal díjai még ennél is ostobábbak. De tudod, a pénz internete nem kerülhet öt centbe tranzakciónként. [Nevetés] Ez elég abszurd.[12]

Bár a tranzakciós díjak az egész kriptovaluta-iparágban magasak, Buterinnek igaza volt. Valóban abszurd és szükségtelen, hogy a legtöbb tranzakció esetében a díjak meghaladják az egy centet. Ha a programozható pénz használhatóságát már egy ötcentes díj is akadályozza, akkor képzeljük el, mennyire hátráltatja egy 50 dolláros díj. Stephen Pair, a BitPay vezérigazgatója is hasonló véleményt fogalmazott meg a Bitcoin versenyképességével kapcsolatban, mint fizetési rendszer: „Egy cent egy átlagos on-chain tranzakcióért valószínűleg túl drága ahhoz, hogy versenyképes maradjon."[13] Nincs technikai akadálya annak, hogy ezt az alacsony díjszintet elérjék – a Bitcoin Cash hálózatán ez már meg is valósult.

A Core iránti bizalom elvesztése

Az OP_RETURN és más kisebb funkciók körüli viták eltörpültek a blokk méretkorlátjának növelésének elutasítása miatt kialakult felháborodás mellett – különösen azért, mert a Core-fejlesztők kulcsfigurái korábban egyetértettek abban, hogy a korlát emelése szükséges, még ha nem is akarták teljesen eltörölni. Pieter Wuille 2013-ban így írt:

> Támogatom a blokk méretkorlátjának növelését egy hard fork során, de teljes eltörlését határozottan ellenzem... Az én javaslatom egy egyszeri növelés lenne, például 10 MiB vagy 100 MiB blokkokra (megvitatható), majd ezt követően legfeljebb egy lassú exponenciális növekedés.[14]

Annak ellenére, hogy szavaikkal támogatták a blokkméret növelését, tetteikkel valójában hátráltatták a Bitcoin növekedését egy kritikus időszakban, és végül a kis blokkfilozófia még radikálisabbá vált. A bitcoinos közösség 2013-ra egyre türelmetlenebbé vált, 2014-ben egyre hangosabb lett, és 2015-re teljesen belefáradt a helyzetbe. Senki sem ragadta meg jobban ezt az elégedetlenséget, mint Mike Hearn egy nyilvános e-mail-váltásban Greg Maxwell-lel. Hearn azzal kezdte az e-mailt, hogy idézte Maxwellt, aki azzal érvelt, hogy az apró blokkok mindig is a terv részei voltak:

> „Köztudott volt… hogy a Bitcoin felhasználói meg akarják őrizni a decentralizációját azáltal, hogy korlátozzák a blokklánc méretét, hogy az kis eszközökön is ellenőrizhető maradjon."
>
> Nem, nem így volt. Ezt te találtad ki sokkal később. A „kis eszközök" fogalma még csak meg sincs határozva sehol, így nem létezhetett ilyen egyetértés. A valódi megállapodás éppen az ellenkezője volt… Kérlek, ne próbálj meg hülyeségekkel etetni arról, hogy mi volt a terv…
>
> Ha Satoshi már a kezdetektől azt mondta volna: „A Bitcoin soha nem fog skálázódni. Ezért szándékosan erősen korlátozottnak terveztem, és csak egy maroknyi ember fogja ritka tranzakciókra használni. Az 1 MB-os korlátot önkényesen választottam, hogy biztosítsam, hogy soha ne váljon népszerűvé."
>
> … akkor nem is foglalkoztam volna vele. Azt mondtam volna: „Hát, nem igazán van kedvem energiát fektetni egy olyan rendszerbe, amelyet eleve NEM a népszerűségre szántak." És sokan mások is így tettek volna …

Az e-mail végén azt javasolta Maxwellnek, hogy inkább hozzon létre egy saját altcoint ahelyett, hogy eltérítené és újratervezné a Bitcoint, hogy az megfeleljen a saját elképzeléseinek:

> Nézd, egyértelmű, hogy úgy döntöttél, a Bitcoin fejlődésének eredeti iránya nem felel meg a személyes ízlésednek. Ez rendben van. Menj, hozz létre egy altcoint, amelynek alapító dokumentumaiban rögzíted, hogy mindig egy 2015-ös Raspberry Pi-n kell futnia, vagy bármit is értesz „kis eszköz" alatt. Távolítsd el az SPV-képességet a protokollból, hogy mindenki kénytelen legyen teljes validálást végezni. Biztosítsd, hogy mindenki az első naptól kezdve tisztában legyen vele, hogy pontosan erre való az altcoinod.

Aztán amikor valaki azt mondja, hogy „hű, jó lenne, ha lenne egy kicsit több kapacitás", te vagy valaki más rámutathatna a bejelentő e-mailekre, és mondhatná: „nem, a GregCoin-t úgy terveztük, hogy mindig ellenőrizhető legyen kis eszközökön, ez a mi társadalmi szerződésünk, és éppen ezért van beépítve a konszenzus szabályaiba."

De az, hogy egy ideiglenes trükk kihasználásával próbálod Bitcoint egy ilyen altcoinná alakítani, kétségbeesett lépés, és sok ember számára mélységesen felháborító. Nem sokan mondtak fel a munkahelyükön és alapítottak vállalatokat azért, hogy kizárólag a mai apró felhasználói bázis számára építsenek termékeket.[15]

Senki sem fogalmazta meg jobban, sem akkor, sem most, mint Mike Hearn. Bár ő és Gavin Andresen hasonló technikai elképzeléseket vallottak a Bitcoinról, Hearn egyértelműen konfrontatívabb volt kettejük közül. Látva a Bitcoin kudarcait és azt, mivé vált napjainkra, úgy gondolom, Hearn haragja és frusztrációja teljesen indokolt volt – és biztosan nem volt egyedül ezzel.

„Új uraink"

Andreas Antonopoulos, aki azóta a Bitcoin és a kriptovaluták egyik népszerű szószólójává vált, szintén kifejezte frusztrációját a Core-fejlesztők – különösen Mr. Maxwell – viselkedésével kapcsolatban az online fórumokon, mondván:

[Maxwell] korábban többször is félrevezető idézeteket tett közzé, majd nem volt hajlandó visszavonni vagy bocsánatot kérni... Bármilyen idézetet, amit ő posztol, kezelj extrém gyanakvással, különösen, ha szelektív, rövid, kiragadott a kontextusból, és rágalmazásra szolgál – vagyis a szokásos taktikája. Saját véleményét az egyetlen számítónak tartja, egyfajta „semleges" álláspontként, amelyet mindannyian elfogadnánk, ha nem lennénk ennyire ostobák ...

Ebben a vitában egyedül annak a 3-4 fejlesztőnek a véleménye számított, akik nem akartak semmilyen olyan folyamatot, amely...

bármi máshoz vezetett volna, mint amit már előre eldöntöttek. Csűrték-csavarták és racionalizálták a döntéseiket, de végül pontosan azt tették, amit kezdettől fogva szándékoztak: bizonyos vélemények cenzúrázását kizárás és rendeleti úton. Üdvözöljük új urainkat. Ők nem csupán programozók, hanem sajtóigazgatók is, és ŐK birtokolják a Bitcoint. Ahogy gyakran mondják: ha nem tetszik... forkold.[16]

2014 végén, amikor Gavin Andresen még a Bitcoin Foundationnél dolgozott, írt egy cikket, amelyben felvázolta a skálázás ütemtervét. Miután számtalan fórumbejegyzést, blogposztot és e-mailt írt arról, hogy miért szükséges a blokkméret korlátjának növelése, arra a következtetésre jutott, hogy végre itt az ideje a továbblépésnek:

> A következő skálázási probléma, amelyet meg kell oldani, a hardcode-olt 1 megabájtos blokkméretkorlát, amely azt jelenti, hogy a hálózat csak körülbelül 7 tranzakciót tud kezelni másodpercenként... Az eredeti szándék mindig is az volt, hogy ezt a korlátot megemeljük, amikor a tranzakciós forgalom indokolja a nagyobb blokkokat...
>
> „Mert Satoshi ezt mondta" önmagában nem érv. Azonban a Bitcoin eredeti víziójának megőrzése nagyon fontos. Ez a vízió az, ami arra ösztönzi az embereket, hogy idejüket, energiájukat és vagyonukat ebbe az új, kockázatos technológiába fektessék.
>
> Úgy gondolom, hogy a maximális blokkméretet ugyanolyan okból kell növelni, amiért a 21 milliós kínálati korlátot SOHA nem szabad megemelni: mert az embereknek azt mondták, hogy a rendszer képes lesz skálázódni és rengeteg tranzakciót kezelni – ugyanúgy, ahogy azt is mondták nekik, hogy soha nem lesz több mint 21 millió bitcoin.[17]

Csak néhány hónappal e bejegyzés megírása után egyértelművé vált, hogy a Core-fejlesztők nem fogják megemelni a blokkméret korlátját. Ha a nagy blokkokkal működő Bitcoin létezni akart úgy, ahogyan Satoshi megtervezte, akkor Hearnnek és Andresennek saját kezükbe kellett venniük az irányítást.

15

Ellentámadás

A végtelen viták nem vezettek eredményre. A Bitcoin nem skálázódott, és a kisblokk-pártiak nem voltak hajlandók kompromisszumot kötni. 2015 májusában a Core-fejlesztő Matt Corallo így írt:

> Személy szerint határozottan ellenzem a blokkméret növelésére vonatkozó bármilyen kötelezettségvállalást a közeljövőben. A hosszú távú ösztönző kompatibilitás megköveteli, hogy legyen némi díjnyomás, és hogy a blokkok viszonylag következetesen tele legyenek, vagy majdnem tele. Amit ma látunk, az az, hogy a tranzakciók szinte azonnali blokkba kerülést élveznek anélkül, hogy bármilyen díj hozzáadására kényszerülnének...[1]

Így még abban az évben megszületett a döntés, hogy a Core-fejlesztőket ki kell kerülni. Egy másik szoftveres megvalósítást kellett létrehozni, és ha a hashpower többsége erre váltott volna, a hálózat sikeresen megkerülhette volna a Core irányítását. Mivel a hosszú távú cél mindig is a versengő implementációk megléte volt, a Core makacssága kiváló indokot adott a verseny elindítására – egy olyan döntést, amely végérvényesen megváltoztatta a Bitcoin történelmét.

BitcoinXT és BIP101

Mike Hearn és Gavin Andresen korábban létrehoztak egy alternatív implementációt, a BitcoinXT-t, amely néhány nem kritikus változtatást vezetett be a szoftverben. A BitcoinXT továbbra is kompatibilis volt a Bitcoin Core-ral – mindkettő ugyanahhoz a hálózathoz csatlakozott –, de lehetővé tette Hearn számára, hogy egy másik projekten, a Lighthouse-on dolgozzon. A Lighthouse egy közösségi finanszírozási platform volt, amely a Bitcoint használta valutaként. Ahhoz, hogy a Lighthouse megfelelően működjön, kisebb változtatásokra volt szükség a Core-szoftverben, de mivel ez szinte lehetetlennek bizonyult, Hearn egyszerűen úgy döntött, hogy elkészíti a saját implementációját. Ez az alternatív implementáció lett végül a Bitcoin Core nagyblokkos helyettesítésére kijelölt verzió. A BitcoinXT-ben megnövelték a blokkméret korlátját, így az inkompatibilissé vált a Core-ral, és ha a bányászok kritikus tömege áttért volna rá, a hálózat végre sikeresen frissült volna, lehetővé téve a nagyobb blokkokat. Satoshi a whitepaperben így írta le ezt a frissítési mechanizmust:

> [A] 'proof of work' megoldja a többségi döntéshozatalban a képviselet meghatározásának problémáját is... A munkaigazolás lényege az egy-CPU-egy-szavazat elve. A többségi döntést a leghosszabb lánc képviseli, amelybe a legtöbb munkaigazolási erőfeszítést fektették...
>
> [A bányászok] a számítási kapacitásukkal szavaznak, érvényes blokkok elfogadását azzal fejezik ki, hogy tovább építik őket, míg az érvénytelen blokkokat elutasítják azáltal, hogy nem dolgoznak rajtuk. Bármilyen szükséges szabály és ösztönző érvényesíthető ezzel a konszenzusmechanizmussal.[2]

A BitcoinXT nemcsak technikai szempontból frissítette volna a hálózatot, hanem megszüntette volna a Bitcoin Core uralmát is a forráskód felett, így az XT vált volna az elsődleges online tárhellyé. A rossz döntéshozók és a hibás döntéshozatali folyamatok a Core-ban többé nem számítottak volna. A *New Yorker* egyik újságírója egy interjúban megkérdezte Andresent erről:

> Megkérdeztem Andresent, hogy ha az XT teljes elfogadottságot érne el, akkor bevonná-e az összes korábbi Bitcoin Core-fejlesztőt az új XT-csapatba. Azt válaszolta: „[Az XT] más fejlesztői csapattal fog rendelkezni. A forkolás egyik oka éppen az, hogy világos döntéshozatali folyamatot alakítsunk ki a szoftverfejlesztés számára.[3]

Azok az olvasók, akik szimpatizálnak az eredeti vízióval, talán azt gondolják magukban: „Éppen itt volt az ideje!", de fontos megérteni, hogy a Bitcoin Core megkerülésére irányuló döntés rendkívül nehéz volt. Akkoriban szinte az egész kriptovaluta-világ egyetlen Bitcoin-közösségben és hálózatban volt egységes. Számos Bitcoin-vállalkozóval folytatott beszélgetésem során azt tapasztaltam, hogy a Core iránti frusztráció szinte egyöntetű volt, de a hálózat egyben tartásának vágya még ennél is erősebb. Ha a helyzet túl kaotikussá vált volna, az szétszakíthatta volna a közösséget és a gazdaságot.

Összetartani

A közösség szétszakadásának kockázatát össze kellett vetni a hálózati meghibásodás veszélyével. Ha a blokkok beteltek volna, a díjak az egekbe szöktek volna, és a hálózat nem lett volna képes kezelni a tranzakciós terhelést – ami akkoriban példátlan esemény lett volna –, a felhasználói élmény elviselhetetlenné és megbízhatatlanná vált volna, ami végleg elriaszthatta volna az embereket a Bitcointól. 2015-ben a technológia még nem vált mainstreammé, és a pénzügyi világ számos szereplője kifejezetten a kudarcát várta. Ezért a blokkméret korlátját meg kellett emelni a válság elkerülése érdekében; a Core-fejlesztőket el kellett távolítani, de az iparágnak meg kellett várnia a megfelelő pillanatot. Utólag visszatekintve, miután többször is láthattunk hálózati meghibásodásokat a BTC-n, egyértelmű, hogy a nyilvánosság képes tolerálni ezt – talán azért, mert elfogadták a Core narratíváját, és nem ismernek jobb alternatívát. Az egekbe szökő díjak kétségtelenül ártanak a BTC-nek, de eddig még nem rombolták le végleg a hitelességét.

A Bitcoin fejlesztésén belül létezett egy hivatalos módszer az új szoftverváltoztatások javaslatára. A programozók úgynevezett „Bitcoin Improvement Proposal" (BIP) dokumentumokat írtak, amelyekkel fejlesztési javaslatokat tettek. A BIP-ek a kisebb fejlesztésektől a jelentős változtatásokig terjedtek. Egy BIP létrehozása után, ha vita alakult ki, azt kellett eldönteni, hogy a javaslatot elfogadják vagy elutasítják. Korábban már több BIP-et is benyújtottak a blokkméret növelésére. Néhányuk mérsékelt emelést javasolt, mások radikális változtatást. Egyiket sem fogadták el a Bitcoin Core-ban.

Mike Hearn és mások létrehozták a BIP101-et, amely egy azonnali blokkméretnövelést javasolt 8 MB-ra, majd apró növekedéseket minden egyes blokkban, így a korlát kétévente duplázódott volna, egészen egy új, 8 GB-os maximális méretig 2035-re. Ez körülbelül 40 000 tranzakciót tett volna lehetővé másodpercenként, ami akkoriban többszöröse volt a Visa áteresztőképességének. Hearn később így emlékezett vissza a javaslatra:

> 2015 augusztusában egyértelművé vált, hogy a súlyos félrevezetés miatt a „Bitcoin Core" projekt, amely a peer-to-peer hálózatot működtető programot karbantartja, nem fog olyan verziót kiadni, amely megemeli a blokkméret korlátját... Ezért néhány hosszú távú fejlesztő (köztük én is) összefogott, és kidolgozta a szükséges kódot a korlát növelésére. Ezt a kódot neveztük BIP 101-nek, és egy módosított szoftververzióban adtuk ki, amelyet Bitcoin XT néven ismertettünk. Az XT futtatásával a bányászok szavazatot adhattak le a korlát megváltoztatására. Amint a blokkok 75%-a támogatta volna a változtatást, a szabályok módosultak volna, és nagyobb blokkok váltak volna lehetővé.[4]

A frissítési mechanizmus egyszerű és egyértelmű volt. A BitcoinXT-t futtató bányászok szavazhattak, és ha a hashpower szupermajoritása

támogatta a BIP101-et, akkor egy kéthetes türelmi időszak után akti-
válódott volna. A BIP101-et „hard fork" frissítésnek tekintették, mivel
inkompatibilis lett volna a szoftver korábbi verzióival – szemben a „soft
fork"-kal, amely fenntartja a kompatibilitást. Mivel Satoshi sietve vezette
be a blokkméret korlátját, annak növeléséhez elengedhetetlen volt egy
hard fork. A Core-fejlesztők hangosan tiltakoztak a hard fork gondolata
ellen, azt állítva, hogy az hálózati meghibásodáshoz vagy szétváláshoz
vezethet. Sokan közülük még azt is állították, hogy kisebb kockázatot
jelentene a Bitcoin teljes gazdasági modelljének megváltoztatása, mint
egy hard fork végrehajtása. A Bitcoin Core egyik fejlesztője, Pieter
Wuille, így fogalmazott:

> Ha hajlandóak vagyunk vállalni a hard fork kockázatát pusztán
> a gazdasági modell változásától való félelem miatt, akkor úgy
> vélem, hogy a [Bitcoin] közösség egyáltalán nem áll készen arra,
> hogy bármilyen változást kezeljen.[5]

Utólag visszatekintve, a hard forkok körüli dráma eltúlzottnak tűnik.
Szinte minden kriptovaluta-projekt átesik hard forkokon, mivel ezek
elengedhetetlenek a kritikus kódfrissítésekhez, hibajavításokhoz és a
technikai terhek csökkentéséhez. Az Ethereum rendszeresen végrehajt
hard forkokat, a Bitcoin Cash pedig több ilyenen is átesett megjelenése
óta. De 2015-ben ez a gyakorlat még nem volt általánosan elfogadott,
és a Core-fejlesztők képesek voltak félelmet kelteni azzal kapcsolatban,
hogy egy hard fork tönkreteheti a hálózatot. A valóságban, még ha egy
frissítésben lett is volna egy szoftverhiba, amely átmeneti fennakadást
okozott volna, azt egyszerűen kijavították volna – ahogyan a múltban
már számos kritikus hibát orvosoltak. A hard fork által okozott zavar
kockázata elhanyagolható ahhoz képest, amit a rendszer teljes gazda-
sági átalakítása jelentene – mintha kemoterápiát alkalmaznánk egy
egyszerű nátha ellen!
Véleményem szerint a BIP101 körüli félelem valódi oka az volt, hogy

a bevezetése a Bitcoin Core fejlesztőinek hatalomvesztéséhez vezetett volna, és többé nem ők tartották volna kezükben az online forráskódtár kulcsait. Mivel az XT tartalmazta volna a BIP101-et, míg a Core nem, a két implementáció protokollszinten inkompatibilissá vált volna egymással, ami a kisebbségben maradó implementáció „leforkolását" eredményezte volna a fő hálózatról. Bár ez pusztító következményekkel járt volna a Core és támogatóik számára, a változtatás bevezetéséhez szükséges 75%-os bányásztámogatás biztosította volna, hogy az átállás minimális fennakadást okozzon a hétköznapi felhasználók számára. Azok a bányászok, akik nem támogatták volna a nagyobb blokkokat, vagy frissíteni kényszerültek volna a szoftverüket, vagy saját, különálló blokkláncot kellett volna létrehozniuk.

A BitcoinXT története végleg megcáfolta azt az elképzelést, hogy a Bitcoin valamilyen módon mentes az emberi befolyástól. Valójában mélyen társadalmi jelenség, és történelmét nem a magától íródó szoftverkód formálja, hanem egyének, akik nehéz döntéseket hoznak egy társadalmi, gazdasági és politikai kontextusban. Bár szinte minden komoly üzletember támogatta a blokkméret növelését, néhányan úgy vélték, hogy a Core-fejlesztők teljes elmozdítása túlságosan megosztó lépés lenne. Ehelyett nyilvánosan támogatták a BIP101-et, és arra ösztönözték a Bitcoin Core-t, hogy egyesítse azt a szoftverével. A legnagyobb, nem bányászattal foglalkozó Bitcoin-vállalatok közül több is közös nyilatkozatot adott ki a BIP101 és a 8 MB-os blokkok támogatásáról anélkül, hogy kifejezetten a BitcoinXT mellett foglaltak volna állást. Az aláírók között szerepelt Stephen Pair, a BitPay vezérigazgatója, Peter Smith, a Blockchain.info vezérigazgatója, Jeremy Allaire, a Circle.com vezérigazgatója, Wences Casares, a Xapo.com vezérigazgatója, Mike Belshe, a BitGo.com vezérigazgatója és mások. A nyilatkozat így szólt:

> Közösségünk válaszút előtt áll... Hosszú beszélgetéseket

folytattunk a Core-fejlesztőkkel, bányászokkal, saját technikai csapatainkkal és más iparági szereplőkkel, és úgy véljük, hogy elengedhetetlen, hogy a siker érdekében megtervezzük a maximális blokkméret növelését.

Támogatjuk a BIP101 megvalósítását. Meggyőzőnek találtuk Gavin érveit mind a nagyobb blokkok szükségességéről, mind azok megvalósíthatóságáról, miközben a Bitcoin decentralizációja is megőrizhető. A BIP101-et és a 8 MB-os blokkokat már a bányászok többsége támogatja, és úgy érezzük, eljött az idő, hogy az iparág egységesen kiálljon e javaslat mellett.

Vállalataink készen állnak a nagyobb blokkokra 2015 decemberéig, és olyan kódot fogunk futtatni, amely ezt támogatja... Vállaljuk, hogy 2015 decemberéig támogatjuk a BIP101-et szoftverünkben és rendszereinkben, és arra biztatunk másokat is, hogy csatlakozzanak hozzánk.[6]

A BitcoinXT az ennek a levélnek a kimondatlan része. A „2015 decemberében olyan kódot fogunk futtatni, amely támogatja a BIP101-et" valójában azt jelenti: „Ha a Bitcoin Core nem engedélyezi ezt a frissítést, átállunk az XT-re."

Néhány akkori legnagyobb bányász szintén kiadott egy hasonló nyilatkozatot. Ebben nemcsak a nagyobb blokkok támogatását fejezték ki, hanem kifejezetten cáfolták a Bitcoin Core egyik fő érvét is – azt az állítást, hogy a 8 MB-os blokkok túl nagyok lennének a kínai bányászok számára, akik a hírhedt „Kínai Nagy Tűzfal" mögött működnek. A Core korábban azzal érvelt, hogy a 8 MB-os blokkok sávszélességi és késleltetési problémákat okoznának. Azonban több nagy kínai bányászcég – amelyek együttesen a Bitcoin teljes hashpowerének több mint 60%-át képviselték[7] – egy közös nyilatkozatot írt alá, amelyben kijelentették, hogy készen állnak a 8 MB-os blokkokra.

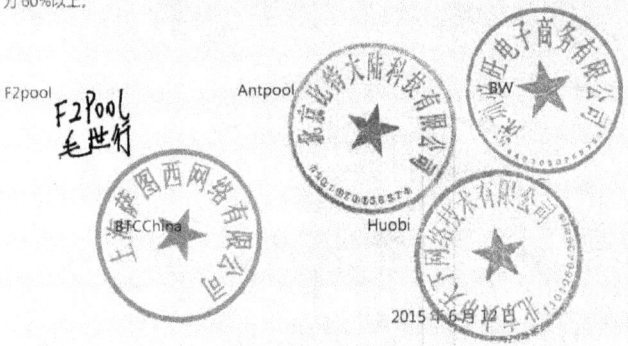

五家矿池对于 "为何扩容到 8MB，而不是 20MB？" 问题考虑到以下因素：

1. 中国大陆地区网络（带宽）基础设施并没有达到欧美发达地区的先进水平；

2. 中国大陆出口带宽有限，与美国、欧洲的通信延时较大；

3. 国内矿池系统的架构仍然需要为 8（20）MB 以上的区块做出调整和适应。

　　综上所述，较大的区块大小势必导致区块孤立概率大幅上升，更容易造成比特币区块链分叉，降低比特币网络的安全性。在目前的情况下 8MB 我们认为是一个稳妥的方案，此次扩容也是为未来进一步扩容打下基础。据统计，世界范围内，中国五家矿池共占全网总算力 60% 以上。

5. ábra: A kínai bányászok által aláírt iparági nyilatkozat

Egy lefordított rész így szól:

> Ha a jelenlegi hálózat valóban nem lenne képes támogatni az 1 MB-nál nagyobb blokkokat, akkor a Core-blokkméretkorlátra vonatkozó ragaszkodása érthető lenne. Azonban a Kínai Nagy Tűzfal ellenére is, a kínai bányászpoolok mind egyetértettek abban, hogy 8 MB-os blokkméretet akarnak.[8]

A blokkméret korlátjának növelésével kapcsolatos széles körű nemzetközi egyetértés mellett úgy tűnt, hogy a Bitcoin Core hatalma és befolyása a végéhez közeledik.

Itt az ideje, hogy forkoljunk

2015. augusztus 15-én, Mike Hearn egy újabb mérföldkőnek számító cikket írt a Bitcoin történetében „Miért forkol a Bitcoin?" címmel, amelyben elmagyarázta, miért kellett megtörténnie a szétválásnak.[9] Az egész cikket érdemes elolvasni, és több részletet is idézünk itt:

> Nos, itt tartunk. A közösség megosztott, és a Bitcoin forkol: mind a szoftver, mind pedig talán a blokklánc is. A szétválás két oldala a Bitcoin Core és annak enyhe változata, a Bitcoin XT... Ilyen fork még soha nem történt. Szeretném elmagyarázni a dolgokat a Bitcoin XT fejlesztőinek szemszögéből: ne mondja senki, hogy nem volt elegendő kommunikáció...
>
> Satoshi terve mindannyiunkat egyesített... Az a gondolat, hogy az egyszerű emberek egymásnak fizetnek egy blokkláncon keresztül, hozta létre és egyesítette ezt a globális közösséget. Ez az a vízió, amelyért csatlakoztam. Ez az a vízió, amelyért Gavin Andresen csatlakozott. Ez az a vízió, amelyért annyi fejlesztő, startup-alapító, evangelista és felhasználó csatlakozott világszerte. Ez a vízió most veszélybe került.
>
> Az utóbbi hónapokban egyértelművé vált, hogy egy kis csoport radikálisan eltérő tervet kovácsolt a Bitcoin számára... Ők egy aranytó, egyszeri lehetőséget látnak arra, hogy erőszakkal eltérítsék a Bitcoint annak eredeti útjától, és egy vadonatúj technikai irányba tereljék.

Ezután elmagyarázta, hogy figyelembe véve a versengő víziók közötti hatalmas különbséget, a legértelmesebb megoldás az lett volna, ha a kisblokk-pártiak saját alternatív érmét hoznak létre, ahelyett, hogy a Bitcoin elrablására próbálnának kihasználni egy „ideiglenes rögtönzést" – azaz a blokkméret korlátját. Azonban egyértelmű volt, hogy a kisblokk-pártiak nem hajlandók saját független projektet létrehozni, és nem is hajlandók kompromisszumot kötni, még a korlát enyhe növelésével sem. Hearn ezt a Bitcoin Core strukturális hibáira utaló bizonyítékként látta:

> Miért nem lehetne ezt a vitát valamilyen civilizáltabb módon rendezni, mint egy teljes szétválás? Egyszerűen fogalmazva, a döntéshozatali folyamat a Bitcoin Core-ban megszakadt. Elméletben, mint szinte minden nyílt forráskódú projekt, a

Core-nak van egy „karbantartója". A karbantartó feladata, hogy irányítsa a projektet, és döntsön arról, mi kerüljön bele és mi ne. A karbantartó a főnök. Egy jó karbantartó visszajelzéseket gyűjt, mérlegeli az érveket, majd meghozza a döntéseket. De a Bitcoin Core esetében a blokkméret körüli vita évekig elhúzódott.

A probléma az, hogy bármilyen változtatás, bármennyire is nyilvánvaló, teljesen elutasítható, ha „vitássá" válik, ami azt jelenti, hogy valaki más, akinek commit-hozzáférése van, ellenezz egy változtatást. Mivel öt commit-joggal rendelkező személy és sok más, commit-jogokkal nem rendelkező fejlesztő is létezik, akik szintén képesek „vitássá" tenni egy változást, ez egy holtpont receptjévé válik. Az, hogy a blokkméret soha nem volt szándékos, nem számít többé: az a tény, hogy eltávolítása vitatott, önmagában elegendő ahhoz, hogy biztosítsa, hogy nem fog megtörténni. Mint egy bizottság, amelynek nincs elnöke, a megbeszélés sosem ér véget...

Miután megosztott egy hosszú listát a Hearnt és Andresent támogató kulcsfontosságú vállalatokról és egyénekről, rámutatott a Core-fejlesztők és a Bitcoin-iparág többi vállalkozója és mérnöke között meglévő hatalmas hatalmi aszimmetriákra. Bármekkora támogatást is kapott egy-egy javaslat, azt néhány ember, akik vétójoggal rendelkeztek, elutasíthatták:

A vállalatok a Bitcoin legelkötelezettebb, szenvedélyes és műszakilag képzett embereit képviselik. Kritikus infrastruktúrát biztosítanak. Mégis, azok véleménye, akik ezeket építik, „félrevezetőnek" számít a konszenzus érzése szempontjából. Mi a helyzet a pénztárcafejlesztőkkel? Ők azok, akik a leginkább kitéve vannak a mindennapi felhasználók igényeinek. Soha nem kérdezték meg őket. Amikor mégis megszólaltak, nem változott semmi; véleményüket irrelevánsnak tekintették...

Egyre világosabbá vált, hogy a Bitcoin Core-közösségben annyiszor emlegetett „konszenzus" valójában egy apró, kis csoport véleményét jelenti, függetlenül attól, hogy mit gondolnak a szélesebb közösség tagjai, mennyi munkát fektettek bele, vagy hány felhasználójuk van. Más szóval, a „fejlesztői konszenzus" nem más, mint marketing, egy olyan álcázás, amelyet a Bitcoin felhasználóinak szemére húznak, hogy elterelják figyelmüket az igazságról: csupán két vagy három ember, akik összefognak, bárhogyan tönkretehetik a Bitcoint, ahogyan akarják.

Hearn cikkét azzal zárta, hogy bemutatta, hogy a fork az egyetlen módja annak, hogy megakadályozzuk a fejlesztési kisajátítást, mivel versenynyomást gyakorolnak, amely megakadályozza, hogy a fejlesztők eltérjenek az elfogadott irányvonalaktól:

> Röviden, ők azt hiszik, hogy a Bitcoinban az egyetlen mechanizmus, amely visszatartja őket, soha nem használható. Nem hiszem, hogy valóban ezt akarják közvetíteni, de mégis így jön át. Az ő véleményük szerint nem létezhet alternatíva a döntéseikhez. Bármi, amivel ők nem értenek egyet, bármilyen okból, örökre el kell tűnnie... és hogy a Bitcoin így az ő játékszerük, amivel azt csinálnak, amit akarnak.
>
> Ez a helyzet nem tartható tovább. A Bitcoin Core-projekt megmutatta, hogy képtelen megújulni, így el kell hagyni. Ezért forkolt a Bitcoin. Reméljük, hogy mindenki megérti.

Ismételten, senki sem fogalmazta meg pontosabban a helyzetet, mint Mike Hearn. Cikkét a Bitcoin belső problémáinak zseniális megfogalmazásaként, valamint a Bitcoin Core-tól való elágazás indoklásaként tartották számon. A kisblokk-pártiak számára azonban ez egy háborús cselekedetnek számított. Ha a bányászok szupermajoritása követte volna Hearnt és Andresent, a Bitcoin kisblokk-víziója altcoinná vált volna, és a Core-fejlesztők lényegében el lettek volna távolítva. Így egy azonnali, széleskörű kampány indult az XT leállítására, mielőtt túl nagy lendületet kapott volna.

16

A kijárat blokkolása

Bitcoin tűnik a leginkább decentralizáltnak, ha távolról szemléljük. Közelebbi vizsgálat során azonban világossá válik, hogy van néhány kritikus pozíció, amely óriási befolyással bír a hálózatra. A szoftver kulcsainak ellenőrzése már egy példa erre. Egy másik példa az online információáramlás irányítása. A BTC erőteljes narratívája, amelyet mindenhol megismételnek a médiában, nem spontán alakult ki, és nem is a Bitcoin-rajongók közötti szabad és nyílt viták eredménye volt. A két legfontosabb beszélgetési platform, amelyeken a beszélgetések túlnyomó többsége zajlott, a bitcointalk.org és az r/ Bitcoin subreddit volt, mindkettő óriási népszerűségnek örvend még ma is. Mindkét platformot ugyanaz a személy irányítja, aki „Theymos" álnéven ismert. Ő a tulajdonosa a The Bitcoin Wiki (Bitcoin.it) oldalnak is. Ő egyetlen személy, aki hatalmas befolyással bírhat a narratívák alakítására és az információ áramlásának irányítására, és amikor elérkezett az idő, nem habozott gyakorolni ezt a hatalmat.

Elkezdődik a cenzúra

A Bitcoin.org korábban semleges oldalnak számított azok számára, akik a Bitcoinról akartak tanulni. Alapvető bevezető információkat, linkeket tartalmazott a szektor cégeiről és szolgáltatásairól, valamint egyéb erőforrásokat, amelyek hasznosak lehettek az újoncok számára. Azonban mivel a Bitcoin Core kemikusan elkötelezett támogatóinak kezében volt, ez a semlegesség gyorsan elenyészett, miután a BitcoinXT elkezdte fenyegetni a Core-fejlesztők dominanciáját. 2015. június 16-án a Bitcoin.org bejelentette hivatalos „Hard Fork Politikai álláspontját", amely így szólt:

> Úgy tűnik, hogy a közelmúltbeli blokkméretviták valószínűleg egy vitatott hard fork próbálkozáshoz vezetnek... A vitatott hard fork veszélye olyan jelentős lehet, hogy a Bitcoin.org úgy döntött, új politikát vezet be:
>
> A Bitcoin.org nem fog támogatni olyan szoftvereket vagy szolgáltatásokat, amelyek egy vitatott hard fork próbálkozás következtében elhagyják az előző konszenzust.
>
> Ez a politika vonatkozik a teljescsomópont-szoftverekre, mint például a Bitcoin Core-ra, a Bitcoin Core-szoftver forkjaira, és alternatív teljescsomópont-implementációkra. Vonatkozik továbbá a pénztárcákra és szolgáltatásokra is... amelyek kódot bocsátanak ki vagy bejelentéseket tesznek, amelyek azt jelzik, hogy megszüntetik működésüket az előző konszenzus oldalán...[1]

Más szóval, minden olyan vállalat, amely a BitcoinXT-t támogatja a Core ellen, törlésre kerülne az oldalról. Mivel a Bitcoin.org a múltban, és még mindig gyakran a „hivatalos" Bitcoin-weboldalként van számon tartva, ez a politika segítene megteremteni azt a narratívát, hogy minden „vitás fork", amely a Core-tól eltér, alapértelmezetten illegitim. A bejelentést azonnal heves kritikák érték számos Bitcoin-felhasználó részéről, köztük van Mike Hearn is, aki így nyilatkozott:

> Azt akarjátok biztosítani, hogy az új felhasználók ne tanuljanak a Bitcoin XT-ről. Miért nem mondjátok ezt ki egyenesen? Az álláspontotok téves, és csak csökkenteni fogja a bitcoin.org hasznosságát, mint olyan helyet, ahol fontos információkat lehet tanulni. Ráadásul lényegében egy olyan status quót támogattok,

amelyben egy apró számú ember bárminemű változást vétózhat a Bitcoinban, függetlenül attól, hogy mennyire támogatják azt a közösség többi tagjai. Ez nem decentralizáció. És végső soron sokkal veszélyesebb a Bitcoin számára.

Ha megpróbáljátok elfojtani az egyetlen módszert, amellyel a közösség elutasíthatja ennek a kis csoportnak a döntéseit, akkor gyakorlatilag a projektet a kezdeti időkben ott lévő személyek és azok szeszélyeinek vetitek alá, akik végül commit-hozzáférést kaptak.[2]

Hearn a politika abszurditását is megjegyezte, figyelembe véve, hogy az iparágon belül óriási támogatás van a nagyobb blokkok mellett:

...Azt mondjátok, hogy törölni fogtok minden pénztárcát vagy szolgáltatást, amely bejelenti, hogy a „korábbi konszenzus" másik oldalán fog működni. Jelenleg minden egyes pénztárca, a GreenAddress kivételével, amelyet megkérdeztünk, elmondta, hogy támogatja a nagyobb blokkokat. Ezen kívül minden fontosabb fizetési szolgáltató, akivel beszéltünk, szintén azt mondta, hogy támogatja ezt. És ugyanez igaz a nagy tőzsdékre is. Tehát ha követni akarjátok ezt a politikát, törölnötök kell minden pénztárcát és minden fontos szolgáltatást (kivéve a GreenAddress-t) az oldalról.

A Bitcoin közösségi tagja, Will Binns így írt:

A Bitcoin.org-nak a nyilvánosan vitatott kérdések közepette a lehető legsemlegesebbnek kellene maradnia. Minden nap százak, ha nem ezrek látogatják ezt az oldalt, sokan közülük új felhasználók, akik először tanulnak a Bitcoinnal kapcsolatban. A már meglévő felhasználók számára pedig ez az oldal a legtöbb esetben egy hihetetlen erőforrás.

Úgy tűnik, hogy ez a bejegyzés inkább a közvélemény befolyásolására irányul, mint bármi másra. Nem biztosít teljes kontextust, és nem linkel szélesebb körű információkat az alapvető problémákról, amelyekre hivatkozik, hogy az olvasó saját véleményt alkothasson – inkább úgy tűnik, mintha egy elfogult véleményt kényszerítene.[3]

Ez az új Hard Fork Politika nem volt az utolsó alkalom, hogy a Bitcoin.org-weboldalt arra használták, hogy félrevezessék az embereket abban a hitben, hogy a Bitcoin Core a „hivatalos" szoftver, és hogy minden versenytárs illegitim. Bár ennek a politikának a hatása elhanyagolható volt ahhoz képest, ami az online diskurzusfórumokkal történt.

A Reddit elfoglalása

Hónapokig az r/Bitcoin subreddit-en gyakori volt, hogy a felhasználók panaszkodtak, hogy hozzászólásaikat cenzúrázták és eltávolították a platformról. Az egyik legnagyobb felhasználói szavazattal rendelkező szál a fórum történetében azt kérte, hogy a moderátorok lépjenek le, és mások váltsák fel őket.[4] Röviddel ezután, miután ezt a szálat közzétették, eltávolították, és 2015 augusztusában Theymos bejelentette az új moderációs politikát az r/Bitcoin-on, amely cenzúrázta a BitcoinXT-ről folytatott minden beszélgetést. A bejegyzés hosszú volt, de ajánlott olvasmány, mivel újabb mérföldkőhöz érkezett a Bitcoin történetében. A fő üzenet az volt, hogy minden hard fork illegitim a Core-fejlesztők „konszenzusa" nélkül. Emiatt a BitcoinXT valójában nem volt Bitcoin, és ezért nem lehetett többé beszélni róla a platformon. Az alábbiakban néhány részletet olvashatsz a bejelentésből:

> Az r/Bitcoin azért létezik, hogy a Bitcoint szolgálja. Az XT, ha/ amikor a hard fork-ja aktiválódik, eltér a Bitcointól, és külön hálózatot/valutát hoz létre. Ezért sem neki, sem pedig a hozzá tartozó szolgáltatásoknak nem szabad engedélyezniük az r/ Bitcoin-on való megjelenést...

> Jelentős különbség van egy javasolt Bitcoin hardfork megvitatása és olyan szoftver népszerűsítése között, amely arra van programozva, hogy eltérjen és versenyképes hálózatot/valutát hozzon létre. Az utóbbi nyilvánvalóan ellentétes az r/Bitcoin által elfogadott szabályokkal, és bár a Bitcoin-technológia továbbra is jól fog működni, bármit is csinálnak az emberek, még maga a kísérlet is arra, hogy így szétszakítsák a Bitcoint, káros hatással lesz a Bitcoin-ökoszisztémára és -gazdaságra.

Theymos tovább magyarázza a döntést egy kérdezz-felelek formájában:

Miért tekinthető az XT altcoinnak, bár még nem vált el a Bitcointól?

Mivel szándékosan úgy van programozva, hogy eltérjen a Bitcointól, nem tartom fontosnak, hogy az XT még nem vált el teljesen a Bitcointól...

Beszélhetek még hard fork javaslatokról az r/Bitcoin-on?

Jelenleg nem, hacsak nincs valami igazán új és jelentős mondanivalód. Miután ez a ragadós bejegyzés eltávolításra kerül, bárminemű hardforkot lehet majd vitatni a Bitcoinhoz, de semmilyen olyan szoftvert, amely hardforkol konszenzus nélkül, mivel az a szoftver nem Bitcoin.

Honnan tudod, hogy nincs konszenzus?

A konszenzus magas mérce. Nem ugyanaz, mint a többség. Általában a konszenzus azt jelenti, hogy szinte egyhangú egyetértés van. A hardfork nagyon speciális esetében a „konszenzus" azt jelenti, hogy „nincs észrevehető valószínűsége annak, hogy a hardfork a Bitcoin-gazdaságot két vagy több jelentős részre szakítsa".

Majdnem biztos vagyok benne, hogy nincs konszenzus az XT változtatására, mert a Bitcoin Core fejlesztői, Wladamir, Greg és Pieter ellene vannak. Ez elegendő ahhoz, hogy megakadályozza a konszenzust...

De ilyen magas mércével a 8 MB-os blokkok lehetetlenek lesznek!

Ha konszenzus soha nem érhető el egy adott hardfork javaslatról, akkor a hardforknak soha nem szabad megtörténnie. Az, hogy te valamit akarsz, nem jelenti azt, hogy ésszerű lenne elrabolni a Bitcoint azoktól, akik nem akarják, még akkor sem, ha a te oldalad a többség (ami ebben az esetben nincs így). Ez nem egy demokratikus ország, ahol elegendő politizálással mindig érvényesítheted az akaratodat. Érd el a konszenzust, éld túl a változtatás nélkül, vagy hozz létre saját altcoint...

A bejelentésének végén hozzáfűzte, hogy nem számít, ha nem mindenki ért egyet vele, vagy megveti a cenzúrát:

> Ha az r/Bitcoin felhasználóinak 90%-a elviselhetetlennek találja ezeket a politikákat, akkor azt szeretném, hogy az r/Bitcoin felhasználóinak 90%-a távozzon. Így mind az r/Bitcoin, mind pedig ezek az emberek boldogabbak lesznek.[5]

A Bitcoin-közösség felháborodott. Theymos bejelentése újabb sötét mérföldkő volt a Bitcoin történetében, és hatalmas reakciókat váltott ki. A szál több mint ezer hozzászólást gyűjtött. Néhány példa a hozzászólásokból tükrözi a válaszok általános hangvételét:

> „[Az] XT-t altcoinnak nevezni nevetséges, legjobb esetben is csak szemantikai kérdés. Ennek a témának meg kell adni a lehetőséget, hogy kifejtődjön, és annak betiltása, hogy tovább lehessen erről beszélni, súlyos hátrányt jelent a közösség számára."
>
> „Kérlek, változtassátok ezt a reddit subot r/bitcoincore-ra, ha csak erről lesz szó itt. R/bitcoin-nak nevezni, miközben betiltjátok az alternatív kliensekről és konszenzus szabályokról folytatott beszélgetéseket, félrevezető..."

Egy másik felhasználó nem bírta elkerülni, hogy szarkasztikus legyen a helyzettel kapcsolatban:

> Gratulálok r/bitcoin, örülök, hogy végre megtaláltátok a Bitcoin vezérigazgatóját, most már megvan az a központi hatalom, amire mindig is vágytatok, aki megmondja, hogyan kell gondolkodnotok és cselekednetek. Többé nem kell gondolkodnotok és döntéseket hoznotok magatoknak, itt van Theymos, aki megmondja nektek, mi a bitcoin, mik a bitcoin törvényei és szabályai, mit gondolnak a fejlesztők... Szóval, ha valaha is bizonytalanok vagytok a bitcoinnal kapcsolatban, Theymos mostantól minden döntést meghoz helyettetek.

Egy felhasználó arra spekulált, hogy a moderátorok esetleg korrumpálódtak:

Azt hiszem, érdemes lenne megvitatni annak lehetőségét, hogy a moderátorcsapat kompromittálódott, és hogy a bankok (vagy bárki más) pénzt kereshetnek azzal, hogy irányítják a diszkurzust.

Theymos nem titkolta a döntését, és felfedte cenzúrázási stratégiáját egy beszélgetésben, amely végül kiszivárgott:

> Naivnak kell lenned, ha azt hiszed, hogy ennek nincs hatása. Régóta moderálok fórumokat, még a Bitcoin előtt (néhány igazán nagyot), és tudom, hogyan befolyásolja az embereket a moderálás. Hosszú távon az XT betiltása az r/Bitcoin-on csökkenti az XT esélyeit, hogy átvegye a Bitcoint. Még van esély, de kisebb. (Ez még inkább igaz a bitcointalk.org, bitcoin.it és bitcoin.org egyidejű cselekvéseivel)... Van hatalmam bizonyos központosított weboldalak felett, amit úgy döntöttem, hogy a Bitcoin egészének javára használok...[6]

Függetlenül döntésének erkölcsi megítélésétől, Theymosnak igaza volt abban, hogy a moderáció hatékonyan használható manipulációra. Megtaníthatja az embereknek, hogy a hivatalos narratíva megkérdőjelezése elfogadhatatlan és büntetést von maga után, és ebben az esetben kulcsszerepet játszott a kis blokkméretű elképzelések népszerűségének kialakításában. A mai napig az újoncok nem is sejtik, hogy csupán egyetlen nézőponttal találkoznak—egy olyan nézőponttal, amellyel Satoshi maga is határozottan szemben állt volna. Amikor az átlagember ugyanazokat az információkat látja több platformon, a Bitcoin Wikiben és a vitafórumokon, még csak tudatában sem lesz annak, hogy létezik egy másik nézőpont is, nemhogy megalapozott véleményt formálhatna róla. Idővel az ilyen jellegű információs kontroll rendkívüli hatalommal bír.

Hullámhatások

A BitcoinXT-ről szóló összes vita cenzúrázásának döntése nemcsak a hétköznapi Bitcoin-használókat dühítette fel, hanem más moderátorokat is felzaklatott. Néhány nappal Theymos bejelentése után egy ellenzéki moderátor, „jratcliff63367" egy élesen kritikus cikket írt „Egy r/Bitcoin-moderátor vallomásai" címmel. Az egyik rész így szól:

> Amikor Theymos úgy döntött, hogy az r/Bitcoin feletti központosított hatalmát arra használja, hogy elfojtson minden vitát és megbeszélést a Bitcoin-XT-ről, megsértett egy alapvető elvet. Egy decentralizált peer-to-peer hálózat esetében bármilyen központosított ellenőrzési pont problémás... Ez az egyetlen személy abszolút központosított irányítást gyakorol a közösség két legnagyobb kommunikációs platformja felett, ahol a Bitcoin jövőjéről és fejlődéséről lehetne beszélgetni...
>
> Ő gyakorolja az abszolút hatalmat annak eldöntésében, hogy miről lehet vagy nem lehet beszélni; beleértve a teljes és totális cenzúrahatalmat a narratíva felett a két legnagyobb médiumban.[7]

Mindössze tíz nappal azután, hogy jratcliff63367 nyilvánosan bírálta Theymost, eltávolították az r/Bitcoin moderátorai közül. Később azt feltételezte, hogy eltávolításának oka az volt, hogy felvetette: a Core-fejlesztők esetleg kompromittálódhattak:

> Egyáltalán nem ésszerűtlen feltételezni, hogy a Core-fejlesztőket megkeresték a „kémszervezetek", és hatást gyakorolnak rájuk. A Bitcoin megbénítása oly módon, hogy szinte az összes érték mellékcsatornákon keresztül áramoljon, és csak a nagy intézmények férhessenek hozzá a maghálózathoz, nagyszerű megoldás lenne arra a problémára, amelyet a világ kormányai súlyosnak tartanak...
>
> A kormányt valójában nem érdekli, ha létezik egy új „eszközosztály", mint a Bitcoin. Rengeteg eszközosztály létezik, nekik mindegy, hogy Bitcoinról vagy babzsákbabákról van szó. Ami igazán érdekli őket, az az, hogy az emberek értéket tudnak-e áthelyezni anélkül, hogy ők nyomon követhetnék és elfoghatnák azt. Ha a blokklánchoz közvetlenül csak a nagybankok férhetnek hozzá... nos, érted, mire megy ki a játék.[8]

Ugyanez az erőszakos cenzúra ma is létezik, és az ebben az információs buborékban rekedt emberek száma sokkal nagyobb. Ezeknek az ellenőrzési mechanizmusoknak a hatását nem lehet eléggé hangsúlyozni. A Bitcoin körüli hatalmas zűrzavar nagyrészt annak köszönhető, hogy egy maroknyi ember szándékosan kiszűr minden olyan információt, amely megkérdőjelezi a narratívájukat—és végső soron a hatalmukat. Sajnos a tömeges cenzúra és propaganda nem az egyetlen taktika volt, amelyet a BitcoinXT ellen alkalmaztak. Ennél agresszívebb intézkedéseket is bevetettek.

Elkezdődnek a DDoS-támadások

A SlushPool a Bitcoin számos bányászpooljának egyike volt. A bányászpoolok a szokásos módját jelentik annak, hogy a bányászok szabályozzák jövedelmüket. Pool nélkül az egyéni bányászoknak addig kell várniuk, amíg saját maguk találnak egy blokkot, hogy Bitcoint keressenek. Egy pool segítségével azonban a bányászok egyesítik számítási teljesítményüket, és megosztják a blokkjutalmakat, ami jelentősen kiegyensúlyozza bevételeiket. Gyakorlatilag minden bányász egy pool tagja. Amikor tehát a SlushPool DDoS-támadás célpontjává vált, miután engedélyezte a szavazást a BIP101-ről, az rengeteg embert érintett. 2015. augusztus 25-én a SlushPool levelet kapott az elkövetőktől, amelyben közölték, hogy a támadások addig fognak folytatódni, amíg nem hagyják abba a BitcoinXT támogatását[9]. A MIT Technology Review szerint:

> Alena Vranova elmondta, hogy a cég egy üzenetet kapott, amely szerint a támadás véget ér, ha kikapcsolják az ügyfelek számára azt a lehetőséget, hogy támogatásukat fejezzék ki Andresen elképzelése mellett. Kénytelenek voltak eleget tenni ennek a követelésnek, mivel a támadás elég erős volt ahhoz, hogy kapcsolódási problémákat okozzon néhány SlushPool-bányásznak. „Ez egy pusztító viselkedés" – mondja Vranova. „Értékelnék valakit, aki kiáll, elmagyarázza és népszerűsíti az elképzelését. [De] ez egyszerűen gyáva dolog."...

Egy másik áldozat a Los Angeles-i székhelyű ChunkHost-webtárhelyszolgáltató volt. Ők nem kaptak üzenetet, de a támadás egy olyan ügyfélre összpontosult, aki nemrégiben átállította egy Bitcoin ATM szoftverét BitcoinXT-re. „Elég egyértelműnek tűnt. Amint átállt, megtámadták" – mondta Josh Jones, a ChunkHost egyik alapítója.

Mások, akik BitcoinXT-t futtattak, ugyanezt tapasztalták. Egy felhasználó ezt írta a fórumokon:

> Úgy tűnik, hogy a konfliktus kellemetlen fordulatot vett, és néhány szélsőségesebb Core-támogató egyenesen DDoS-támadásokkal kezdte el támadni az XT-csomópontokat... Az XTNodes.com legutóbbi visszaesését nézve úgy tűnik, hogy ez az elmúlt 24 órában kezdődött, és az egyik csomópontomat háromszor is megtámadták ebben az időszakban, egy dedikált IP-n, amely kizárólag egy Bitcoin-csomópontot futtat, semmi mást... Tényleg így gondolják egyesek, hogy „megoldják" a helyzetet? Ha ez folytatódik, könnyen el tudom képzelni, hogy egyesek nyílt vadászatot hirdetnek a nem-XT-csomópontokra, és akkor egy olyan háború indul el, amit senki sem akar.[10]

Az ezt követő hetekben a fórumokat elárasztották hasonló történetek. Egy másik felhasználó azt állította, hogy egy ilyen támadás következtében az egész kisvárosa elérhetetlenné vált az interneten:

> DDoS-támadás ért. Egy hatalmas támadás volt, amely az egész (vidéki) internetszolgáltatómat megbénította. Öt településen mindenki elveszítette az internetkapcsolatát több órára... ezeknek a bűnözőknek köszönhetően. Ez mindenképpen elvette a kedvemet attól, hogy csomópontokat üzemeltessek.[11]

Mike Hearn is bekapcsolódott néhány beszélgetésbe. Az egyik bejegyzésben ezt írta:

> A támadók azt mondják a pooloknak, hogy hagyják abba a BIP 101 szavazási blokkok bányászatát, ha azt akarják, hogy

a támadások megszűnjenek. Nagyon egyértelműen egy orosz Bitcoin-használó áll mögötte, aki úgy véli, hogy mindenkinek a Core-t kellene használnia, bármi áron.[12]

Nincs helye versenynek

A Core-fejlesztők nem örültek annak az ötletnek, hogy a bányászok dönthessenek arról, melyik legyen a fő szoftverimplementáció. Akárcsak a blokkméretkorlát esetében, azt állították, hogy ez ártana a Bitcoin decentralizációjának. Hearn rámutatott, hogy egy ilyen mechanizmus nélkül a decentralizációra leselkedő nyilvánvaló veszély éppen a Core-protokoll feletti monopóliuma lenne:

> Jelenleg azok, akik a legtöbbet ártanak a Bitcoin decentralizációjának, a Blockstream és Wladimir, mivel azt mondják az embereknek, hogy a blokklánc szavazási mechanizmusként való használata (ahogyan korábban is történt) felelőtlen, és elpusztítja a Bitcoin értékét. Ennek az érvelésnek a logikus következménye az, hogy csak a Bitcoin Core-fejlesztők, és valójában csak Wladimir, változtathatnak jelentős részeket a Bitcoin-protokollban. Ez pedig gyakorlatilag azt jelenti, hogy ők a „Bitcoin vezérigazgatói" – ami éppen a decentralizáció ellentéte.
>
> Mármint mi értelme van a nyílt forráskódnak, ha nem lehet forkolni és módosítani a kódot, amikor az eredeti projekt rossz irányba megy? Hogyan működhet egyáltalán a Bitcoin decentralizációja egy ilyen felfogás mellett?[13]

Az r/Bitcoin egyik moderátora, Hardleft121 felhasználó pozitívan reagált Hearn bejegyzésére, mondván: „Mindenkinek el kellene olvasnia ezt. Ennek nem így kellett volna alakulnia. Mikenak és Gavinnek igaza van." Hardleft121-et Theymos később szintén eltávolította moderátori pozíciójából.

Brian Armstrongot a Bitcoin Magazine interjúvolta meg a Coinbase álláspontjáról a BIP101 és a BitcoinXT kapcsán. Erre így válaszolt:

Nyitottak vagyunk minden olyan javaslat értékelésére, amely növeli a blokkméretet... Véleményem szerint a BitcoinXT a legjobb lehetőség, amit eddig láttam. Nemcsak azért, mert működőképes kóddal rendelkezik, hanem azért is, mert egyszerű, könnyen érthető megvalósítása van, a blokkméretnövekedés megfelelőnek tűnik számomra, és bízom a projekt mögött álló emberekben.

Jelenleg az lenne a preferenciám, hogy Gavin vállalja a végső döntéshozó szerepét a BitcoinXT-ben, és az iparág e megoldás felé mozduljon el Mike Hearn, Jeff Garzik és mások segítségével, akik csatlakozni kívánnak...

Frissíteni fogunk, függetlenül attól, hogy a Bitcoin Core frissül-e vagy sem... Csalódott vagyok, hogy a Bitcoin Core ilyen lassan halad ebben a kérdésben, és nyitottak vagyunk a fork váltására.[14]

Az interjú megjelenésének napján azt belinkelték az r/Bitcoin fórumra, ami feldühítette Theymost. Azonnal figyelmeztetett, hogy a Coinbase büntetést kaphat és cenzúrázhatják az online fórumokon az engedetlensége miatt:

Ha a Coinbase a coinbase.com oldalon népszerűsíti az XT-t az ügyfelek számára és/vagy az összes teljes csomópontját a BIP 101-szoftverre váltja, akkor a Coinbase már nem a Bitcoin-valutát használja, és nincs helye az r/Bitcoin-on. Ez vonatkozik a bitcointalk.org-ra is (ahol a Coinbase csak az altcoin szekcióban kapna helyet). A Bitcoin.it és a Bitcoin.org hasonló irányelveket követ. Valójában a Coinbase-t már majdnem eltávolították a Bitcoin.org-ról a korábbi, ezzel kapcsolatos nyilatkozataid miatt.[15]

2015 decemberében a Coinbase bejelentette, hogy BitcoinXT-t futtat a szerverein és támogatja azt, bár továbbra is nyitottak voltak más javaslatokra.[16] Erre válaszul a Bitcoin.org tulajdonosai azonnal eltávolították a Coinbase-et a weboldalukról—ami figyelemre méltó lépés, tekintve, hogy a Coinbase valószínűleg több embert vezetett be a Bitcoin világába, mint bármely más cég! Az eltávolítást a Bitcoin.org egyik tulajdonosa hajtotta végre, egy rejtélyes alak, aki „Cobra" álnéven ismert, és ezt nyilatkozta:

A Coinbase mostantól BitcoinXT-t futtat a produkciós szerverein. Az XT egy vitatott hard fork kísérlet, amely egy új altcoint hozna létre, és megosztaná a közösséget és a blokkláncot, ha valaha életbe lépne. Ha ez megtörténik, a Coinbase ügyfelei azt tapasztalhatják, hogy többé nem birtokolnak valódi Bitcoint.

Ez a pull request eltávolítja a Coinbase-t a „Válassz pénztárcát" oldalról, hogy megvédje az új felhasználókat attól, hogy egy blokklánc-fork rossz oldalára kerüljenek. A Bitcoin.org-nak kizárólag Bitcoin-szolgáltatásokat kellene népszerűsítenie. Azok a vállalatok, amelyek az XT-t használják, nem felelnek meg ennek a kritériumnak, mivel támogatják a blokklánc leválasztását és egy új, inkompatibilis valuta bevezetését széles körű konszenzus nélkül.[17]

Ez a bejelentés ismét sok Bitcoiner haragját váltotta ki. Jameson Lopp fejlesztő így reagált:

A forkolás lehetősége önmagában nem tesz valamit altcoinná. Amíg a BIP101 fork nem valósul meg, az XT-t futtató vállalatok egyértelműen Bitcoint futtatnak. Ha egy hard fork bekövetkezik, ezek a vállalatok továbbra is Bitcoint futhathatnak – a fork után kell eldönteni, melyik ág tekinthető a győztesnek. Azokat a vállalatokat „nem Bitcoint futtatónak" minősíteni, amikor még nem is történt fork, elhamarkodott lépés.[18]

A Bitcoin-veterán Olivier Janssens azt állította, hogy ez a lépés megtorlás volt amiatt, hogy a Coinbase „merészelt felszólalni a Co-re-fejlesztők ellen."[19] Azonban, akárcsak a cenzúra mellett hozott döntés esetében, nem minden reakció volt kritikus. Egy felhasználó támogatását fejezte ki a lépés iránt, mondván, hogy ez precedenst teremtene arra, hogy a vállalatokat a Core irányvonalán tartsák:

Mindenképpen rá kell kényszerítenünk a Coinbase-t, hogy visszaváltson a Bitcoin Core-ra. Ha nem teszünk semmit, egy veszélyes precedenst teremtünk, ahol más pénztárcák és szolgáltatások is eltérhetnek a konszenzustól.[20]

Van valami ironikus abban, hogy a „konszenzus" kifejezést arra használják, hogy egy maroknyi Core-fejlesztő álláspontját írják le, szemben az iparági szereplők elsöprő többségével. Ha 2015-ben létezett valódi konszenzus, az az volt, hogy a blokkméretkorlátot azonnal meg kell emelni. Ennek ellenére, a széleskörű felháborodás dacára, a Coinbase-t sikeresen eltávolították a Bitcoin.org weboldaláról, majd másnap egy DDoS-támadás miatt elérhetetlenné vált.[21]

17

Elszámolási réteggé átkötve

Rémisztő látni, mivé válik a Bitcoin-közösség. Minden véleményt, ami
nem egyezik a hivatalos irányvonallal, könyörtelenül elnyomnak[1]
—Charlie Lee, A Litecoin készítője

A BitcoinXT valódi fenyegetést jelentett a kisblokkméret-pártiak
számára. Ezért megtámadták, azt állítva, hogy veszélyezteti
az egész Bitcoin-hálózat integritását. Mivel a Core-fejlesz-
tők nem hagyták jóvá, az XT-t „vitatottnak" bélyegezték, és ezért túl
kockázatosnak, sőt felelőtlennek tartották bárki számára, aki támogatni
akarta. Pedig ez a Bitcoin frissítésének módja maga Satoshi által lett
leírva már 2010-ben. Amikor egy fórumtag megkérdezte tőle, hogyan
lehet növelni a blokkméretkorlátot, így válaszolt:

> Fokozatosan bevezethető, például így:
> if (blocknumber > 115000) maxblocksize = largerlimit
> Már jóval előre be lehet építeni a verziókba, így mire elérjük azt a
> blokkszámot, és életbe lép a változás, a régebbi verziók, amelyek
> ezt nem tartalmazzák, már elavultak lesznek. Amikor közeledünk
> a határblokk számához, beállíthatok egy figyelmeztetést a régi
> verziók számára, hogy biztosan tudják, hogy frissíteniük kell.[2]

Satoshi módszere, mint mindig, egyszerű és egyértelmű volt. Azt
javasolta, hogy egy hard fork frissítéssel növeljék a blokkméretkorlátot

egy előre meghatározott időpontban a jövőben. Így a bányászoknak elegendő idejük lett volna a szoftverük frissítésére. Satoshit nem aggasztotta a „konszenzus" kérdése—ha a bányászok egy kisebbsége nem frissítette volna a szoftverét, egyszerűen lekapcsolódtak volna a hálózatról.

Nemcsak hogy a forkolás elvárt volt, hanem a Bitcoin irányításának szerves részének is tekintették. Az XT körüli vita kellős közepén a Wired Magazine ezt írta:

> A BitcoinXT szokatlanul tiszta betekintést nyújt a nyílt forráskód világába, egy extrém példát mutat arra, hogy miért olyan hatékony ez az elképzelés—annak ellenére, vagy éppen azért, mert jelenleg ekkora viszály övezi. A BitcoinXT rávilágít a nyílt forráskód rendkívül   társadalmi—rendkívül   demokratikus—alapjaira, egy olyan megközelítésre, amely sokkal erősebbé teszi a nyílt forráskódot, mint bármely egyetlen személy vagy szervezet által irányított technológiát.[3]

Charlie Lee is szót emelt a forkolás mint irányítási mechanizmus eleganciája mellett:

> Ahogy mások is mondták, az XT csak akkor fog forkot létrehozni, ha szupermajoritást kap a bányászok szavazataiból. Ha megszerzi a szupermajoritást... akkor az XT lesz a Bitcoin. Így tervezte meg Satoshi a rendszert.[4]

Bár elméletben a forkolás lehetősége kiváló eszköz a fejlesztőcsapatok hatalmának ellensúlyozására, a gyakorlatban ez mégis kiterjedt koordinációt igényel a bányászok, az iparági szereplők és a felhasználók között. Ha egy új implementációra való áttérés túl kockázatos, túl fájdalmas vagy túl vitatott, a bányászok dönthetnek úgy, hogy elkerülik a forkolást, csupán azért, hogy elkerüljék a konfliktust—és pontosan ez történt a BitcoinXT esetében is.

A nagyobb blokkok és különösen a BIP101 iránti nyílt támogatás ellenére néhány bányász kezdett meghátrálni a Core támogatói által keltett vita miatt. A CoinTelegraphnak adott interjújában az AntPool— amely akkoriban a hashráta körülbelül 20%-át adta—ezt nyilatkozta:

Tetszik nekünk a maximális blokkméret növelésének ötlete, de ha a BitcoinXT túl megosztó, akkor nem szeretnénk, hogy a közösség kettészakadjon. [5]

A BTCChina mérnöki igazgatója ezt írta:

Úgy gondoljuk, hogy Gavin javaslata egy jól kiegyensúlyozott megoldás, amely mögé mindannyian beállhatunk és támogathatunk. A kezdeti 8 megabájtos blokkméretnövelés volt az a szám, amelyben minden kínai bányászati üzemeltető egyetértett. A BTCChina Pool sajnos nem fogja futtatni a BitcoinXT-t annak kísérleti jellege miatt, de várjuk, hogy ezt a javítást beolvasszák a Bitcoin Core-ba.[6]

Nem nehéz megérteni, miért részesítették előnyben a bányászok a legegyszerűbb megoldást, vagyis azt, hogy a Core belássa a helyzetet, és megemelje a blokkméretkorlátot. Az egész iparág ugyanezt szerette volna, ezért is teltek el évek, mire a BitcoinXT megszületett. Ahogy azonban telt az idő, egyre nyilvánvalóbbá vált, hogy a Core nem fogja megváltoztatni az álláspontját, és ennek az ellenkezőjében hinni csupán hiú ábránd volt. Határozottabb lépéseket kellett tenni.

A Bitcoin Core újabb módot talált a ködösítésre és a halogatásra azzal, hogy megszervezett egy sor „Scaling Bitcoin" konferenciát, amelyek célja az volt, hogy meggyőzzék a bányászokat a Core szoftverének használatáról. Ezeken a konferenciákon ugyan egyetértettek abban, hogy a blokkméretkorlátot növelni kell, de csak 2MB-ra, nem pedig 8MB-ra. A bányászokat arra ösztönözték, hogy továbbra is bízzanak a Core-ban, és várjanak még egy kicsit a nagyobb frissítésekre. 2015 augusztusában a Blockstream vezérigazgatója, Adam Back ezt írta: „A javaslatom: most 2 MB, aztán 4 MB két év múlva, 8 MB négy év múlva, majd újraértékeljük."[7] Később, decemberben hozzátette: „A fejlesztők és a bányászok körében konszenzus van abban, hogy a következő lépés a 2 MB."[8]

A 2 MB-os blokkméretkorlát ugyan csupán a negyede volt annak, amit a bányászok szerettek volna, de még így is megduplázta volna a Bitcoin tranzakciós kapacitását, és adott volna egy kis időt, mielőtt a blokkok betelnek és a díjak az egekbe szöknek. Az ezt követő években ezt a 2 MB-os kompromisszumot többször is elfogadták, de a Core végül minden alkalommal megszegte az egyezséget.

Bár érthető a szándék, hogy elkerüljék a vitatott forkokat, Satoshi terve szerint a bányászoknak ki kell állniuk magukért, különösen akkor, ha a fejlesztés egy szűk csoport kezébe kerül. Ez egy olyan mechanizmus, amely a hatalmi egyensúlyt hivatott fenntartani a Bitcoinban, de végső soron az emberek döntésein múlik, és maga a szoftver nem képes kikényszeríteni. Amikor az XT kudarcot vallott, Mike Hearn ezt annak bizonyítékaként értékelte, hogy a Bitcoin nem képes leküzdeni azokat az emberi, társadalmi és pszichológiai akadályokat, amelyek gátolják saját sikerét. Később ezt írta:

> [Ami] a bányászokat illeti, néhányukat felhívtam Skype-on... Egy vagy kettő határozottan elutasította, hogy beszéljen velem. Egy bányász azt mondta, hogy támogat engem, de nem mutathatta ki nyíltan, mert attól tartott, hogy ez árthat az árfolyamnak. Egy másik beszélgetés így zajlott:
> Bányász: „Egyetértünk abban, hogy a blokkméretet növelni kell, és abban is, hogy a Core ezt nem fogja megtenni."
> Én: „Remek! Szóval mikor kezditek el futtatni az XT-t?"
> Bányász: „Nem fogjuk futtatni az XT-t."
> Én: „Ööö, de az imént azt mondtad, hogy egyetértesz az elképzeléseinkkel, és nem hiszed, hogy a Core változtatni fog."
> Bányász: „Igen, egyetértünk abban, hogy igazad van, de soha nem fogunk mást futtatni, csak a Core-t. Ha mást futtatnánk, azzal kilépnénk a konszenzusból... Nem futtathatjuk az XT-t, az őrültség lenne. Várni fogunk, amíg a Core meggondolja magát."
> Ez volt az a pont, ahol eldöntöttem, hogy az egész csak az időm pazarlása. A bányászati hashráta túlnyomó részét olyan emberek irányították, akik pszichológiailag képtelenek voltak engedetlenséget tanúsítani a vélt tekintéllyel szemben.[9]

„A Bitcoin-kísérlet lezárása"

A gyűlölködés, a cenzúra, a DDoS-támadások és a pereskedési fenye-
getések közepette a BitcoinXT-t futtató bányászok száma meredeken
csökkent. Amikor pedig egyértelművé vált, hogy a 75%-os bányász-
küszöb nem lesz elérhető, Mike Hearn úgy döntött, hogy elege van.
Ha a Bitcoin nem tudta legyőzni a Core központosított hatalmát, és
nem volt képes 1 MB fölé emelni a blokkméretkorlátját, akkor az ő
szemében a Bitcoin megbukott.

2016. január 14-én Hearn megírta utolsó kiváló esszéjét, amelynek
címe „A Bitcoin-kísérlet lezárása" volt.[10] Ebben kifejtette, miért tekin-
tette a Bitcoint egy kudarcot vallott projektnek:

> Megbukott, mert a közösség megbukott. Ami egy új, decentralizált
> pénzformának indult, amelyben nincsenek „rendszerszinten
> fontos intézmények" és „túl nagy ahhoz, hogy elbukjon" entitások,
> az végül valami még rosszabbá vált: egy olyan rendszerré, amelyet
> teljes mértékben egy maroknyi ember irányít... Már nincs sok
> ok azt hinni, hogy a Bitcoin valóban jobb lehet, mint a jelenlegi
> pénzügyi rendszer.
>
> Gondolj bele. Ha soha nem hallottál volna a Bitcoinról,
> érdekelne-e egy fizetési hálózat, amely:
> - Nem tudja mozgatni a meglévő pénzedet
> - Vadul kiszámíthatatlan, magas és gyorsan emelkedő
>   díjakkal működik
> - Lehetővé teszi a vásárlók számára, hogy egyszerűen egy
>   gombnyomással visszavonják a kifizetéseiket, miután
>   kiléptek az üzletből (ha nem hallottál még erről a
>   „funkcióról", az azért van, mert a Bitcoint éppen most
>   módosították ennek engedélyezésére)
> - Nagy torlódásokkal és megbízhatatlan tranzakciókkal küzd
> - Kínai irányítás alatt áll
> - És amelynek fejlesztésében részt vevő vállalatok és emberek
>   nyílt polgárháborúban állnak egymással?
>
> Arra tippelek, hogy a válaszod nem lenne.

Hearn ezután kifejtette a blokkméretkorlát körüli helyzetet, és erősen hibáztatta a kínai bányászokat a tétlenségükért—mivel végső soron a bányászoknak megvolt a lehetőségük arra, hogy megtörjék a Core szorítását:

Miért nem engedik, hogy [a blokklánc] növekedjen? Több okból. Az egyik, hogy az általuk futtatott „Bitcoin Core" szoftver fejlesztői megtagadták a szükséges változtatások végrehajtását. A másik, hogy a bányászok nem hajlandók áttérni semmilyen versengő megoldásra, mert ezt „hűtlenségnek" tekintik—és rettegnek attól, hogy bármi olyat tesznek, ami „szakadást" eredményezhet és befektetői pánikot okozhat. Ehelyett úgy döntöttek, hogy figyelmen kívül hagyják a problémát, és remélik, hogy magától megszűnik.

Hearn ezután egy másik lehetséges érdekellentétre mutat rá. Ha a Kínai Nagy Tűzfal valóban megnehezíti a nagy blokkok kezelését a kínai bányászok számára, akkor ez „perverz pénzügyi ösztönzőt" teremt arra, hogy megpróbálják megakadályozni a Bitcoin népszerűvé válását. Ahelyett, hogy a bányászok érdekeltek lennének több tranzakció feldolgozásában a tranzakciós díjakból származó bevétel növelése érdekében, egy korlátozott tranzakciós áteresztőképesség és a magas díjak egy leromlott internetkapcsolat mellett sokkal jövedelmezőbbé válhatnak—ami a Core-fejlesztők szemszögéből egy kívánatos kimenetel!

A cikkben élesen bírálja az interneten elterjedt cenzúrát és propagandát, az XT-csomópontok elleni DDoS-támadásokat, valamint azokat a „kamukonferenciákat", amelyek célja a haladás akadályozása és az emberek meggyőzése volt, hogy továbbra is bízzanak a Core-ban. Külön kiemelve a „Scaling Bitcoin" konferenciákat, ezt írta:

Sajnos ez a taktika pusztítóan hatékony volt. A közösség teljesen bedőlt neki. Amikor bányászokkal és startupokkal beszéltem, az egyik leggyakoribb indok, amiért nem voltak hajlandók XT-t futtatni, az volt, hogy „várunk a Core-ra, hogy decemberben megemeljék a korlátot." Rettegtek attól, hogy a közösség megosztottságáról szóló hírek csökkenthetik a Bitcoin árfolyamát, és ezzel veszélyeztethetik a bevételeiket.

Most, hogy az utolsó konferencia is lezajlott anélkül, hogy terv született volna a blokkméretkorlát emelésére, néhány vállalat (mint a Coinbase és a BTCC) ráébredt, hogy kijátszották őket. De már túl késő.

Hearn pesszimista következtetésre jut, mondván, hogy a kínai bányászat központosítása továbbra is probléma marad, még akkor is, ha egy másik fejlesztőcsapat kerülne az irányítás élére:

> Még ha egy új csapat is váltaná fel a Bitcoin Core-t, a bányászati teljesítmény koncentrációja a Kínai Nagy Tűzfal mögött továbbra is fennmaradna. A Bitcoin jövője kilátástalan, amíg kevesebb mint tíz ember irányítja. És erre a problémára semmilyen megoldás nem látszik: senkinek még csak javaslata sincs. Egy olyan közösség számára, amely mindig is aggódott amiatt, hogy egy elnyomó kormányzat átveheti az irányítást a blokklánc felett, ez különösen ironikus.

Miután kifejtette sérelmeit, egy optimistább hangvétellel zárja gondolatait:

> Az elmúlt néhány hétben egyre több közösségi tag kezdte felvenni ott a fonalat, ahol én letettem. Míg korábban a Core alternatívájának létrehozása lázadó lépésnek számított, most már két másik fork is verseng a figyelemért (Bitcoin Classic és Bitcoin Unlimited). Eddig ugyanazokba a problémákba ütköztek, mint az XT, de lehetséges, hogy egy új csapatnak sikerül megtalálnia a módját a haladásnak.

Ha Hearn utolsó esszéjét befektetési szempontból vizsgáljuk, egyértelműen tévedett. A BTC árfolyama több mint százszorosára nőtt az esszé megjelenése óta. Az érvei azonban továbbra is megállják a helyüket, ha a BTC-t annak hasznossága alapján ítéljük meg. A technológia továbbra is egy nevetségesen alacsony tranzakciós kapacitásra van korlátozva. A fejlesztést még mindig egyetlen csoport uralja, amely nyíltan elutasítja Satoshi eredeti elképzelését. A letétkezelő pénztárcák elterjedtek, lehetővé téve a kormányok számára, hogy könnyen megfigyeljék és ellenőrizzék a felhasználók pénzét. Ha a BTC-t egy alternatív valutaként kellene értékelnünk a hétköznapi emberek számára, akkor csak kudarcként lehetne rá tekinteni. A legjobb, amit mondhatunk róla, hogy a korai befektetők elképesztő vagyonokat kerestek vele, és elindította a kriptopénz-iparágat, amely talán egy nap valóban elhozza a digitális, stabil pénzt a tömegek számára.

A narratíva megtörése

Bár Mike Hearn elvesztette a türelmét és kilépett a projektből, a Bitcoinért folyó harc még messze nem ért véget. Az egész iparág továbbra is egy létfontosságú problémával küzdött: egyáltalán létezhetnek-e még, ha a blokkok betelnek? Buterin már akkor panaszkodott a díjakra, amikor azok mindössze öt centbe kerültek—hogyan reagálnának a hétköznapi felhasználók, ha a tranzakciós díjak tíz, húsz vagy akár ötven dollárra emelkednének? Ez a bizonytalanság elfogadhatatlan volt, és a legtöbb vállalat tisztában volt vele, hogy továbbra is küzdeniük kell a blokkméret növeléséért. Az iparágnak jobban kellett koordinálnia erőfeszítéseit, és fel kellett hívnia a nagyközönség figyelmét arra az átvételre, amely a Bitcoinon belül zajlott. Az információs és narratív harcot meg kellett vívni.

Ebben az időszakban számos kiváló cikk született az eredeti elképzelés támogatóitól. Jeff Garzik és Gavin Andresen egy másik híres esszét írt „Bitcoin elszámolási réteggé átkötve" címmel. Figyelmeztettek arra, hogy a Bitcoint egy teljesen más rendszerré alakítják át a mesterséges blokkméretkorlát kihasználásával:

> Az 1 MB-os Core-blokkméret korlátozása egy történelmi DoS-védelmi limitet alakít át egy véletlenszerűen kialakult szabályozási eszközzé... Kiábrándító helyzet alakult ki, ahol a fejlesztői konszenzus egy része elszakadt attól a gyakran hangoztatott igénytől, hogy növeljék a blokkméretet a felhasználók, vállalkozások, tőzsdék és bányászok érdekében. Ez olyan módon alakítja át a Bitcoint, amely tele van filozófiai

és gazdasági érdekellentétekkel... A tétlenség megváltoztatja a Bitcoint, és új irányba tereli... Az 1 MB-os korlát fenntartása veszélyezteti a Bitcoin hálózati hatását azáltal, hogy az árak miatt kiszorítja a felhasználókat a fő blokkláncról, és központosított platformokra kényszeríti őket... A hosszú távú erkölcsi kockázatok megszüntetése érdekében a blokkméretkorlátnak dinamikusnak kell lennie, szoftveres megoldásként kell működnie, emberi beavatkozás nélkül. A Bitcoin megérdemel egy olyan ütemtervet, amely egyensúlyba hozza mindazok igényeit, akik az elmúlt hat évben keményen dolgoztak az ökoszisztéma növekedéséért.

Garzik és Andresen a Scaling Bitcoin-konferenciákkal kapcsolatban is kifejtették véleményüket, mondván, hogy ezek az események nem érték el a kitűzött céljaikat, és leginkább csak arra voltak jók, hogy kiderüljön: a 2 MB-os korlát elég alacsony ahhoz, hogy egyetemes egyetértést lehessen köré építeni:

A Scaling Bitcoin workshopok egyik kifejezett célja az volt, hogy a kaotikus blokkméretvitát egy rendezett döntéshozatali folyamatba tereljék. Ez azonban nem valósult meg. Visszatekintve, a Scaling Bitcoin csak hátráltatta a blokkméretkorlátról szóló döntést, miközben a tranzakciós díjak és a blokktér nyomása folyamatosan növekedett. A Scaling Bitcoin hasznos volt a konszenzus felmérésében a blokkméret kapcsán. A 2 MB tűnik a legkisebb közös nevezőnek a konszenzus szempontjából.[11]

Stephen Pair is beszállt a küzdelembe, és a világ legnagyobb Bitcoin-fizetési szolgáltatója, a BitPay nevében írt, amely egyetlen év alatt több mint egymilliárd dollár értékű BTC-tranzakció kezelésére volt képes.[12] Egy sor cikkben fejtette ki véleményét a blokkméretkorlátról, a BitPay elemzését a hálózat hatalmi dinamikájáról, valamint teljes elutasítását annak az elképzelésnek, hogy Satoshi terve hibás lenne, és hogy azt a Core-fejlesztőknek át kellene alakítaniuk:

Egyesek úgy vélik, hogy a Bitcoin inkább egy elszámolási rendszerként, semmint egy fizetési rendszerként működik a legjobban. Ez az elképzelés azon a nézeten alapul, hogy nem lehet valóban decentralizált, bizalommentes fizetési rendszert létrehozni, amely képes kielégíteni a bolygó teljes lakosságának mindennapi fizetési igényeit. Szerintük Satoshi víziója a Bitcoinról, mint tisztán peer-to-peer elektronikus készpénzről, elérhetetlen cél.

Ez ostobaság. Meg lehet valósítani.

Ezután kifejtette, hogy a Bitcoin értékajánlata abból fakad, hogy először egy fizetési rendszerként működik, majd miután sikeresen elterjedt, később válhat egy elszámolási rendszerré:

> A történelem azt mutatja, hogy az elszámolási rendszerek először széles körben elfogadott fizetési rendszerekként indulnak... A Bitcoin kiváló elszámolási rendszerré válhat, ha először jól működik fizetési rendszerként. A Bitcoint csak a tényleges feldolgozási korlátoknak kellene korlátozniuk, nem pedig önkényesen meghatározott határoknak.[13]

Pair azt az elképzelést is cáfolta, hogy a bányászok valamilyen módon fenyegetést jelentenek a rendszer biztonságára, és ezért el kell venni a hatalmukat. „A bányászok irányítják a Bitcoint... és ez jó dolog" című cikkében megvédi Satoshi tervét, és elmagyarázza, hogyan segít ez a Bitcoin decentralizáltságának megőrzésében:

> Néhány héttel ezelőtt beszélgettem valakivel, aki azt az elképzelést fejtette ki, hogy bizonyos hatalmat ki kellene venni a bányászok kezéből. Ezt érdekesnek találtam. Felveti a kérdést: ha elveszed a hatalom egy részét a bányászoktól, akkor kinek adod azt?
>
> Egyetlen személynek kellene birtokolnia a Bitcoin-védjegyet? Neki kellene hatáskörrel rendelkeznie arra, hogy meghatározza a hivatalos Bitcoin™ konszenzusszabályokat? Talán a bányászoknak alá kellene írniuk a blokkjaikat úgy, hogy csak azok hozhassanak létre blokkokat, akik igazolták, hogy követik a hivatalos, védjeggyel védett Bitcoin™ konszenzusszabályokat. Ha ezt a gondolatmenetet

végigviszed a logikus végkövetkeztetésig, egy központilag irányított rendszerhez jutsz, amelyben egyáltalán nincs szükség bányászatra.

Ezután kifejtette a Bitcoin ösztönző rendszerének erejét, hogyan akadályozza meg a bányászokat a visszaélésekben, és miért ők a hálózat biztonságának legkritikusabb elemei:

> Egyenként a bányászok nagyon kevés hatalommal bírnak, de együttvéve mindent ellenőrzésük alatt tartanak a Bitcoin felett. Ez a Bitcoin egyik fontos és alapvető tulajdonsága... [E]gyetlen bányász, aki eltérő szabályok szerint működik, olyan blokkokat hozna létre, amelyeket a többi bányász elutasít. Ezért nem kapna semmilyen jutalmat a munkájáért. Tehát miközben a bányászok versengenek egymással a leghatékonyabb blokkgyártásért, egyúttal szükségük van az együttműködésre is...

> A Bitcoin a hálózat működésével kapcsolatos minden hatalmat a bányászok kezébe adja, és bárki válhat bányásszá. Ez a kollektív, összehangolt tevékenység teszi a Bitcoint egyedivé, erőteljessé és forradalmivá. Ha aláássuk a bányászok Bitcoin feletti hatalmát, akkor magát a Bitcoint ássuk alá.

Annak ellenére, hogy Satoshi a bányászoknak szánta ezt a hatalmat, Pair elismeri, hogy ez a hatalom elveszhet, ha a bányászok nem hajlandók döntéseket hozni, vagy ha egyszerűen nem is tudatosul bennük, hogy egyáltalán rendelkeznek ezzel a hatalommal:

> A bányászok átruházhatják a hatalmukat. Dönthetnek úgy, hogy egy bányászpoolra bízzák a blokkok létrehozását, amely így érvényesítheti a konszenzusszabályokat, vagy akár cenzúrázhatja a tranzakciókat, ha úgy kívánja. A bányászok azt is megengedhetik, hogy mások befolyásolják vagy ellenőrizzék, milyen szoftvert futtatnak és milyen szabályokat érvényesít az adott szoftver. A fejlesztők, a bányászpoolok vagy bármely más, nem bányászó szereplő kizárólag azért szólhat bele a konszenzusszabályokba, mert a bányászok—tudatosan vagy hanyagságból—úgy döntöttek, hogy átadják nekik ezt a hatalmat.[14]

Pair nézőpontja 2016-ban még széles körben elfogadott volt, de mára szinte teljesen eltűnt. Valójában, ha egy újonc ma próbálja megérteni a Bitcoin működését, nagy valószínűséggel a Bitcoin Wiki erre a témára szánt oldalával találkozik, amelynek címe: „A Bitcoint nem a bányászok irányítják." Az olvasók azt az állítást kapják, hogy a Bitcoin szabályait a teljes csomópontok határozzák meg és tartják fenn, nem pedig a bányászok. Az oldal szerint a csomópontok azon képessége, hogy nem frissítik a szoftverüket, elegendő ahhoz, hogy kordában tartsák a bányászokat:

> Ha a bányászok olyan blokkokat hoznak létre, amelyek megszegik a konszenzusszabályokat, akkor minden teljes csomópontot futtató számára úgy fog tűnni, mintha ezek a blokkok soha nem is léteztek volna; ezek a blokkok nem hoznak létre Bitcoint, és nem erősítenek meg tranzakciókat. Mivel a gazdaság nagy része valamilyen módon egy teljes csomópontra támaszkodik a tranzakciók ellenőrzésében, ez megakadályozza, hogy az érvénytelen blokkokat létrehozó bányászok ténylegesen megszegjék a szabályokat bármilyen valós hatékonysággal, még akkor is, ha a bányászok 100%-a így cselekszik...[15]

Ahogy a 6. fejezetben kifejtésre került, ha a bányászok többsége úgy dönt, hogy megváltoztatja a futtatott szoftvert, miközben egyes csomópontok inkompatibilis szoftvert használnak, ezek a csomópontok egyszerűen lecsatlakoznak a hálózatról. A teljes csomópontok önmagukban nem képesek blokkokat létrehozni, és ezért nem tudják önállóan feldolgozni a tranzakciókat sem. A hálózat gond nélkül működhet ezek nélkül a csomópontok nélkül, de bányászok nélkül azonnal megállna. Abszurd azt feltételezni, hogy a Bitcoint úgy tervezték, hogy pincékben futtatott hobbicsomópontok képesek legyenek megakadályozni, hogy a bányászok 100%-a—akik több százmillió dollárt költenek infrastruktúrára—frissítse a szoftverét. Ennek ellenére a cikk továbbra is kitart amellett, hogy a hálózat biztonsága érdekében a legtöbb résztvevőnek saját csomópontot *kell* futtatnia, különben az egész rendszer sebezhetővé válik:

Ha a gazdaság nagy része nem futtat független, teljes csomópontokat, akkor a Bitcoint valaki irányítja. Ha a gazdaság nagy része SPV-stílusú, könnyített csomópontokat használ... akkor a Bitcoint a bányászok irányítják, és ezért nem biztonságos.

Miután megfogalmazza Satoshi filozófiájának ellentétét, a cikk egy újabb abszurditással zárul:

> Mindezek eredményeként nincs „Bitcoin irányítás"; a Bitcoint nem irányítják. Semmilyen személy vagy csoport nem kényszerítheti rá a nézeteit másokra, és még egy bitcoin meghatározása is szubjektív lehet... Ennek a nem-irányításnak az elérése volt a Bitcoin egyik elsődleges motivációja, továbbra is az egyik legnagyobb előnye a hagyományos rendszerekkel szemben, és mind a rendszer maga, mind a Bitcoin-közösség határozottan ellenáll minden olyan kísérletnek, amely ezt a Bitcoin sajátosságát gyengítené.[16]

Senki, aki érti a Bitcoin történetét és hálózati dizájnját, nem állíthatja, hogy az irányítás nélkül létezik. A „nem-irányítás" kifejezés, akárcsak a „digitális arany", nem más, mint egy hangzatos szlogen, amely félrevezeti az embereket a Bitcoin valódi kialakításáról. Az olvasóknak nem kell meglepődniük azon, hogy ezt a Bitcoin Wikiben található cikket – amely azt állítja, hogy a Bitcoin-közösség nevében beszél – ugyanaz a személy írta, aki az összes nagyobb vitaplatform felett ellenőrzést gyakorol: maga Theymos.

18

Hongkongtól New Yorkig

Az a tény, hogy a Bitcoin Core hagyta, hogy a hálózat eljusson
erre a pontra, hihetetlenül hanyag magatartás, és szerintem sokat
elárul a motivációikról és a csapat kompetenciájáról.[1]

—Brian Armstrong, A Coinbase ügyvezetője

2016 elején a hálózati hashráta több mint 90%-a támogatta a
blokkméretkorlát legalább 2 MB-ra történő növelését.[2] Bár a
BitcoinXT nem lett kiválasztva ennek a növelésnek a megvalósí-
tására, gyorsan egy másik megoldás lépett a helyébe. A Gavin Andresen
és Jeff Garzik által vezetett Bitcoin Classic azonnal népszerűséget
szerzett, mint a Bitcoin Core konzervatív alternatívája, mivel csupán 2
MB-ra emelte volna a korlátot. Az XT-hez hasonlóan a Classic is csak
akkor növelte volna a blokkméretkorlátot, ha elérte a hashráta 75%-os
küszöbértékét. Néhány nappal a Classic weboldalának létrehozása után
a hashráta 50%-a már kinyilvánította támogatását az új implementáció
iránt.[3] A Wall Street Journal gyorsan felfigyelt rá:

> Egy másik javaslat, ezúttal Bitcoin Classic néven, emelkedett ki
> az XT/Core-vita romjaiból. Ez egy olyan bitcoin-verzió, amely
> lehetővé tenné a két megabájtos korlátot, és szabályokat vezetne
> be annak idővel történő növelésére. Úgy tűnik, gyorsan nyeri el a
> támogatást.[4]

Annak ellenére, hogy azonnal népszerű lett, nem mindenki volt hajlandó elágazni a Core-tól. A BTCC bányászpool korán szkeptikus volt a Classic-kal kapcsolatban, bár támogatták a blokkméretkorlát növelését. Az volt a preferenciájuk, hogy elkerüljék a vitát azáltal, hogy a Core maga növelje a korlátot:

> Támogatjuk a 2 MB-os növelést, de nem csatlakozunk a Bitcoin Classic támogatásához... Csak azért, mert az emberek egy irányba mozdulnak, még nem jelenti azt, hogy automatikusan csatlakozni kell komoly elemzés nélkül... Az ideális helyzet számunkra az lenne, ha a 2 MB-os növelést a Core hajtaná végre, majd ezt követné a [SegWit].[5]

A „SegWit" a „Segregated Witness" rövidítése, és később kerül kifejtésre.

A stratégia, hogy várjanak a Core-ra a blokkméret növelésével kapcsolatban, nem rendelkezett jó előzményekkel. Eric Voorhees, a rendkívül népszerű Satoshi Dice-játék és a ShapeShift-tőzsde létrehozója kommentálta a BTCC álláspontját, és arra ösztönözte őket, hogy támogassák a Classic-ot – ha másért nem, legalább azért, hogy nyomást gyakoroljanak a Core-ra a kompromisszum érdekében:

> Az egyetlen körülmény, amelyben a Core hajlandó lenne 2 MB-ra növelni a blokkméretet, az az, ha úgy érzik, hogy egy közelgő hard fork fenyeget a Classic vagy valami más irányába. Ha az a célod, hogy a Core hozzáadja a 2 MB-ot, akkor a Classic támogatása valószínűleg a leghatékonyabb út.[6]

2016 februárjának végére úgy tűnt, hogy a nyomás kezd hatni. Hongkongban egy sürgősségi konferenciát szerveztek, amelyen több nagy bányász, vállalat és a Core kulcsfontosságú fejlesztői vettek részt.

A Hongkongi Megállapodás

Az iparág céljai egyértelműek voltak: megtalálni a módját, hogy a Bitcoint méretezni lehessen, elkerülve a közelgő hálózati összeomlást, mindezt anélkül, hogy a közösség darabokra szakadna. A Core-fejlesztők céljai azonban eltértek ettől. Mindenekelőtt meg kellett védeniük a saját állásaikat, mivel az a veszély fenyegette őket, hogy elbocsátják és a Bitcoin Classic fejlesztőivel helyettesítik őket. Ezért ígéretet tettek egy kisebb blokkméretnövelésre, cserébe azért, hogy a bányászok vállalják, hogy kizárólag a Core-szoftvert futtatják. Február 20-án megszületett a megállapodás, amelyet ma „Hongkongi Megállapodás" (HKM) néven ismerünk.[7] A HKM két kulcsfontosságú eleme a következő volt:

1) Egy hard fork frissítés a blokkméretkorlát 2 MB-ra emelésére.
2) Egy soft fork frissítés a SegWit engedélyezésére.

A bányászok vállalása így szólt: „Csak a Bitcoin Core-kompatibilis konszenzusrendszereket fogjuk futtatni, amelyek végül mind a SegWit-et, mind a hard forkot tartalmazni fogják, a belátható jövőben éles környezetben." A megállapodás egy ütemtervet is tartalmazott. A SegWit-et 2016 áprilisában tervezték kiadni, a hard fork kódját júliusban, és a hard fork aktiválását a következő év júliusára ütemezték. Mivel a Classic egy 2 MB-os frissítés volt, és a Core ugyanezt ígérte, a megállapodás vonzóbbá tette a Core támogatását a bányászok számára – ha csak néhány hónapig kitartanak, elérhetik a 2 MB-os méretet minden vita nélkül.

A viszonylag egyszerű blokkméretnöveléssel ellentétben a SegWit egy sokkal bonyolultabb szoftvermódosítás, amely megváltoztatja a tranzakciók felépítését. A SegWit enyhén növeli a tranzakciós áteresztőképességet, de elsődleges célja az, hogy megkönnyítse második rétegű megoldások, például a Lightning Network kiépítését. Jelentős kritikák érték a SegWit-et olyanok részéről, mint Dr. Peter Rizun és mások.[8] A kritikusok rámutattak lehetséges biztonsági gyengeségekre, és mindenki elismeri, hogy a kód komoly „technikai adósságot" hordoz magában – vagyis a szoftver bonyolultságának tartós növekedését. Minél összetettebb a szoftver, annál nehezebb vele dolgozni, és annál több hiba keletkezik elkerülhetetlenül, márpedig a SegWit hatalmas mértékben növelte a komplexitást. Az iparág minden egyes tárcáját újra kellett írni annak érdekében, hogy biztonságosan tudja fogadni a SegWit-tranzakciókat – ez több különböző vállalat részéről is felmerült kifogásként abban az időben.

A kritikák ellenére soha nem volt határozott véleményem a SegWit előnyeiről. Számomra a Bitcoin legfontosabb része az, hogy gyors, olcsó és megbízható tranzakciókat biztosítson, amelyeket harmadik fél nem cenzúrázhat. Ha a SegWit növeli ezeket a tulajdonságokat, akkor jó ötlet. Ha ront rajtuk, akkor rossz ötlet. Önmagában azonban nem elegendő a tranzakciós áteresztőképesség érdemi növeléséhez. Azonban a 2016-os helyzet sürgősségét figyelembe véve elfogadható kompromisszumnak tűnt egy blokkméretkorlát-növelés elérése anélkül, hogy a hálózat kettészakadna – feltéve, hogy a Core betartja az ígéreteit.

Bár a HKM nem kapott egyhangú támogatást, több kulcsfontosságú szereplő aláírta, akik a bányászatban érintettek voltak, köztük az AntPool, a Bitmain, a BTCC és az F2Pool, amelyek a teljes hashráta jelentős százalékát képviselték. Néhány kriptovaluta-tőzsde is csatlakozott az aláírókhoz. Öt Core-fejlesztő is aláírta a megállapodást, valamint a Blockstream vezérigazgatója, Adam Back. Brian Armstrong viszont jelentős kritikusa volt a megállapodásnak, és Hongkongból visszatérve meg volt győződve arról, hogy a Bitcoin Core-t a lehető leghamarabb le kell váltani. Nem sokkal a konferencián való részvétele után cikket írt, amelyben figyelmeztetett „arra a rendszerszintű kockázatra, hogy a protokollon egyedül a Core csapata dolgozik", és sürgette az átállást a Bitcoin Classic-ra:

> Kommunikálnunk kell a kínai bányászokkal erről a frissítési útvonalról. Félrevezették őket, hogy elhiggyék, csak 4–5 ember a világon képes biztonságosan dolgozni a Bitcoin-protokollon, miközben valójában ez a csoport jelenti a legnagyobb kockázatot az üzletük számára...
>
> A BitcoinClassic-ra való frissítés nem jelenti azt, hogy örökre a Classic-csapatnál kell maradnunk, egyszerűen ez a legjobb lehetőség a kockázat mérséklésére jelenleg. A jövőben bármelyik csapat kódját használhatjuk.

A cikk megerősítette annak fontosságát is, hogy több szoftveres implementáció létezzen a Bitcoin egészségének megőrzése és a fejlesztői kontroll elkerülése érdekében:

Általános véleményem (amelyet a múlt hétvégi kerekasztal-beszélgetésen is kifejtettem), hogy a Bitcoin sokkal sikeresebb lesz, ha egy többszereplős rendszer dolgozik a protokoll fejlesztésén, nem pedig egyetlen csapat, amely a fent említett korlátokkal rendelkezik. Szerintem ezt meg tudjuk valósítani. Sőt, meg kell valósítanunk...Hosszú távon egy új csapatot kell létrehoznunk a Bitcoin-protokoll fejlesztésére. Egy olyan csapatot, amely nyitott az új fejlesztők közösségbe való befogadására, hajlandó ésszerű kompromisszumokat kötni, és segíteni fogja a protokoll folyamatos méretezését.[9]

A Hongkongi Megállapodás nem tántorította el a rosszindulatú szereplőket attól, hogy célba vegyék a Bitcoin Classic-csomópontokat, ahogyan korábban a BitcoinXT esetében is tették. Egy újabb hullámnyi DDoS-támadás sújtotta mindazokat, akik a Core alternatíváit futtatták, és az online fórumok ismét megteltek az ilyen támadásokról szóló beszámolókkal. A Blocky.com jelentette:

A jelenlegi támadás a legújabb bizonyítéka annak, hogy egy egyszerű nézeteltérés a skálázhatóságról káoszba torkollott, és felszínre hozta a közösségünkben meglévő bűnözői elemeket. A vita azt a javaslatot követte, hogy sürgősségi intézkedésként növeljék a kapacitást 2 MB-ra, hogy enyhítsék a tranzakciókra nehezedő nyomást, mivel azok jelenleg maximális kapacitáson működnek, és a blokkok megteltek.[10]

A Bitcoin.com-ot is támadás érte, aminek következtében az internet-szolgáltatónk több órára leállította egyik szerverünket. Akkori CTO-nk, Emil Oldenburg, írt a támadás mögött álló motivációról:

A támadás célja, hogy megfélemlítsen mindenkit, aki a Bitcoin Classic-ot futtatja. Ugyanez a módszer volt megfigyelhető a Bitcoin XT esetében is. Mindez egy olyan időszakban történik, amikor a bányászok elkezdtek Bitcoin Classic-blokkokat bányászni, és már most sokkal nagyobb támogatást élvez, mint az XT valaha.

Valaki vagy valakik DDoS-támadásokat vásárolnak a Classic ellen, hogy megakadályozzák a Classic-csomópontok és -blokkok terjedését. Néhány Core-fejlesztő, valamint Adam Back kijelentette, hogy „a Bitcoin nem demokrácia". Bár ez a leírás helytálló a jelenlegi irányítási modellre nézve, a cenzúrával, karaktergyilkosságokkal, a pártvonallal egyet nem értők elleni támadásokkal és a szabad választás szabotálásával ez a jelenlegi irányítás inkább Észak-Koreához hasonlít.[11]

A CoinTelegraph magazin beszámolt arról, hogy az F2Pool, egy kínai bányászpool, amely a Bitcoin teljes hashráta több mint egynegyedét adta, azonnal támadás alá került, miután engedélyezte bányászainak a Classic futtatását:

> A támadások szinte azonnal célba vették az F2Pool Bitcoin-bányászpoolt, miután az F2Pool csapata bejelentette döntését, hogy „tesztelik" a Bitcoin Classic-ot egy alpool indításával, amelyben a bányászok Bitcoin Classic-blokkokat bányászhatnak.[12]

Ismét bebizonyosodott, hogy a támadások rendkívül hatékonyak voltak. A Bitcoin Classic 2016 márciusának közepén érte el legnagyobb támogatottságát, majd gyors hanyatlásnak indult.

Bitcoin Classic Nodes
Jan 17, 2016 – Dec 31, 2016

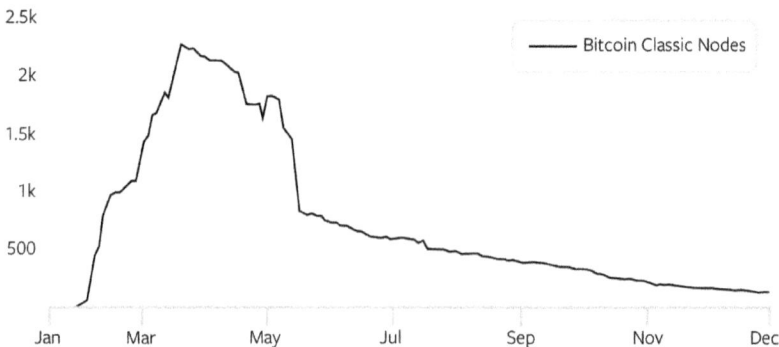

6. Ábra: Az akív Bitcoin Classic-csomópontok száma[13]

Nem nehéz megérteni, miért történt ez. A Bitcoin Classic futtatása ellentmondásos volt, és azzal a kockázattal járt, hogy kettészakítja a hálózatot, ráadásul nyílt meghívásként szolgált a DDoS-támadások számára. Emellett a Classic csak 2 MB-os blokkokra frissített, amit a Core már megígért a HKM során. Ezért a bányászok jelentős része számára a Core-ban való bizalom biztonságosabb választásnak tűnt. Sajnos azonban ez a bizalom tévesnek bizonyult, és Brian Armstrong kritikái előrelátónak bizonyultak. A Core-fejlesztők mind a SegWit-frissítés, mind a blokkméretnövelés határidejét elmulasztották. Nem tartották be a HKM-et, és a blokkok továbbra is egyre jobban megteltek.

Szigorúbb információszabályozás

Közben dúlt a harc a Bitcoin uralkodó narratívájának ellenőrzéséért. Az elharapódzó cenzúra nem volt a legszélsőségesebb alkalmazott taktika. A kulcsfontosságú információs weboldalak tulajdonosai még merészebbé váltak. 2016 júliusában a Bitcoin.org tulajdonosa, „Cobra" előállt egy ötlettel: talán meg lehetne akadályozni az újonnan érkezőket abban, hogy megismerjék a Bitcoin eredeti dizájnját azáltal, *hogy megváltoztatják a whitepaper tartalmát:*

> Észrevettem, hogy a Bitcoin whitepaper... egyre nagyobb forgalmat kap... Szinte minden olvasó valószínűleg először találkozik vele, és tanulási forrásként használja. Mivel azonban a dokumentum már elavult, úgy gondolom, hogy már nem végzi megfelelően a feladatát abban, hogy szilárd megértést nyújtson az embereknek a Bitcoinról...

> Úgy érzem, hogy a whitepaperben leírt Bitcoin és a bitcoin. org-on bemutatott Bitcoin kezd eltérni egymástól. Egy ponton úgy gondolom, hogy a whitepaper több kárt fog okozni, mint hasznot, mert félrevezeti az embereket, és elhiteti velük, hogy értik a Bitcoint.

Cobra ezután egy rendkívüli állítást tesz: szerinte a whitepaper nem arra szolgál, hogy Satoshi eredeti dizájnját magyarázza, hanem arra, hogy bemutassa, hogyan működik a jelenlegi Bitcoin Core-szoftver:

> Láttam, hogy emberek mérgező és őrült ötleteket népszerűsítenek, majd a whitepaper bizonyos részeit idézik ezek igazolására. Az akadémikusok is rendszeresen hivatkoznak a dokumentumra, és érvelésüket részben erre az elavult anyagra alapozzák...
>
> Úgy hiszem, hogy a whitepaper mindig is arra szolgált, hogy magas szintű áttekintést nyújtson az aktuális referenciamegvalósításról, ezért most, hogy a dokumentum elavult és a referenciamegvalósítás jelentősen megváltozott 2009 óta, frissítenünk kellene azt.[14]

Cobra logikája szerint, még ha a Core-fejlesztők radikálisan megváltoztatnák a kódot, teljesen eltávolodva az eredeti Bitcointól, a whitepapernek akkor is tükröznie kellene ezeket a változásokat. Theymos azonnal hozzászólt a témához, és egyetértett abban, hogy a whitepaper félrevezeti az embereket:

> Érdekes javaslat. A whitepaper kétségtelenül elavult, és gyakran látom, hogy emberek azt mondják: „csak olvasd el a whitepaper-t!", mintha az még mindig egy jó módja lenne a Bitcoin megismerésének...[15]

Szerencsére ez a javaslat elegendő ellenállásba ütközött ahhoz, hogy megakadályozza a változtatást, bár ez nem akadályozta meg őket abban, hogy a jövőben újra megpróbálják. Theymos később egy másik meghökkentő javaslattal állt elő: a vállalatoknak kötelezően hűséget kellene esküdniük a kisblokkokat támogató narratívára ahhoz, hogy termékeik megjelenhessenek a Bitcoin.org weboldalon:

> [T]öbb vállalat is azt állította, hogy a bányászok irányítják a Bitcoint. Ez a meggyőződés az egyik legveszélyesebb fenyegetést jelenti a Bitcoin számára... Gondolkodtam azon, hogy a bitcoin.org-nak valamilyen módon határozottabban fel kellene lépnie ez ellen, mint ahogyan eddig tette. Például talán előírhatnánk, hogy a tárcák

és szolgáltatások írjanak alá egy nagyon egyszerű nyilatkozatot, amely elismeri, hogy a Bitcoint nem a bányászok irányítják, annak érdekében, hogy linkelve lehessenek a bitcoin.org-on.[16]

Cobra is hozzászólt, ismét bírálva a whitepaper-t, és annak felülvizsgálatát vagy teljes lecserélését sürgetve:

> A whitepaper okolható minden ezekhez a veszélyes nézetekhez vezető félreértésért. Komolyan át kell írnunk, vagy teljesen új whitepaper-t kell készítenünk, és azt kellene a Bitcoin whitepapernek nevezni.[17]

Ezek az idézetek megdöbbentőek a merészségükkel. Két ismeretlen személy, akik a Bitcoin legjelentősebb weboldalait irányítják, készségesen cenzúráznak, propagandát terjesztenek, sőt még a történelmet is hajlandóak átírni, hogy a saját narratívájukat érvényesítsék. Az átlagos felhasználó még csak nem is tud Theymos és Cobra létezéséről, nemhogy arról a történetről, hogyan terjesztettek egy olyan Bitcoin-verziót, amely teljesen ellentétes az eredetivel. Még azok a neves befektetők sem tudnak erről, akikkel privátban beszéltem, mivel jelentős önálló kutatást vagy hosszú távú iparági részvételt igényel ennek a felismerése.

BU, NYA, S2X és más rövidítések

2016 eltelt anélkül, hogy a SegWit vagy a blokkméretnövelés megvalósult volna, és a következő év a Bitcoin történetének legőrültebb időszaka lett. 2017 januárjában a blokkok rendszeresen 90% feletti kapacitáson futottak, időnként elérve az 1 MB-os korlátot, és márciusra az átlagos tranzakciós díj átlépte az 1 dollárt – kevesebb mint egy év alatt több mint 1 000%-os növekedést mutatva. A korai Bitcoin-vállalkozó, Charlie Shrem így írt:

> Ha nem vezetjük be a nagyobb blokkokat mielőbb, a PayPal olcsóbb lesz, mint a #bitcoin. Már most is néhány dollárt fizetek tranzakciónként. Ne akadályozzátok a növekedést.[18]

A következő alternatív megvalósítás kezdett lendületet venni. A Bitcoin Unlimited (BU) csapata azt szerette volna, hogy a hardkódolt blokkméretkorlátot egy „emergent consensus" nevű mechanizmussal helyettesítsék. Az alapötlet egyszerű volt: lehetővé tenni a bányászok és csomópontok számára, hogy saját maguk határozzák meg a blokkméretkorlátot anélkül, hogy bárki jóváhagyására lenne szükségük. Úgy vélték, hogy a gazdasági ösztönzők önmagukban is elég erősek ahhoz, hogy a hálózat összehangoltan és megfelelően működjön. Egyetértettem az elemzésükkel.

Annak ellenére, hogy 2017 elején lendületet vett, a Bitcoin Unlimited (BU) a szokásos szereplők gyűlöletének célpontjává vált, és támadásoknak volt kitéve. A Redditen több anonim felhasználó is megosztotta szándékát, hogy minden fellelhető hibát kihasználjon a lehető legnagyobb hatás érdekében.[19] Sikerrel jártak, és március közepén egy összehangolt támadás során a Bitcoin Unlimited-csomópontok több mint felét sikeresen kiiktatták. Maga a hiba nem okozott jelentős károkat, azonban kritikus időszakban rontotta a BU-fejlesztők hírnevét. A támadásokról beszámoló Bloomberg-cikk így írt:

> Bár a kihasznált sebezhetőséget gyorsan kijavították, ez megerősítette a kritikusok álláspontját, miszerint az Unlimited fejlesztői nem rendelkeznek a szükséges tapasztalattal ahhoz, hogy megoldják a Bitcoin bonyolult torlódási problémáját. Az elmúlt hetekben az Unlimited befolyásos bányászok támogatását nyerte el, mivel néhányan úgy döntöttek, hogy feladják a közösségi konszenzus elérésére tett erőfeszítéseiket több mint két évnyi vita után. A hiba azonban bizonytalanságot keltett abban, hogy a bányászok kitartanak-e a támogatásuk mellett.[20]

A dráma közepette a BTC piaci részesedése is zuhanni kezdett. Az év elején a BTC a teljes kriptovalutapiaci kapitalizáció körülbelül 87%-át birtokolta. Májusra azonban ez az arány 50% alá zuhant. A Bitcoin-iparág végre kezdte megérezni a skálázás éveken át tartó halogatásának következményeit. Ezért újabb konferenciát szerveztek, ezúttal New Yorkban. A legnagyobb gazdasági szereplőket hívták meg, valamint a Core kulcsfontosságú fejlesztőit.

Gyorsan megszületett egy megállapodás – egy konzervatív változat, amely hasonlított a korábban elfogadott HKM-hoz. A SegWit aktiválása egy 80%-os bányászküszöbhöz lett kötve, és a 2 MB-os blokkméretnövelésnek hat hónapon belül kellett volna megtörténnie. Ezt a megállapodást később New York-i Megállapodásként (NYM) ismerték meg. Híresen, az összes Core-fejlesztő megtagadta a konferencián való részvételt, így az iparágnak saját maga kellett megállapodásra jutnia. Az én cégem, a Bitcoin.com is aláírta az NYM-et, bár személyesen nem tudtam részt venni. Ha ott lettem volna, elleneztem volna a terv egyik kirívó problémáját: a blokkméretnövelés csak a SegWit aktiválása után lett volna végrehajtva. Mi lett volna, ha a SegWit elfogadása után egy újabb kampányt szerveznek, hogy minden Core-alternatívát támadjanak? Vajon a bányászok végre elkötelezték volna magukat egy alternatív implementáció mellett? Ez egy hatalmas szerencsejáték volt, amely végül hatalmas baklövésnek bizonyult.

A New York-i Megállapodást 22 különböző országból 58 vállalat írta alá, amelyek a hashráta 83%-át, havi több mint 5 milliárd dollárnyi on-chain tranzakciós volument és több mint 20 millió Bitcoin-tárcát képviseltek.[21] A támogatás annyira általános volt, hogy még a Core és a SegWit prominens kritikusai is csatlakoztak. Például a ViaBTC-bányászpool egy hónappal korábban egy éles hangvételű cikket tett közzé, amelyben kifejtették, miért nem támogatják a SegWit-et mint skálázási megoldást. Így írták:

> A hálózati kapacitás most a Bitcoin legégetőbb problémája... A SegWit, amely egy soft fork megoldás a módosíthatósági problémára, nem képes megoldani a kapacitásproblémát... Még ha a SegWit aktiválása után kissé növelni is tudja a blokkméretet az új tranzakciós formátumokkal, még mindig messze elmarad a Bitcoin-hálózat fejlődésével szembeni igényektől.
>
> A második rétegű hálózatok, mint például a Lightning Network (amely a SegWit-re támaszkodik), nem tekinthetők

blokkméretnövelési megoldásnak. Az LN-tranzakciók NEM egyenértékűek a Bitcoin peer-to-peer on-chain tranzakcióival, és a legtöbb Bitcoin-felhasználási eset nem alkalmazható a Lightning Networkkel. Az LN ráadásul nagy fizetési „központokhoz" vezet majd, ami ellentétes a Bitcoin eredeti, peer-to-peer fizetési rendszerként való tervezésével. Bizonyos esetekben jó módszer lehet a gyakori és kis összegű Bitcoin-tranzakciók lebonyolítására, de nem támaszkodhatunk rá a Bitcoin skálázási problémájának megoldásaként.

A cikkük ezután kifejti, hogy a SegWit hogyan fogja megerősíteni a Core dominanciáját a Bitcoin-protokoll felett:

> A Bitcoin referenciamegvalósításaként a Bitcoin Core jelentős befolyással bírt a közösségben. Azonban ez a befolyás már régóta túlértékelt a tetteik alapján. Korábbi hatalmukat kihasználva megakadályozták a Bitcoin blokkméretének növelését, a közösség akaratával szemben.
>
> A Core-csapat bizonyos esetekben kifejezetten támogatta a Bitcoin főbb fórumainak cenzúrázását, valamint számos neves fejlesztő, vállalkozás és közösségi tag kitiltását, akik eltérő véleményt képviseltek a Core jelenlegi ütemtervével kapcsolatban. Ma a Bitcoin sürgősen diverzifikált fejlesztői csapatokra és különböző megvalósításokra van szüksége, hogy a Bitcoin fejlesztése valóban decentralizálttá válhasson.
>
> Ha a SegWit aktiválásra kerül, a Bitcoin kénytelen lesz követni a Core jelenlegi ütemtervét az elkövetkező években, ami tovább fokozza egy alkalmatlan fejlesztői csapat hatásait a Bitcoin-közösségre, és kizárja annak lehetőségét, hogy a Bitcoin több irányban is fejlődhessen.[22]

Mindezek ellenére, erős kritikájuk dacára, mégis aláírták az NYM-et, hogy megpróbálják egyben tartani a közösséget ugyanazon érme körül, és megőrizzék a nehezen megszerzett hálózati hatásokat. 2017 júniusára a tranzakciós díjak tovább emelkedtek, átlagosan 5 dollár fölé – ami már több mint 5 000%-os növekedést jelentett az előző évhez képest:

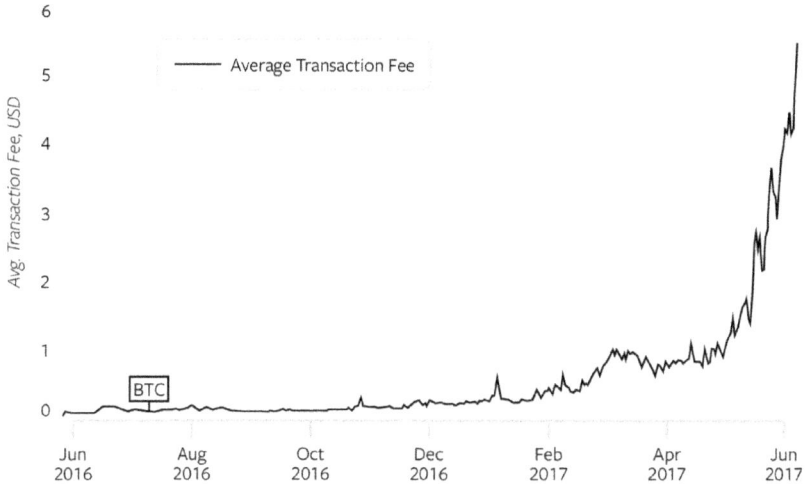

7. ábra: Átlag BTC-tranzakciós jutalék 2016. június – 2017. június

A BTC relatív piaci kapitalizációja új mélypontra, 38%-ra esett, mivel egyre többen választottak alternatív láncokat, például az Ethereumot, amely jobb teljesítményt kínált. Az iparág túlnyomó többsége egyetértett abban, hogy a Bitcoin kapacitásának bővítése sürgető, de a Bitcoin Core fejlesztői teljes mértékben elutasították a blokkméretkorlát növelését. Ezért más fejlesztőknek kellett lépniük, és egy másik szoftverrepozitóriumban kellett megvalósítaniuk a változtatást. Jeff Garzikot választották az új projekt vezető fejlesztőjének, és a kód, amelyen dolgozott, a „SegWit2x" vagy „S2X" nevet kapta.

Ismét fennállt a veszély, hogy a Core-t félreállítják. Ha a bányászok többsége, a SegWit2x-et futtatva, egy 1 MB-nál nagyobb blokkot hozott volna létre, a Core-t futtató bányászok elágaztak volna a hálózatról. Talán még ennél is fontosabb volt, hogy a Bitcoin kódjának irányítása végre kikerült volna a Core kezéből. Ezért újabb kampány indult mindenki lejáratására, aki támogatta a SegWit2x-et, amely csupán a HKM-et és az NYM-et tükröző kód volt. Greg Maxwell így írt:

[N]éhány jó szándékú idióta néhány hónappal ezelőtt elment Kínába, hogy tanuljon és oktasson a problémákról, és sikerült úgy belekeveredniük a helyzetbe, hogy egy szobába zárva tartották őket hajnali 3-4 óráig, amíg személyesen bele nem egyeztek abba, hogy a SegWit után egy hard forkot javasoljanak.[23]

A fórumfelhasználó, httpagent, kommentálta a Core ellenségességét mindenki felé, aki kívül állt a belső körükön:

Észrevettem, hogy a [Bitcoin] Core nemrég egy „tudatlansági" stratégiát vett fel – alapvetően az a hozzáállás, hogy a közösség tagjai azt állítják, hogy mindenki, aki nem része a Core fejlesztői csapatának, naiv, és nincs érvényes álláspontja a Bitcoin jövőjéről szóló vitában.[24]

2017 hátralévő része végül egy összecsapássá vált a Blockstream/ Core és az iparág többi szereplője között. Bár évekig azt hangoztatták – az egység nevében –, hogy a forkot mindenáron el kell kerülni, a Core támogatói bebizonyították, hogy valójában nem állt szándékukban együttműködni. Amikor elérkezett az idő, készen álltak arra, hogy megosszák a közösséget, és bármilyen eszközzel támadják ellenfeleiket.

19

Az őrült kalaposok

A mikor a Bitcoin Core kiadta a SegWit-kódját, 95%-os hashráta-támogatást követelt meg az aktiválásához, mielőtt az bevezetésre kerülhetett volna—lényegében vétójogot adva az 5%-os kisebbségnek a bányászok között. A Core-t erősen kritizálták azért, mert ezt a küszöböt túl magasra állította, mivel, ha elegendő bányász ellenezte, akkor határozatlan időre blokkolhatták a SegWit aktiválását. Emiatt a szükséges százalékot a NYM-mel 80%-ra csökkentették. Azonban még az NYM előtt kidolgoztak egy másik tervet annak érdekében, hogy a bányászokat rákényszerítsék a SegWit elfogadására.

Önmaguk ellenségei

A ShaolinFry álnéven ismert fejlesztő 2017 februárjában bejelentette az „User-Activated Soft-Fork" (UASF) ötletét,[1] bár a terv kezdetben nem kapott nagy figyelmet. Az UASF egy kísérlet volt arra, hogy nyíltan kihívást intézzen a bányászok hatalma ellen azzal, hogy azzal fenyegetett, hogy megzavarja a hálózatot, ha a SegWit-et nem fogadják el gyorsan.[2] Az UASF-kódot futtató csomópontok elutasították volna azokat a blokkokat, amelyek nem jelezték a SegWit aktiválását. Ezért, ha a bányászok olyan blokkokat hoztak volna létre, amelyek nem kompatibilisek az UASF-kóddal, akkor ezek a csomópontok végül leváltak volna a hálózatról. Bár ez nyilvánvalóan rossz ötletnek tűnik, elméletileg problémát okozhatott volna, ha elegendő gazdasági befolyással rendelkező csomópontot sikerült volna rávenniük a kód futtatására—például tőzsdék, fizetési szolgáltatók vagy tárcaszolgáltatók révén. A felhasználók így a bányászok többségétől eltérő blokkláncra kerülhettek volna anélkül, hogy erről tudtak vagy beleegyeztek volna, ami potenciálisan pénzvesztést vagy sikertelen tranzakciókat eredményezhetett volna.

Az UASF tervezői gazdasági ösztönzőkre próbáltak hivatkozni, hogy lendületet adjanak az ötletüknek. A hálózati zavarok által okozott lehetséges kellemetlenségeken túl azt is állították, hogy a bányászok nagyobb nyereséget érhetnének el a SegWit elfogadásával, mivel az új tranzakciótípusokat tett lehetővé. Díjakat lehetett volna szerezni mind az eredeti formátumú, mind az új típusú tranzakciókból. A cél az volt, hogy a SegWit azonnali elfogadása legyen a bányászok számára a legegyszerűbb út, mivel egyébként is tervezték annak bevezetését.

Az UASF-nek és támogatóinak számos ellenzője volt. Az OB1 társalapítója, Dr. Washington Sanchez azt állította, hogy az „UASF egy elegáns elnevezése a Sybil-támadásnak."[3] A Sybil-támadás olyan helyzet, amikor a hálózat résztvevői nem tudják megkülönböztetni a megbízható és a megbízhatatlan szereplőket. Mivel a Bitcoin-csomópontok létrehozása egyszerű, elméletileg lehetséges elárasztani a hálózatot hamis csomópontokkal, hogy megnehezítsék a valódi szereplők kapcsolatfelvételét egymással. Ironikus módon a Bitcoin-munkabizonyíték (proof-of-work) követelménye éppen azért lett kialakítva, hogy megvédje a rendszert a Sybil-támadásokkal szemben. A csomópontok létrehozása olcsó és könnyű, de a bányászat nem az. A munkabizonyíték megkövetelése miatt a hálózat elleni támadás költsége exponenciálisan megnő, és ez a magas költség teszi lehetővé, hogy a megbízható szereplők felismerjék egymást. Az UASF ezt a védelmet próbálta megkerülni azzal, hogy azzal fenyegetett, hogy leválasztja a gazdaságilag releváns csomópontokat a hálózatról.

Bányászok kontra teljes csomópontok

Az UASF koncepciójának több kritikus problémája is van. A legfontosabb, hogy a Bitcoin felépítése miatt továbbra is szükség van a bányászok részvételére. Még ha az UASF-csomópontok sikeresen is leváltak volna a fő hálózatról, bányászok együttműködése nélkül a láncuk nem tudott volna új blokkokat létrehozni, így az azonnal használhatatlanná vált volna. Ha magukkal vitték volna a hashráta 5%-át, a láncuk csak a normál blokklétrehozási sebesség 5%-án működött volna—azaz a tízperces átlagos blokkidő helyett egy blokk létrehozása 200 percet vett volna igénybe. Emellett ki lettek volna téve az úgynevezett „51%-os támadásoknak." Egy 51%-os támadás során a hashráta többsége rosszindulatú vagy tisztességtelen szereplők kezébe kerül, és ez megbéníthat egy blokkláncot. Ha az UASF támogatói a hashráta 5%-át egy új láncra vitték volna, az azt jelentette volna, hogy a hashráta 95%-a a BTC-hálózaton marad. Ez azt is jelentette volna, hogy mindössze további 6% bányász átállása elég lett volna ahhoz, hogy támadást hajtsanak végre az UASF-lánc ellen. Ebben az esetben a teljes hashráta 89%-a maradt volna a BTC-hálózaton, míg 11% került volna az UASF-láncra. Ebből az 11%-ból több mint a fele ellenséges lett volna, és képes lett volna komoly károkat okozni. A nap végén Satoshi terve szerint a bányászok határozzák meg, hogy a blokklánc működőképes-e vagy sem.

Bár az UASF koncepciója hibás lehetett, mégis felvetett egy fontos kérdést: a bányászok csatlakoznak egy teljes csomópontokból álló hálózathoz, vagy a teljes csomópontok csatlakoznak egy bányászhálózathoz? Szerencsére a válasz: „mindkettő." Míg a bányászok alkotják a Bitcoin technikai gerincét, nem működnek függetlenül a szélesebb gazdasági hálózattól. A bányászok továbbra is nyereségorientáltak, ami azt jelenti, hogy figyelembe kell venniük más szereplők igényeit is. Nem erőltethetnek át változtatásokat anélkül, hogy ne veszélyeztetnék az általuk bányászott érme hitelességét (és árfolyamát). Ugyanakkor a kisebbségi véleményekkel való túlzott törődés hosszú távon szintén kontraproduktív lehet, különösen, ha megakadályozza a blokklánc skálázódását.

Az UASF kezdetben nem kapott lendületet, de végül támogatókat szerzett, miután a legszélsőségesebb kisblokkméret-pártiak felkarolták az ügyet, például Samson Mow, a Blockstream CSO-ja, és Luke Dashjr, a Blockstream egyik alvállalkozója. Mow egy nyilvános adománygyűjtést szervezett a legjobb UASF-javaslat támogatására,[4] és az elkövetkező hónapokban az UASF támogatottsága nőtt, különösen a közösségi médiában, bár soha nem volt egyértelmű, hogy a támogatás mennyire volt valós vagy mesterségesen generált. A Twitteren például több száz fiók özönlötte el a Bitcoinról szóló nyilvános vitákat, agresszívan népszerűsítve az UASF ötletét. Feltűnően sok ilyen fiók újonnan létrehozott volt, rajzfilmprofilképet használt, alig volt követője, és látszólag kizárólag a Bitcoinról alkotott erős véleményét osztotta meg—mindezt napi több órán át, hónapokon keresztül. Ezzel szemben a valós találkozókon és konferenciákon egyetlen csoportban soha nem volt több mint néhány UASF-támogató, annak ellenére, hogy az online jelenlétük hangos volt. Gyorsan hírnevet szereztek maguknak mint a konferenciák legellenségesebb és legzavaróbb Bitcoin-hívei, és könnyen felismerhetőek voltak az egységes terepszínű sapkáikról, amelyeken a „UASF" felirat szerepelt, és amelyeket a Blockstream gyártott.

Végül néhány vállalat, például a BitFury és a Samurai Wallet is támogatást mutatott az UASF iránt, de a mozgalom soha nem érte el a kritikus tömeget—és nem is volt rá szüksége. A bányászok egyszerűen felgyorsították a SegWit elfogadásának ütemtervét az NYM részeként. A SegWit aktiválását 2017 augusztusának végére ütemezték, míg a kétszeres blokkméretnövelést ugyanazon év novemberére tervezték.

A SegWit és az UASF körüli dráma azonban egy másik következménnyel is járt. Ösztönzött egy csoport bányászt arra, hogy végre létrehozzanak egy vészforgatókönyvet. Ha a SegWit rossz ötletnek bizonyult volna, vagy ha az elfogadása láncszakadást okozott volna, vagy ha a kétszeres blokkméretnövelés nem valósult volna meg, szükség lett volna egy B tervre. Ezért létrehoztak egy alternatív megvalósítást, amely lehetővé tette, hogy biztonságosan leváljanak a BTC-ről, és egy külön láncot hozzanak létre SegWit nélkül, azonnali 8 MB-os blokkméretnöveléssel. Ezt az implementációt Bitcoin ABC-nek nevezték el—az „ABC" az „adjustable blocksize cap" (állítható blokkméretkorlát) rövidítése volt, amely lehetővé tette a bányászok számára, hogy saját határokat állítsanak be anélkül, hogy ehhez fejlesztői jóváhagyásra lenne szükségük. A Bitcoin ABC egy új hálózatot hozott létre, és ezzel egy új érmét is, amelyet Bitcoin Cash-nek neveztek el. Így indult a BCH, nem azzal a céllal, hogy azonnal felváltsa a BTC-t, hanem mint a legnagyobb bányászok vészforgatókönyve arra az esetre, ha a BTC frissítései kudarcot vallanának. Később kiderült, hogy ez jó ötlet volt.

A „Bitcoin ellenségei"

Szinte azonnal a SegWit aktiválása után egy új kampány lépett az UASF helyére. Közösségimédia-mérnökök, információkontrollerek és a Blockstream prominens alkalmazottai elkezdték népszerűsíteni a „NO2X" mozgalmat—elutasítva a SegWit2x „2X" részét, és megtartva a blokkméretkorlátot 1 MB-on. Nem kis feladat várt rájuk, mivel szinte minden nagyobb vállalat továbbra is a 2X frissítést tervezte, és a bányászok jelzései 90% fölé emelkedtek. Az iparági szereplők szinte egyöntetű támogatását „vállalati hatalomátvételként" próbálták befeketíteni, ami igencsak ironikus volt, hiszen maga az NYM éppen azért jött létre, hogy ellensúlyozza a Blockstream céges befolyását a Core fejlesztői felett. Adam Back szerint:

> [A]zok az emberek, akik vállalati hatalomátvétellel akarják irányításuk alá vonni a Bitcoint, szembemennek a Bitcoin szellemiségével, és magával a Bitcoinnal is; ők a Bitcoin ellenségei.[5]

A Core-fejlesztő btcdrak visszhangozta ezt a nézetet, és azt állította, hogy a SegWit2x valójában még tovább centralizálná a Bitcoin fejlesztését:

> Teljesen megdöbbent ez a javaslat technikai, etikai szempontból, valamint az alkalmazott folyamat miatt… Annak ellenére, hogy oly sok szó esik az „alternatív megvalósítások" fontosságáról, hogyan

segíti ez a meggondolatlan és elhamarkodott lépés a többféle megvalósítást támogató ökoszisztéma kialakulását? A gyors frissítések ösztönzésével valójában még inkább centralizáljátok az ökoszisztémát.[6]

A 2X fejlesztés megakadályozására tett erőfeszítés—és ezzel a Core megkerülése—előre megjósolható volt azok számára, akik ismerték a kisblokkméret-párti frakció agresszív taktikáit. A témát cenzúrázatlan fórumokon vitatták meg, és egyesek azt állították, hogy annak feltételezése, miszerint a hard fork soha nem fog megtörténni, egyfajta összeesküvés-elmélethez hasonlít. A felhasználó jessquit erre a gondolatra így reagált:

> Hol lehet beszerezni azt a szert, amit te használsz, és ami teljesen elfeledteti veled az elmúlt N év összes megszegett ígéretét, amelyeket rosszindulatú szereplők tettek ebben a térben? Mert egyértelműen képes vagy teljesen kizárni az összes eddigi történést, és hagyni, hogy a képzeleted elragadjon... [L]ehetséges, hogy a SW2X a tervek szerint halad, eléri a 80% feletti aktiválási küszöböt, majd végigmegy a hard forkon? Igen, ez határozottan lehetséges. Ehhez azonban elképesztő mértékű hitetlenségfelfüggesztésre van szükség.[7] Egy másik felhasználó is közbeszólt, egyetértve:

> Nem hiszem, hogy a Blockstream és a Core őszinte lesz, nem bizonyították ezt már a hongkongi megállapodással? Nyíltan megszegték egy korábbi egyezségüket, igaz? Ez olyan, mint a mondás: egyszer becsapsz, szégyen rád, ha másodszor is becsapsz... akkor megérdemeltem.[7]

Egy különösen tisztességtelen taktika az volt, hogy azt állították, a SegWit-frissítés blokkméretnövekedésnek számít, ezzel azt sugallva, hogy a Core már teljesítette a Hongkongi Megállapodásban tett ígéretét. Samson Mow ezt a narratívát indította el a Twitteren egy rövid párbeszéddel:

A SegWit aktiválása végleg lezárná az érzékelt Bitcoin „polgárháborút" és a hálózat szétválásával fenyegető hard fork veszélyét.[8]

Edmund Edgar kétkedve reagált:

Amit ezzel valójában mondanak, az az, hogy amint megkapják a SegWit-et, soha nem lesz többé blokkméretnövelés.[9]

Erre Mow így válaszolt, állítva:

A SegWit blokkméretnövekedés. Bizonyítsd be, hogy nem az.[10]

Ezt az állítást szégyentelenül ismételgették a szokásos szereplők, köztük Adam Back,[11] Peter Todd,[12] Greg Maxwell,[13] Eric Lombrozo,[14] sőt még a segwit.org weboldalon is.[15] Azért tehették ezt az állítást, mert a SegWit átalakította a tranzakciók struktúráját. A technikai részletek nem lényegesek, de ezt úgy érték el, hogy a „blokkméret" mérőszámát „blokksúlyra" változtatták, lényegében eltérő módon súlyozva a tranzakciók különböző részeit. Ezzel az új számítási módszerrel a blokkok tényleges mérete valamivel 1 MB fölé növekedhetett—az átlag jelenleg 1,3 MB—, de anélkül, hogy a tranzakciófeldolgozási kapacitás jelentősen nőtt volna. Azt állítani, hogy ez 2 MB-os blokkméretnövekedésnek minősült, félrevezető volt—mintha a SegWit2x támogatói pusztán azt szerették volna, hogy a blokkok több adatot tartalmazzanak, függetlenül attól, hogy ez lehetővé tette-e több tranzakció feldolgozását blokkonként. A „blokksúly" metrikát alkalmazva a SegWit2x egy 8 MB-os blokksúlykorlátot eredményezett volna, bár a tényleges tranzakcióátviteli kapacitás nagyjából egy 2 MB-os blokkméretkorlátnak felelt volna meg. A SegWit önmagában csak az iparág által a Hongkongi és New York-i Megállapodások után tervezett kapacitás 50%-át biztosította. Ha a SegWit valóban blokkméretnövekedés lett volna a szokásos definíció szerint, akkor a SegWit2x körüli vita egyáltalán nem létezett volna.

Mindenki bűnös

Theymos és Cobra ismét kihasználták a kulcsfontosságú weboldalak feletti ellenőrzésüket, hogy a kizárólag Core-t támogató narratívát erősítsék. Újabb lépést tettek a Bitcoin.org-on annak érdekében, hogy eltávolítsák azokat a vállalatokat, amelyek támogatták a SegWit2x-et. Cobra ezt írta:

> Egyelőre távolítsunk el minden említést a Coinbase-ről és a Bitpay-ről (és azok kapcsolódó termékeiről), és tegyünk közzé egy figyelmeztetést, amelyben arra hívjuk fel a felhasználók figyelmét, hogy ÓVAKODJANAK a Coinbase-től és a Bitpay-től, mert ezek a cégek valami olyanra készülnek áttérni, amit mi nem tartunk valódi Bitcoinnak. A figyelmeztetés tartalmazhat utasításokat arra vonatkozóan, hogyan vehetik le a felhasználók a BTC-jüket ezekről a szolgáltatásokról, valamint ajánlhat alternatív vállalatokat, amelyek elkötelezettek a valódi Bitcoin használata mellett.[16]

Néhány nappal később Cobra megosztotta a terveit egy „Segwit2x biztonsági figyelmeztetés" hozzáadásáról, hogy figyelmeztesse a felhasználókat arra, „milyen alattomos terveket szőnek ezek a vállalatok, hogy megakadályozzuk őket abban, hogy csendben keresztülvigyék azt."[17] Ezek az alattomosnak nevezett vállalatok valójában az iparág legnagyobb, legrégebbi, legsikeresebb és legelismertebb szereplői közé tartoztak—gyakorlatilag mindenki, aki a Blockstream/Core-buborékon kívül esett. Ennek ellenére alig egy héttel később a Bitcoin.org bejelentette szándékát, hogy feketelistára helyezi a Bitcoin-iparág legtöbb vállalatát[18]:

> A Bitcoin.org azt tervezi, hogy minden oldalán egy figyelmeztető bannert jelenít meg, amely felhívja a felhasználók figyelmét a szolgáltatások használatának kockázataira, amelyek alapértelmezés szerint a vitatott Segwit2x1 (S2X) hard forkot fogják támogatni. Az S2X-et támogató vállalatokat név szerint meg fogjuk említeni... Alapértelmezés szerint a figyelmeztetésünkben az alábbi listát fogjuk használni azokról a cégekről, amelyekről ismert, hogy támogatják az S2X-et:

-1Hash (China)

-Abra (United States)

-ANX (Hong Kong)

-Bitangel.com /Chandler Guo (China)

-BitClub Network (Hong Kong)

-Bitcoin.com (St. Kitts & Nevis)

-Bitex (Argentina)

-bitFlyer (Japan)

-Bitfury (United States)

-Bitmain (China)

-BitPay (United States)

-BitPesa (Kenya)

-BitOasis (United Arab Emirates)

-Bitso (Mexico)

-Bixin.com (China)

-Blockchain (UK)

-CryptoFacilities (UK)

-Decentral (Canada)

-Digital Currency Group (United States)

-Filament (United States)

-Genesis Global Trading (United States)

-Genesis Mining (Hong Kong)

-GoCoin (Isle of Man)

-Grayscale Investments (United States)

-Jaxx (Canada)

-Korbit (South Korea)

-Luno (Singapore)

-MONI (Finland)

-Netki (United States)

-OB1 (United States)

-Purse (United States)

-Ripio (Argentina)

-Bloq (United States)

-BTC.com (China)

-BTCC (China)

-BTC.TOP (China)

-BTER.com (China)

-Circle (United States)

-Civic (United States)

-Coinbase (United States)

-Coins.ph (Phillipines)

-Safello (Sweden)

-SFOX (United States)

-ShapeShift (Switzerland)

-SurBTC (Chile)

-Unocoin (India)

-Veem (United States)

-ViaBTC (China)

-Xapo (United States)

-Yours (United States)

2017-ben ez a lista jelentette a konszenzushoz legközelebb álló álláspontot a Bitcoin-közösségen belül, mivel gyakorlatilag az egész iparágat lefedte. Ennek ellenére a Bitcoin.org tulajdonosai szerint ez csupán egy lista „alattomos vállalatokról", amelyek valójában eltávolodtak a konszenzustól, és eltökélten próbálták megszerezni a Bitcoint, hogy felelőtlenül módosítsák a szoftvert a 2 MB-os blokkok engedélyezése érdekében. A helyzet abszurditását tökéletesen megragadta a trustnodes. com egyik hírcikkének címe: „A Bitcoin.org terve, hogy „elítélje" szinte az összes Bitcoin-vállalatot és -bányászt."[19]

Bármi áron

Ahelyett, hogy elkerülte volna a forkokat, úgy tűnt, hogy a Bitcoin 2017 végére három különböző láncra fog szakadni: a Segwit1x-láncra (S1X), a Segwit2x-láncra (S2X) és a Bitcoin Cash-re (BCH). Az

S1X és az S2X közötti harc egy kritikus kérdést vetett fel: melyik lánc tarthatja meg a „Bitcoin" nevet és a „BTC" tőzsdei szimbólumot? Ha a „Bitcoin" azonos a Bitcoin Core-szoftver által létrehozott hálózattal, akkor nyilvánvalóan az S1X lenne a Bitcoin. De ha a Bitcoin az a hálózat, amelyet a bányászok és a tágabb iparág tart fenn—és nem egyetlen szoftvermegvalósítással azonos—akkor egyértelműen az S2X lenne a Bitcoin.

Az iparág nagy része ugyanazt a politikát fogadta el, amelyet gyakran semleges álláspontként tartottak számon. A „Bitcoin" nevet annak a láncnak kellett volna megkapnia, amelyik a legtöbb hashrátát halmozta fel, függetlenül attól, hogy az S1X vagy az S2X volt-e. Ez nemcsak hogy összhangban volt Satoshi tervével, hanem logikus is volt abból a szempontból, hogy maximális stabilitást biztosítson az ügyfeleknek. Egy kisebbségi hashráta-lánc nemcsak megbízhatatlan, hanem akár pénzveszthez is vezethet. Bár ez a politika ésszerű volt, egyúttal létfontosságú fenyegetést jelentett a Blockstream- és a Core-fejlesztők számára. 2017 szeptemberére a hashráta körülbelül 95%-a az S2X-et jelezte,[20] ami gyakorlatilag garantálta, hogy a Bitcoin-név, a tőzsdei „BTC" szimbólum és a hálózati hatások a 2 MB-os lánchoz kerülnek. És hacsak a Core-fejlesztők nem vezettek be további védelmi mechanizmusokat—mint amilyeneket a Bitcoin Cash fork során alkalmaztak—, kockáztatták, hogy a láncuk teljesen eltűnik. Azonban ezeknek a védelmeknek a bevezetése annak beismerését jelentette volna, hogy ők csupán egy kisebbségi fork, és elvesztették a harcot a Bitcoinért. Így a vereség beismerése helyett még agresszívebbé váltak, és megpróbálták bevonni a kormányt is.

A Core-fejlesztő Eric Lombrozo az S2X-et „súlyos kibertámadásnak" nevezte, és jogi lépésekkel fenyegetőzött ellene, kijelentve:

> A közösség egy jelentős része meg akarja tartani a hagyományos láncot... az azt elpusztítani próbáló kísérleteket támadásként fogjuk kezelni mindezen emberek tulajdona ellen. Ez egy súlyos kibertámadásnak minősül, és határozott lépések vannak előkészítve ellene, mind technikai, mind jogi szempontból.[21]

A Blockstream társalapítója, Matt Corallo közvetlenül az SEC-hez fordult, hogy beavatkozást kérjen, és a fork elleni „fogyasztóvédelmi" intézkedéseket sürgesse:

> Matt Corallo vagyok, hosszú ideje Bitcoin-fejlesztő... a Bitcoin működésének szakértője, elkötelezett Bitcoin-támogató, valamint a Bitcoin-alapú tőzsdei termékek (ETP) erős pártolója. Komoly aggodalmaim vannak a Bitcoin-betétek kezelésére vonatkozó javasolt szabályokkal kapcsolatban, valamint a fogyasztóvédelem hiányával a Bitcoin-hálózat szabályváltozásai esetén a jelenlegi beadványokban.
>
> Amint azt a „Bitcoin Investment Trust" (BIT) S-1 beadványában leírták, a Bitcoin „állandó forkja" akkor következhet be, amikor a felhasználók két csoportja nem ért egyet a rendszert meghatározó szabályokban (az úgynevezett „konszenzusszabályokban"). Konkrétabban, egy ilyen „állandó fork" akkor valószínű, amikor az egyik felhasználói csoport változtatni akar a Bitcoin konszenzusszabályain, míg a másik nem...
>
> [F]ontos megjegyezni, hogy egy állandó fork esetén jelentős piaci zavart eredményezhet, mivel a befektetők, vállalkozások és felhasználók döntenek arról, hogy melyik kriptovalutát tekintik „Bitcoin"-nak... Egy ilyen helyzetben a BIT jelentős hosszú távú piaci zavart okozhat, és hatékonyan félrevezetheti a fogyasztókat, miközben teljes mértékben megfelel a jelenleg javasolt szabályainak és beadványainak.[22]

Samson Mow a Twitteren azt sugallta, hogy a Coinbase megsérti a New York-i „BitLicense" előírásait. A Coinbase-t és a New York-i Pénzügyi Szolgáltatások Minisztériumát (NYDFS) megjelölve ezt írta:

> Megszegi a @coinbase a #BitLicense feltételeit? A 2X fork támogatása mindenképpen biztonsági aggályokat vet fel. @NYDFS[23]

Később így folytatta:

Adott-e az @NYDFS felügyelő előzetes írásbeli engedélyt a
Coinbase számára az #NYM aláírására?[24]

A pereskedési fenyegetések mellett közvetlenebb módszereket is
alkalmaztak azok ellen a vállalkozások ellen, amelyek nem a Bitcoin
Core szoftvere alapján határozták meg a „Bitcoin" fogalmát. Például
a tárcaszolgáltatók hamis egycsillagos értékelések hullámaival szem-
besülhettek az alkalmazásaiknál, amelyekben arra figyelmeztették a
felhasználókat, hogy pénzüket elveszíthetik, vagy hogy az alkalmazás
„rosszindulatú szoftvert" tartalmaz, pusztán azért, mert a cég nem
támogatta a „valódi" Bitcoint. A Bitcoin.com-ot egy rosszindula-
tú e-mail-bombázási listára helyezték, ahol minden @bitcoin.com
e-mail-címünkre naponta több ezer spam üzenetet küldtek. Az NYM
támogatóival szemben újabb DDoS-támadások indultak. Az állandó
démonizálás, karaktergyilkosságok és online zaklatások még azokra is
kiterjedtek, akik pusztán kapcsolatba kerültek a kijelölt ellenségekkel.
Amikor a Bitcoin.org a BTC.com-tárca eltávolításáról tárgyalt a web-
oldalukról, Cobra így válaszolt:

Kapcsolatban állnak azzal a szörnyeteg Jihan Wuval, szóval
nem bánom, ha emiatt eltávolítják őket, borzalmas emberek.
Határozottan úgy érzem, hogy itt átléptek egy határt.[25]

Jihan Wu a Bitmain társalapítója, amely a legnagyobb chipgyártó
a Bitcoin-bányászok számára. Ő volt az első, aki lefordította a Bit-
coin whitepapert kínai nyelvre. Annak ellenére, hogy már 2011-ben
bekapcsolódott a közösségbe, és felépítette a világ egyik legsikeresebb
Bitcoin-vállalatát, Wu-t szörnyetegként bélyegezték meg, pusztán
azért, mert nem tanúsított teljes engedelmességet a Bitcoin Core felé.
Mivel szinte az összes bányász az S2X-et támogatta a Core helyett, a
narratíva gyorsan nyílt ellenségességgé változott a bányászokkal szem-
ben általában—mintha a SegWit2x egyfajta „bányászhatalom-átvétel"

lett volna a Bitcoin felett. A bányászok megfelelő szerepe már nem az volt, hogy védjék, biztosítsák és méretezzék a hálózatot, hanem hogy csendben futtassák a Core-fejlesztők által biztosított szoftvert

A csőcselék győz

Ismét elkezdett hatni a nyomás. A szervezett kampányok komoly károkat okoztak a vállalatoknak. Miközben a nagyblokkméret-pártiak cenzúrázása tovább folytatódott az online fórumokon, az S2X-et támogató vállalatokat támadó bejegyzéseket kiemelték, függetlenül attól, mennyire alapvető szerepet játszottak a Bitcoin gazdaságában. Brian Hoffman, az OB1 képviseletében, az elsők között volt, akik nyilvánosan visszavonták támogatásukat az S2X iránt. Nem azért, mert támogatta volna az S1X-et, hanem mert belefáradt a vállalatát érő támadásokba. Egy „SegWit2X: Ha megteszed, bajban vagy, ha nem, akkor is bajban vagy" című cikkben ezt írta:

> Egy másik ok, amiért támogattam a SegWit2x-et, az volt, hogy reméltem, ha a SegWit valósággá válik, akkor valahogy sikerülhet közelebb hozni az egyre jobban széthasadt Bitcoin-közösséget, amikor erre a legnagyobb szükség lenne. Tévedtem. Már nem érzem úgy, hogy ez lehetséges lenne. A Bitcoin-közösséget nem érdekli az egység, kivéve, ha az a korai befektetők és vagyonos szereplők már felhalmozott gazdagságának megőrzését szolgálja.

Ezután arról írt, hogy milyen hatalmas kulturális változás ment végbe a Bitcoinon belül. Ahelyett, hogy az elterjedést és a tömeges használatot ünnepelték volna, a kultúra ellenségessé vált azokkal szemben, akik egyáltalán el akarták költeni a Bitcoinjukat:

> Folyamatosan bombáznak üzenetekkel olyan emberek, akik azt mondják, hogy ártok a Bitcoinnak azzal, hogy arra bátorítom a felhasználókat, hogy költsék el a Bitcoinjukat az OpenBazaaron. Valaki még a „Crypto is Currency Day" kezdeményezésünket is rosszindulatú törekvésként jelentette, mert nem hitt abban, hogy

a Bitcoint fizetési eszközként kellene használni. Kiábrándító, hogy az emberek ennyire kicsinyesek, de ez a valóság... Szóval, végső soron hivatalosan is a #Whatever2X oszlopba sorolhattok. Engem sokkal jobban érdekel, hogy pozitív változásokat hozzak létre a világban, mint hogy trollokkal és seggfejekkel harcoljak a közösségben.[26]

A vita és a zűrzavar közepette a BitFinex-kriptotőzsde—amely figyelemre méltó módon nem írta alá az NYM-et—megtalálta a módját annak, hogy megemelje a SegWit2x végrehajtásának költségeit. Az iparág nagy részével ellentétben úgy döntöttek, hogy a BTC tőzsdei szimbólumot nem a hashráta alapján osztják ki. Ehelyett az a „jelenlegi megvalósításhoz" tartozik. A bejelentésük így szólt:

> Mivel a javasolt konszenzusprotokoll, a SegWit2x-projekt aktiválása valószínűnek tűnik, úgy döntöttünk, hogy a SegWit2x forkot egyelőre B2X néven jelöljük. A jelenlegi megvalósítás (az eredeti Bitcoin-konszenzusprotokoll alapján) továbbra is BTC néven fog kereskedni, még akkor is, ha a B2X-lánc rendelkezik nagyobb hashrátával...
>
> Egyelőre a BTC továbbra is „Bitcoin" néven lesz megjelölve, míg a B2X „B2X" néven szerepel. Ez így marad mindaddig, amíg a piaci erők nem sugallnak egy alternatív, megfelelőbb elnevezési sémát az egyik vagy mindkét lánc számára.[27]

Néhány kisebb tőzsde hamarosan követte ugyanezt a politikát. Ez azt jelentette, hogy a felhasználók azt tapasztalhatták, hogy a „BTC" egy áron kereskedik a BitFinexen, teljesen más áron a Coinbase-en, míg a BitPayhez hasonló fizetési szolgáltatók esetleg egyáltalán nem is ismerték el az érméiket—ami lényegében rémálomszerű helyzetet teremtett az átlagos felhasználó számára. Képzeljünk el egy olyan tranzakciófeldolgozót, mint a BitPay, amelynek magyaráznia kellene ezt a helyzetet a kereskedőknek vagy az ügyfeleknek, akik azt kérdezik, miért nem ment végbe a BTC-fizetésük. A káosz óriási lett volna, ezért 2017. november 8-án, körülbelül egy héttel a tervezett fork előtt, a BitPay levelet írt, amelyben a SegWit2x törlésére szólított fel.[28] Nem sokkal később közös bejelentést tettek a terv legerősebb támogatói, köztük a vezető fejlesztő, Jeff Garzik:

A célunk mindig is a Bitcoin zökkenőmentes frissítése volt. Bár továbbra is szilárdan hisszük, hogy szükség van egy nagyobb blokkméretre, van valami, amit ennél is fontosabbnak tartunk: a közösség egyben tartását. Sajnos egyértelművé vált, hogy jelenleg nem sikerült elegendő konszenzust kialakítanunk egy tiszta blokkméretnöveléshez. Ha ezen az úton haladnánk tovább, az megoszthatná a közösséget és hátráltathatná a Bitcoin növekedését. Ez soha nem volt a SegWit2x célja.

Ahogy a díjak emelkednek a blokkláncon, úgy hisszük, hogy végül nyilvánvalóvá válik majd, hogy a láncon belüli kapacitásnövelés elengedhetetlen. Amikor ez bekövetkezik, reméljük, hogy a közösség összefog és megoldást talál, esetleg egy blokkméretnöveléssel. Addig is felfüggesztjük a közelgő 2 MB-os frissítésre vonatkozó terveinket.[29]

Ezzel a New York-i Megállapodás is megbukott, akárcsak korábban a Hongkongi Megállapodás, és ahogyan a Bitcoin Unlimited, a Classic és az XT is. A zavarkeltés veszélye túl nagy kockázatot jelentett, különösen egy olyan 2 MB-os limit esetében, amely csupán töredékét biztosította volna a tömeges elterjedéshez szükséges átbocsátási kapacitásnak. Az S2X bukása végérvényesen bebizonyította, hogy a Bitcoin Core teljes mértékben ellenőrzése alá vonta a BTC-t, és véglegesen átalakította annak a dizájnját. Bárki, aki a Bitcoin eredeti digitális pénzként való víziójához akart ragaszkodni, kénytelen volt egy másik projektre áttérni. Szerencsére a Bitcoin Cash azonnal megteremtette ezt a lehetőséget, mint a nagy blokkos Bitcoin, amely mentes volt a Blockstream- és a Core-fejlesztők terheitől. A SegWit2x törlése után három nappal Gavin Andresen a BCH-t az eredeti Bitcoin-projekt folytatásának nevezte:

A Bitcoin Cash az, amin 2010-ben dolgozni kezdtem: egy értéktároló ÉS egy csereeszköz.[30]

A Bitcoin legsötétebb időszaka a Polgárháború-korszak volt, amely az eredeti projekt sikeres eltérítésével végződött. Szerencsére azonban a történet itt nem ér véget. A maximalisták azt fogják állítani, hogy a harc a Bitcoinért véget ért, hogy a Core-fejlesztők mostantól a végső tekintélyt jelentik, és hogy a BTC árának emelkedése igazolta a kis blokkméret filozófiáját. Egyik sem igaz. A Bitcoin-technológia még mindig új, és nagy blokkokkal bármely pénzrendszerrel felveheti a versenyt a világon. A Core-fejlesztők irányíthatják a BTC-t, de a BCH felett semmilyen befolyásuk nincs. Minden érme árát a gazdaságban elérhető információ minősége határozza meg. Ha az álhírek és a félrevezetés elterjedtek, akkor az árak elkerülhetetlenül ki fognak igazodni, ahogy a jobb információk ismertté válnak. A Bitcoin eredeti, ambiciózus célja az volt, hogy gyors, olcsó és megbízható fizetési rendszer legyen az internet számára, anélkül, hogy központosított hatóságban kellene megbízni. Ez a projekt él és virágzik. Csak néhány évvel későbbre tolódott.

III. Rész:

A Bitcoin visszaszerzése

20

Kihívó a címért

Egyetlen kriptovaluta-projekt sem védett a korrupcióval szemben, bármennyire is ígéretes a technológia, mert minden kriptovaluta a szoftverre—és így emberekre—van utalva a létezéséhez. Az egyéneket mindig meg lehet vesztegetni, és a szoftvert mindig át lehet írni. A Bitcoin Core sikeres elfoglalása ennek a kellemetlen igazságnak volt a világos bizonyítéka. Bár a kriptovaluták valószínűleg a jövő pénzét jelentik, továbbra is nyitott kérdés, hogy valóban szabadabbá teszik-e a világot. A jelenlegi irány alapján a technológia akár teljesen korrupttá is válhat. Ahelyett, hogy az egyének hatalmát növelné és pénzügyi szabadságot adna nekik, az ellenkező célra is felhasználható lehet—hogy a kormányokat ruházza fel még nagyobb hatalommal az emberek nyomon követésére, megfigyelésére és ellenőrzésére. Ez a negatív kimenetel sokkal valószínűbb, ha az emberek nem férhetnek hozzá közvetlenül a blokklánchoz, és második rétegekre kényszerülnek. A peer-to-peer készpénz egy hihetetlen eszköz az emberi szabadság előmozdítására; egy engedélyezett blokklánc pedig egy hihetetlen eszköz annak korlátozására. Hogy a Bitcoin végül egy peer-to-peer pénzrendszerként vagy egy disztópikus rémálomban használt ellenőrzési eszközként végzi-e, attól függ, milyen döntéseket hozunk a jövőben.

Az igazi Bitcoin

2017 végére a Bitcoin megkezdte átmenetét a Polgárháború korszakából a jelenlegi Főáramú-korszakba. A SegWit2x bukása egyértelmű üzenetet küldött: Satoshi terve soha nem fog megvalósulni a Bitcoin Core hálózatán. A kis blokkok a BTC alapvető jellemzőjévé váltak. Így bárki, aki a Bitcoin skálázását nagy blokkokkal akarta megvalósítani, kénytelen volt a BTC-ről a BCH-ra váltani. Emiatt azonnal minden erőfeszítésemet a Bitcoin Cash népszerűsítésére összpontosítottam, mivel ez jelentette annak a projektnek a folytatását, amelyen az előző hét évben dolgoztam. Nem telt el sok idő, mire a legnagyobb vállalatok, például a BitPay és a Coinbase, integrálták a BCH-t a szolgáltatásaikba, lehetővé téve az emberek számára, hogy BCH-t vásároljanak és fizessenek vele a BTC helyett.

Rögtön verseny kezdődött a Bitcoin Cash és a Bitcoin Core között, és nem csupán a felhasználókért küzdöttek. Maga a Bitcoin Cash létezése alapvető kihívást jelentett a Bitcoin Core számára, mivel jogos igényt tartott a „valódi Bitcoin" címre. A Bitcoin Cash első évében a BTC és a BCH folyamatosan harcoltak a „Bitcoin" elnevezésért. Bár ma már az iparági norma szerint a BTC-t nevezik „Bitcoinnak", ez a konvenció nem alakult ki egyik napról a másikra, és ha megértjük a technológiát és annak történelmét, világossá válik, miért. A „Bitcoin" név körüli harc mindig is kritikus jelentőségű volt, és soha nem szabad hagyni, hogy egyetlen csoport monopolizálja azt. Vitalik Buterin ezt a nézetet már 2017-ben visszhangozta, bár úgy vélte, hogy még korai lenne a BCH-t „Bitcoinnak" nevezni. Twitteren ezt írta:

> A BCH-t legitim versenyzőnek tartom a Bitcoin névért. Úgy vélem, hogy a Bitcoin kudarcát a blokkméret növelésében, amely a tranzakciós díjak ésszerű szinten tartásához lett volna szükséges, egy jelentős (nem konszenzusos) eltérésnek tekintem az „eredeti tervtől", amely erkölcsileg egy hard forkhoz hasonló...
>
> Ennek ellenére jelenleg úgy gondolom, hogy azt állítani, hogy „BCH = Bitcoin", rossz ötlet, mivel ez a szélesebb Bitcoin-közösségen belül kisebbségi vélemény.[1]

A három kritikus kérdés

A BCH fork három alapvető kérdést vetett fel, amelyre minden Bitcoinernek választ kell adnia:

1) A Bitcoin megegyezik azzal, amit a Bitcoin Core-fejlesztők készítenek?

Még a legelszántabb Bitcoin Core-támogatóknak is el kell ismerniük, hogy a Bitcoin nem lehet egyszerűen az, amit a Core-fejlesztők készítenek. Nem kell túl nagy képzelőerő ahhoz, hogy belássuk, egy ilyen projektet könnyen meg lehetne fertőzni. Például, képzeljük el, hogy a Bitcoin Core-hoz kapcsolódó fő Github-fiókokat feltörik, és úgy módosítják a kódot, hogy minden tranzakciónak díjat kelljen fizetnie egy ismeretlen címre. Nyilvánvalóan ez arra utalna, hogy a Bitcoin Core-t eltérítették, és a „valódi Bitcoinnak" egy másik szoftveres megvalósítással kellene tovább működnie. Mivel az eltérítés veszélye mindig fennáll, ez azt jelenti, hogy a Bitcoinnak külön kell maradnia a Bitcoin Core-megvalósítástól annak érdekében, hogy megőrizze a hálózat integritását. De ez felveti a következő kérdést:

2) Mikor válik szükségessé az, hogy elágazzunk a Bitcoin Core-tól?

A Bitcoin ökoszisztémának mindig készen kell állnia arra, hogy szoftvermegvalósítást váltson, ha szükséges — különben nincs védelem a fejlesztők korrupciójával szemben. Ezért kell lennie bizonyos kritériumoknak annak meghatározására, mikor válik szükségessé egy fork. Ha például hirtelen minden tranzakciónak díjat kell fizetnie egy titokzatos entitásnak, az nyilvánvaló jel arra, hogy itt az idő a forkra, de nem minden helyzet ilyen egyértelmű. Például, ha a Bitcoin alapvető felépítését úgy módosítják, hogy korlátozzák az emberek hozzáférését a blokklánchoz, az is lehet intő jel. Vagy ha a legerősebb fejlesztők egy olyan céget alapítanak, amely a forgalmat a Bitcoinról a saját, zárt oldalláncukra tereli át — az is figyelmeztető jel lehet. A fejlesztés központosítása állandó aggodalom, és ironikus módon ezt még a vezető fejlesztő, Van der Laan is elismerte 2021-ben. Egy blogbejegyzésben, amelyben bejelentette, hogy többé nem akarja vezetni a projektet, ezt írta:

Rájöttem, hogy én magam is egyfajta centralizált szűk keresztmetszet vagyok. És bár rendkívül érdekes projektnek tartom a Bitcoint, és úgy vélem, ez az egyik legfontosabb dolog, ami jelenleg történik, sok más érdeklődési köröm is van. Emellett különösen stresszes is, és nem szeretném, ha ez — vagy a körülötte zajló bizarr közösségimédiás-viták — elkezdene meghatározni engem mint embert.[2]

Amikor a vezető fejlesztő elismeri, hogy ő maga vált egy centralizált szűk keresztmetszetté, az szintén jele lehet annak, hogy itt az idő a forkra. Az a tény, hogy a forkok bizonyos helyzetekben indokoltak és szükségesek, felveti a következő kulcsfontosságú kérdést:

3) Mikor érdemli ki egy fork a „valódi Bitcoin" címet?

Önmagában a szoftver forkolásának a lehetősége nem akadályozza meg a fejlesztés kisajátítását. A forkolásnak együtt kell járnia azzal a fenyegetéssel is, hogy az egyik fél megszerezheti a már meglévő hálózati hatásokat — a fork mindkét oldalának versenyeznie kell a „valódi Bitcoin" címért és a „BTC" ticker szimbólumért. Az egész rendszer integritása ezen múlik.

A legtöbben nem is tudják, hogy a ticker-szimbólumok (BTC, BCH, ETH, XMR stb.) elkülönülnek az alájuk tartozó blokkláncoktól. Valójában a Bitcoin Cash létezésének első napjaiban néhány kriptotőzsdén „BCC" néven kereskedtek vele, mielőtt elfogadták a „BCH" elnevezést. Ezek a ticker-szimbólumok jelentős részét képezik bármely érme hálózati hatásainak. A gyakorlatban az számít „Bitcoinnak", amit a tőzsdéken „BTC" ticker alatt kereskednek. Ezért kritikus fontosságú, hogy a forkok is versenyezhessenek az uralkodó ticker szimbólumért. Ha a Bitcoin Core mindig automatikusan megörökli ezeket a hálózati hatásokat, az hatalmas előnyt jelent, és lényeges lépés a Bitcoin teljes kisajátítása felé, mivel minden új versenytársnak a nulláról kellene felépítenie a saját hálózatát. Ha a meglévő infrastruktúra minden körülmények között a Bitcoin Core-ra áll rá, akkor minden komoly verseny elveszett, és a Core-fejlesztőket soha nem lehet igazán leváltani vagy lecserélni.

Fontosságuk ellenére az előző három kérdést ritkán teszik fel. Ezek nyilvános felvetése magára vonja a közösségi média „mérnökeinek" haragját, akik kétségbeesetten próbálják fenntartani az irányítást a Bitcoin narratívája felett. Ha a szélesebb nyilvánosság egyszer felismeri, hogy a fejlesztők általi kisajátítás létfontosságú fenyegetést jelent bármely kriptovaluta-projekt számára, akkor talán azt is belátják, hogy a Bitcoin Core már kisajátította a Bitcoint — és hogy a Bitcoin Cash e kisajátítás visszaszerzésére tett kísérlet.

Fordítsuk meg a helyzetet

Közvetlenül a Segwit2x kudarcát követően valós lehetőség nyílt arra, hogy a Bitcoin Cash egyszerűen leváltsa a BTC-t mint a valódi Bitcoin. Nem én voltam az egyetlen, aki így gondolta. Egy hónapon belül a BCH ára körülbelül 650 dollárról egy napon belüli csúcsán több mint 4 000 dollárra emelkedett! Egy rövid időre úgy tűnt, hogy a Bitcoin végleg ki fog szabadulni a Core uralma alól. A lendület azonban nem folytatódott, és az elfojtó információs kontroll következtében a BCH ára az elmúlt években folyamatosan csökkent a BTC-hez képest. A Bitcoin Core támogatói lelkesedéssel hirdetik a győzelmet a két érme közötti jelentős árkülönbségre hivatkozva, ám ez elhamarkodott.

Véleményem szerint a BTC magasabb árfolyama szinte teljes egészében a hálózati hatások öröklésének köszönhető, nem pedig annak, hogy az emberek izgatottak lettek volna a kis blokkok miatt — hiszen évekkel később is alig akad valaki, aki valóban érti a különbséget a nagy és kis blokkok között. A fórumfelhasználó MortuusBestia ezt a gondolatot egy gondolatkísérlettel szemlélteti, amelyben elképzeli, hogy a BTC a BCH forkja lett volna, és nem fordítva:

> Fordítsuk meg a helyzetet.
>
> Képzeld el, hogy a domináns Bitcoin 32 MB-os blokkokkal rendelkezik, egy részletesen kidolgozott skálázási tervvel, amely sikeresen tesztelt gigabájtos (GB+) blokkokat is magában foglal, támogatja minden jelentős kriptós vállalkozás, projekt

és szolgáltatás, garantáltan filléres tranzakciós díjakat kínál, és a „minél többen, annál jobb" növekedési stratégiát követi az igazi globális elterjedés érdekében.

Most képzeld el, hogy néhány feltörekvő fejlesztő forkot hoz létre, és a blokkméretet 1 MB-ra csökkenti, ezzel erősen korlátozva a tranzakciós kapacitást, hogy egy ingadozó díjpiacot hozzanak létre, amelynek célja, hogy hosszú távon 100 dollár fölötti díjakat termeljen — arra ösztönözve a felhasználókat, hogy áttérjenek egy második rétegű rendszerre, amely díjat szedő, államilag szabályozott pénzügyi közvetítőkből áll, és amelyet „huboknak" neveznek.

Ez az új, magas díjakkal működő érme egyáltalán kapna bármilyen figyelmet vagy lendületet?

Meg kell érteni, hogy a jelenlegi BTC-árfolyam nem érdemből, hanem pozícióból fakad. Bármilyen olyan állítás, miszerint a piac soha nem juthat arra a felismerésre, hogy a Blockstream/Core-féle Bitcoin-újratervezés hibás volt, puszta kultikus ideológia.[3]

Ez egy nagyon jó érv. Nehéz komolyan venni azt a gondolatot, hogy a kis blokkméretű, magas díjakkal működő lánc mögött valaha is valódi lendület állt volna. Kísérletként vagy oldalláncként rendben lenne, hiszen lényegében egy új elképzelés Satoshi víziójához képest. Teljes mértékben támogatom az ilyen kísérletezést, de nem lett volna szabad, hogy örökölje a BTC hálózati hatásait — az egész iparág évek óta stagnál, mert ez a kísérlet technológiai szempontból nagyrészt kudarcot vallott.

„Nem hívtad Bcash-nek"

A BTC-maximalisták legütősebb fegyvere mindig is a narratíva irányítása volt. Így azonnal munkához láttak, és a régi taktikáikkal — emberek befeketítése, az online információáramlás irányítása — próbálták érvényesíteni akaratukat. Az én „Bitcoin Jézus" becenevemet „Bitcoin Júdásra" fordították, mintha én lennék a Bitcoin nagy árulója, annak ellenére, hogy a nézeteim 2011 óta változatlanok. Kampányt indítottak, hogy a Bitcoin Cash-t kizárólag „bcash"-ként említsék, hogy lejárassák és eltávolítsák a BCH-t a Bitcoin-márkától. A BCH-közösségen belül senki sem használta a „bcash" nevet a Bitcoin Cashre, de ez nem számított. Még egy hamis Reddit-oldalt is létrehoztak „r/bcash" néven — kis blokkosok irányítása alatt —, és erre irányították az embereket a népszerű r/Bitcoin oldalról, hogy félrevezessék őket.[4] Az őszinte diskurzust a Bitcoin Cash-ről ismét erősen elnyomták, sőt gyakran egyenesen cenzúrázták.

Mivel ezekkel a taktikákkal már korábban is találkoztak, sok nagy blokkot támogató úgy vélte, hogy a „bcash" kampányt ugyanazok a rosszindulatú szereplők koordinálták, és kiszivárgott beszélgetések csak tovább erősítették ezt a gyanút. Egy Slack-beszélgetésben Adam Back és Cobra — a Bitcoin.org domain álnéven ismert társtulajdonosa — között Back megpróbálja rávenni Cobrat, hogy adja át a domaint valaki másnak, mivel azzal vádolja, hogy titokban szimpatizál a nagyblokkos filozófiával. Érvelésében Back arra hivatkozik, hogy Cobra „épp azt mondta, hogy a bcash-nek vannak előnyei, és nem is bcash-nek nevezte" — mintha pusztán az, hogy nem használta a „bcash" kifejezést, már gyanús viselkedés lenne.[5] Annak ellenére, hogy ez rendkívül kicsinyes dolog, a maximalisták közötti szoros nyelvi koordináció hatékony eszköznek bizonyult a narratíva megerősítésében, miszerint a Bitcoin Cash nem egy komolyan vehető projekt.

A BCH-fejlesztő Jonald Fyookball egy cikket írt, amelyben öszszefoglalta gondolatait a „bcash" kampány mögötti motivációról. A következőképpen magyarázta:

> Ez egyszerű: el akarják választani a Bitcoin Cash-t a Bitcointól. Nem akarják megengedni, hogy a Bitcoin Cash használja a Bitcoin-márkanevet. És ez teljes mértékben képmutató, tekintve, hogy a Core-csoport minden létező aljas trükköt bevetett (cenzúra, korporativizmus, hazugságok és szándékos hátráltatás), hogy a Bitcoin-projektet a saját céljaira kisajátítsa...

Abban reménykednek, hogy az új felhasználók észre sem veszik, hogy létezik egy másik változata a Bitcoinnak. Azt remélik, hogy ezek a felhasználók nem jönnek rá, hogy a Bitcoin eredetileg peer-to-peer elektronikus készpénz volt (nem pedig az a „végelszámolási réteg", amit a Core erőltet).

És végső soron abban bíznak, hogy az emberek nem veszik észre, hogy a Bitcoin letért az eredeti útjáról — és hogy létezik egy olyan változata a Bitcoinnak, amely hű maradt az eredeti formulához.[6]

Jonald gondolatai egybevágnak az enyémekkel, és tudom, hogy sokan vannak, akik magánban szintén egyetértenek vele.

21

Rossz ellenvetések

A Bitcoin-maximalisták kézikönyve mára elég egyértelművé vált — könyörtelenül erőltetni egy narratívát, és megtámadni mindenkit, aki megkérdőjelezi azt. Cenzúrázni a vitát, és szükség esetén átírni a történelmet. A közösségi médiát arra használni, hogy zaklassák, megszégyenítsék és megfélemlítsék az embereket, hogy behódoljanak. Arra számítok, hogy ezek a taktikák a jövőben is folytatódni fognak, mivel eddig hatékonynak bizonyultak — és azért is, mert a Bitcoin Core narratívája valójában nagyon törékeny. Aki hajlandó a felszín alá nézni, gyorsan talál rést a történetükön. Bár végtelen példát lehetne hozni a felháborító, megtévesztő viselkedésre, nem minden kritika a Bitcoin Cash irányába származik rosszindulatú szereplőktől. Az információ évek óta szigorúan irányított online, így a legtöbb ember egyszerűen csak zavarodott, mert csak a történet egyik oldalát hallotta. A Bitcoin Cash-t érő leggyakoribb kritikák könnyen cáfolhatók, de ennek ellenére érdemes foglalkozni velük.

„Komoly technikai problémák"

A „*The Bitcoin Standard*" könyv az egyik legnagyobb forrása a zavarnak, mivel alapvető hibákat tartalmaz. Ammous állításait a skálázással kapcsolatban már korábban megcáfolták, de kétséges kijelentéseket tesz a BCH-ról is. Miután megemlíti a BTC és a BCH közötti nagy árkülönbséget, a következőt írja:

> Nemcsak hogy [a Bitcoin Cash] képtelen gazdasági értéket nyerni, hanem egy komoly technikai probléma is sújtja, amely szinte használhatatlanná teszi.[1]

Ez feltehetően túlzó utalás az Emergency Difficulty Adjustment (EDA) mechanizmusra, amelyet a Bitcoin Cash rövid ideig használt a létrejötte után. A 2017-es fork előtt nem volt világos, hogy mennyi hashráta kerül majd a BCH-láncra, ezért az EDA-t azért hozták létre, hogy biztosítsák a blokklánc működőképességét akkor is, ha csak kevés bányász csatlakozik. A hátránya az volt, hogy az EDA hashráta-ingadozásokat okozhatott, ami váltakozóan túl gyors vagy túl lassú blokkgenerálást eredményezett. Ezek az ingadozások nem jelentettek „komoly technikai problémát". Ezekre előzetesen számítottak is, bár a mértéküket alábecsülték. Ugyanakkor valóban zavaróvá váltak, és néhány hónap elteltével az EDA-t a tervek szerint egyszerűen eltávolították, és egy jobb algoritmussal helyettesítették.

„Ez Roger Ver érméje"

Már nem is tudom, hányszor neveztek a Bitcoin Cash „megalkotójának" pusztán azért, mert támogattam. Ez az állítás azonban egyszerűen hamis. Semmi közöm nem volt a Bitcoin Cash létrehozásához. Valójában támogattam a Segwit2x-et, mert nem akartam, hogy az iparág kettészakadjon. Az elsődleges célom az volt, hogy a BTC együtt maradjon, és csak azután, hogy az S2X kudarcot vallott, döntöttem úgy, hogy teljes mellszélességgel kiállok a Bitcoin Cash mellett.

Még alapvetőbb szinten: elutasítom, hogy hűséget esküdjek bármely konkrét érme mellett. Mindig is támogattam egy többérmés jövőt, ahol a felhasználók számos lehetőség közül választhatnak. A verseny egészséges, és ha a BCH alulmarad egy másik érmével szemben — és az a projekt növeli a gazdasági szabadságot a világban —, akkor azt teljes mértékben támogatom. A Bitcoin Cash ígéretesnek tűnik a mögöttes technikai képességei miatt, de ha egy másik érmének jobbak az alapjai, akkor annak használatát és elterjedését is támogatom.

Ráadásul, mivel személyesen tanúja voltam a BTC kisajátításának és korrumpálódásának, fájdalmasan tisztában vagyok vele, hogy ugyanez megtörténhet a BCH-val vagy bármely más projekttel is. Nincs olyan technológia vagy közösség, ami tökéletes lenne, és a siker soha nincs garantálva. Ezért a fókuszom a kriptovaluták általános hasznosságán van — azon, hogyan javíthatják a világot —, nem pedig egy adott érme öncélú támogatásán. Nem vagyok a Bitcoin Cash megalkotója, de az egyik legnagyobb támogatója igen.

„Csak egy maroknyi bányász"

Egy másik gyakori kifogás az, hogy a Bitcoin Cash-t csak egy maroknyi bányász irányítja. A bányászati centralizáció miatti aggodalom jogos a proof-of-work alapú blokkláncok esetében — az 51%-os támadás lehetősége mindig fennáll —, de ez a kritika azért sántít, mert nem alkalmazzák következetesen. A nagy bányászpoolok valóban a hashráta jelentős részét ellenőrzik, Satoshi dizájnjából fakadóan, de ez igaz a BTC-re, a BCH-ra, a BSV-re és minden más SHA-256 algoritmust használó proof-of-work láncra is. Valójában ugyanazok a bányászok váltanak a láncok között annak megfelelően, hogyan alakul az azok bányászatából származó nyereségesség. Az alábbi diagram a BTC bányászati centralizációját mutatja 2023. márciusi állapot szerint:[2]

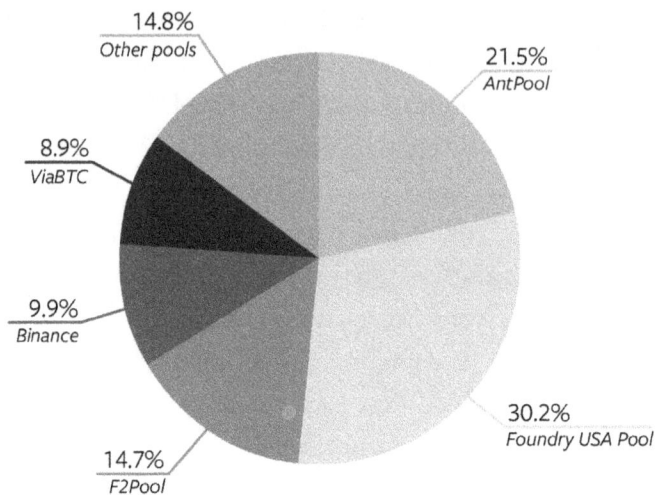

8. ábra: Legutóbbi BTC-blokkok bányászpool szerint (1 hét)

Ez az ábra három bányászpoolt mutat, amelyek együtt a teljes hashráta több mint 65%-át birtokolják. Ha hozzávesszük a következő két legnagyobb poolt is, az összesítés meghaladja a 85%-ot. A Bitcoin-bányászat tehát egyszerűen nem olyan decentralizált, mint ahogyan azt gyakran állítják. Bár ez jogos aggodalom, a tényleges kockázatokat nem szabad eltúlozni. A bányászpoolok nem irányítják közvetlenül a hozzájuk csatlakozott bányászokat. Bármilyen okból kifolyólag az egyes bányászok — és az általuk üzemeltetett gépek — bármikor válthatnak másik poolra. Így még ha egy pool üzemeltetője össze is akarna hangolni egy 51%-os támadást, nincs eszköze arra, hogy az egyes bányászokat erre kényszerítse. A Bitcoin Cash-t érő bányászati centralizációs kritikákat tehát következetesen kellene alkalmazni minden SHA-256 láncra.

Ezenkívül érdemes felidézni Satoshi egyik 2011-es üzenetét Mike Hearn számára, amikor ezt írta:

> Ahogy a dolgok alakultak, kevesebb embernek kell teljes csomópontot futtatnia, mint ahogyan azt eredetileg elképzeltem. A hálózat rendben működne akkor is, ha a feldolgozási terhelés megnövekedne, és emiatt csak kisebb számú csomópont maradna.[3]

Satoshi tisztában volt vele, hogy bizonyos fokú centralizáció elkerülhetetlen, és ez a minta számos iparágban megismétlődik. A probléma nem önmagában a centralizáció, hanem az abból fakadó 51%-os támadások kockázata. Ahogy a bányászati iparág növekszik, egyre kevésbé reális azt feltételezni, hogy a legnagyobb szereplők összehangolt, rosszindulatú támadást indítanának egy olyan hálózat ellen, amelybe több százmillió dollárt fektettek be.

„A fejlesztők rosszak"

A Bitcoin Core támogatói hírhedtek arról az állításukról, miszerint náluk vannak a legjobb fejlesztők az összes kriptovaluta-projekt közül — különösen jobbak, mint a Bitcoin Cash fejlesztői. A Bitcoin Cash forkot követő első évben ez volt az egyik leggyakrabban hangoztatott lejárató érv a BCH ellen, de ez érezhetően visszaszorult egy 2018 végén történt esemény óta, amikor egy BCH-fejlesztő, Awemany, egy katasztrofális hibát fedezett fel a Bitcoin Core szoftverében. A Medium-cikkében, amelyben elmagyarázza, mi történt, Awemany így írt:

> Hatszáz mikroszekundum. Körülbelül ennyit akart Matt Corallo lefaragni a blokkvalidálás idejéből a 2016-os pull requestjével a Bitcoin Core-ban... Ez a 600 mikroszekundumos optimalizálás vezetett most a CVE-2018–17144 hibához. Kétségtelenül az egyik legsúlyosabb hiba az elmúlt években, és minden bizonnyal az egyik legsúlyosabb hiba a Bitcoin történetében.
>
> Ez a hiba kezdetben feltételezhetően inflációt okozhatott, jelentették is, mivel összeomlásokat eredményezett, és alaposabb elemzés során beigazolódott... hogy valóban lehetővé teszi az inflációt!

Az összes lehetséges Bitcoin-hiba közül az inflációs hibák a legsúlyosabbak közé tartoznak — ha kihasználják őket, valaki titokban új érmét hozhat létre a semmiből! Awemanyt annyira megdöbbentette a hiba súlyossága, valamint az a tény, hogy olyanok is jóváhagyták peer-review során, mint Van der Laan és Greg Maxwell, hogy elgondolkodott rajta: vajon nem szándékos volt-e a hiba:

Őszintén szólva, ez a változtatás elkerülhetetlenül gyanút ébreszt bennem... Szeretném leszögezni, hogy nem állítom, és nem is gondolom, hogy valóban ez történik, de mindenképpen eszembe jut, mint lehetséges forgatókönyv...

Mindig is attól tartottam, hogy valaki a bankárkörökből — valaki, akit kifejezetten azért juttattak be a Bitcoin-fejlesztői körökbe, hogy helyrehozhatatlan káoszt okozzon — pontosan azt fogja tenni, ami történt: egy csendes inflációs hibát juttat be a rendszerbe. Mert ez az, ami elpusztítaná a Bitcoin egyik legalapvetőbb előnyét a jelenlegi status quóval szemben...

Most ismét szeretném hangsúlyozni, hogy egyáltalán nem állítom biztosan, hogy ez történt a 9049-es pull request esetében. Valójában sokkal valószínűbbnek tartom azt a magyarázatot, hogy egy fiatal, öntelt Core-fejlesztő — egy új „a világ ura" — pusztán arroganciából és gőgből okozott ekkora kárt.[4]

Awemany 2018 szeptemberében fedezte fel ezt a hibát. Annak ellenére, hogy éveken át tapasztalta a Core-fejlesztők ellenséges hozzáállását, úgy döntött, hogy a hibát bizalmasan jelenti nekik, és nem él vissza vele anyagi haszonszerzés céljából. Pedig komoly kárt okozhatott volna a Bitcoin Core hírnevében — és ezzel együtt a BTC hitelességében is —, de úgy döntött, nem teszi. Jóindulatát azonban nem viszonozták: hálátlanság helyett inkább újabb kritikák érték, és az érintettek megtagadták a felelősség vállalását a katasztrofális hibáért. Ezt írta:

Még nem láttam semmi olyasmit, ami akár csak távolról is hasonlítana egy beismerésre az érintett fejlesztő részéről — vagy bármely más prominens Core-fejlesztő részéről, ha már itt tartunk.

Az eset után a maximalisták továbbra sem voltak hajlandók megadni Awemanynek a neki járó elismerést, de az a korábbi állítás, miszerint a Bitcoin Core kizárólagosan birtokolná az összes hozzáértő fejlesztőt, érezhetően elcsendesedett.

22

Szabad innováció

A Bitcoin Core-tól való elválás lehetővé tette a Bitcoin Cash fejlesztői számára, hogy ne csak a blokkméretkorláton javítsanak. Satoshi eredeti dizájnjából több funkciót is újraaktiváltak, és további innovációk révén a BCH képessé vált okosszerződések létrehozására, tokenek zökkenőmentes kibocsátására, valamint a tranzakciós adatvédelem maximalizálására. A vállalkozók és fejlesztők ma már több eszközzel rendelkeznek ahhoz, hogy közvetlenül a Bitcoinra építsenek, anélkül, hogy attól kellene tartaniuk, hogy termékük működésképtelenné válik a kis blokkméretből fakadó szélsőséges korlátok miatt.

Helyreállítás és fejlesztés

A Bitcoin Cash fejlesztői gyorsan feloldottak néhány olyan szükségtelen korlátozást, amelyet korábban a Bitcoinra róttak. A szoftver úgy működik, hogy műveleti kódokat („opcode"-okat) használ tranzakciók felépítésére és feldolgozására. Az egyik ilyen opcode, az „OP_RE-TURN", már említésre került a 14. fejezetben. Az OP_RETURN lehetővé teszi, hogy adatokat könnyen és skálázható módon adjunk hozzá a blokklánchoz. A BCH esetében az OP_RETURN méretét megháromszorozták, így annak használata sokkal egyszerűbbé vált. Különböző cégek már ki is használták ezt a funkciót új generációs internetszolgáltatások — például decentralizált közösségimédia-platformok — építésére.

A Bitcoin történetének korai szakaszában Satoshi néhány eredeti opcode-ját elővigyázatosságból deaktiválták, ám a Core-fejlesztők soha nem vették a fáradságot, hogy ezeket újra megvizsgálják vagy reaktiválják. A Bitcoin Cash fejlesztői azonban 2018 májusában sikeresen újraaktiváltak több ilyen opcode-ot, ezzel tovább bővítve a funkcionalitást. Emellett bevezettek egy vadonatúj opcode-ot is, az OP_CHECKDATASIG-et, amely lehetővé teszi, hogy a szoftver a blokkláncon kívüli adatokat is felhasználjon okosszerződéseken belül.[1] Azóta még több opcode került bevezetésre, köztük számos új „natív introspekciós opcode", amelyek együtt jelentősen növelik a BCH okosszerződés-rendszerének kifinomultságát. Ezek az újítások segítenek abban, hogy a kód egyszerűbb, kisebb, hatékonyabb és egyben erőteljesebb legyen.

Miután megszabadultak a Bitcoin Core által kijelölt fejlesztési iránytól, a BCH fejlesztői végre visszatérhettek a Bitcoin eredeti fókuszához és céljához: egy digitális készpénzes fizetési rendszerhez. A vitatott Replace-By-Fee (RBF) funkciót — amely lehetővé tette, hogy a nulla megerősítéssel rendelkező tranzakciókat könnyedén vissza lehessen fordítani — eltávolították, ezáltal az azonnali tranzakciók sokkal megbízhatóbbá váltak a kereskedők és fizetési szolgáltatók számára.

A Bitcoin összetett rendszer, és minél összetettebbé válik, annál nehezebb pénztárcákat és egyéb eszközöket fejleszteni hozzá. Az RBF fölösleges bonyolultságot adott hozzá, de ez eltörpül a Segwit által bevezetett változtatásokhoz képest. A Segwit többek között új címformátumot vezetett be, ami nehézségeket okozott azoknál a tranzakcióknál, ahol a pénztárcák nem támogatták a Segwitet és az új formátumot. A legtöbb nagyblokkos úgy gondolta, hogy a Segwit fölöslegesen bonyolult, és nem jelent valódi megoldást a skálázásra, ezért amikor megtörtént a Bitcoin Cash-szétválás, szándékosan még azelőtt forkoltak, hogy a Segwit aktiválódott volna — így biztosították, hogy ne kelljen később eltávolítani azt a kódbázisból. Ez a döntés bölcsnek bizonyult. A Bitcoin Cash fejlesztői, kereskedői és felhasználói teljes mértékben mentesültek a Segwit által bevezetett bonyolultság hatásai alól.

Biztonság és személyes adatok védelme

A Bitcoin-bányászatához szükséges számítási kapacitás mennyisége alapvető része a rendszer biztonságának. Ha a bányászat túl egyszerű, akkor a rosszindulatú szereplők könnyebben megzavarhatják a hálózatot. Ha viszont túl nehéz, akkor a blokkok előállítása túl sokáig tart, ami lelassítja a megerősítési időket és a feldolgozási sebességet. A nehézségi szint rendszeresen igazodik, hogy önszabályozó maradjon a rendszer, de ez időnként ingadozónak bizonyult. Ezért egy Nehézségigazító Algoritmus (DAA) került bevezetésre a nagyobb stabilitás érdekében, amelyet 2020-ban továbbfejlesztettek. Azóta a hálózat még egyenletesebb nehézségiszint-igazításokat élvez a megújult algoritmusnak köszönhetően.

A blokkláncok esetében az adatvédelem mindig kihívást jelent, mivel minden tranzakció nyilvános. Időnként azonban új innovációk jelennek meg, amelyek valamivel nagyobb adatvédelmet nyújtanak a felhasználók számára tranzakcióik során. A Schnorr-aláírások egy ilyen újítás, amely korszerűsíti a Bitcoinban használt kriptográfiát. Ez a technológia számos előnyt kínál a korábbi aláírási módszerrel szemben, például megoldja a régóta fennálló tranzakciómódosíthatósági problémát. Ami pedig az adatvédelmet illeti, a legfontosabb előnye, hogy lehetővé teszi több fél számára, hogy közösen hozzanak létre egy tranzakciót, mindössze egyetlen aláírással. Ez azt jelenti, hogy egy külső megfigyelő a blokkláncon csak egyetlen tranzakciót lát, és nem tudja könnyen megállapítani, hogy abban több fél vett részt — ez pedig magasabb szintű adatvédelmet biztosít minden résztvevő számára.

Ez a fejlesztés vezetett a CashFusion nevű adatvédelmi protokoll létrehozásához, amely pontosan azt teszi, amit fentebb leírtunk, kiegészítve egyéb adatvédelmi technikákkal is. 2020-ban a Kudelski Security független biztonsági auditot végzett a CashFusionről, és a következő megállapításra jutott:

> Összességében úgy véljük, hogy a CashFusion ésszerű biztonsági kompromisszumot alkalmazva egy meglévő problémát kezel a Bitcoin Cash anonim tranzakcióinak kezelésében... Általánosságban úgy gondoljuk, hogy a CashFusion gyakorlati megoldást kínál a széttöredezett anonim tranzakciók biztonságos újraegyesítésére, anélkül, hogy a szerver képes lenne ellopni az összegeket vagy deanonimizálni a felhasználókat.[2]

A jelen sorok írásakor ezt a protokollt több mint 190 000 tranzakcióhoz használták, összesen több mint 17 millió BCH értékben a hálózaton.[3]

Komoly skála

A Bitcoin Cash már most is jóval több tranzakciót képes kezelni, mint a stagnáló Bitcoin Core-blokklánc, de a fejlesztés továbbra is folytatódik annak érdekében, hogy megvalósuljon a globális digitális készpénz víziója. Több javaslat is létezik, amelyek bizonyos közösségi támogatást élveznek, bár nem biztos, hogy mind bekerül a kódba. Egyesek kisebb módosítások, amelyek a rendszer biztonságát növelik, de van egy olyan javaslat is — a CashTokens —, amely tovább viszi a Bitcoin Cash hasznosságának bővítését az okosszerződések terén. Ha a technológia beváltja az ígéretét, a CashTokens lehetővé tenné decentralizált alkalmazások létrehozását a BCH-láncon, hasonlóan az Ethereum-hálózathoz, azzal a különbséggel, hogy a nagyblokkos Bitcoin skálázhatóságát is kínálja.

A kutatók régóta érdeklődnek az onchain skálázás határainak kitolása iránt. A Bitcoin Cash már jelenleg is 32 MB-os blokkméretkorláttal rendelkezik, de ez nyilvánvalóan nem elegendő a globális elterjedéshez. Már 2017-ben Dr. Peter Rizun a BCH „testnet" hálózatán — amely egy tesztkörnyezet, amely nem befolyásolja a fő láncot — sikeresen kibányászott egy 1 GB méretű blokkot.[4] A számítástechnikai technológia fejlődési ütemét tekintve Satoshi azon kijelentése, miszerint „soha nem éri el igazán a skálázhatósági plafont", helytállónak tűnik. Valójában egy kutató arra volt kíváncsi, hogy egy Raspberry Pi 4 — egy rendkívül kicsi és olcsó egykártyás számítógép — képes-e egy 256 MB-os blokkot tíz percen belül ellenőrizni. Kevesebb mint két perc alatt sikerült.[5]

Teljesen ellentétben a Bitcoin Core támogatóinak állításaival, az eredeti Bitcoin rendkívüli skálázási képességgel rendelkezik, és ez a képesség végre megvalósul a Bitcoin Cash-hálózaton. Jelenleg a bányászok saját maguk dönthetnek a blokkméretkorlát növeléséről. Ha a hashráta többsége úgy dönt, hogy megháromszorozza a limitet, egyszerűen módosíthatják a beállításokat a BCH-szoftveren belül, anélkül hogy engedélyt kellene kérniük egy központosított fejlesztői csoporttól. Jelenleg is folynak a viták arról, hogy el lehetne-e végre teljesen törölni a blokkméretkorlátot — ahogyan azt évekkel ezelőtt Mike Hearn és Gavin Andresen is fontolóra vették. Annak ellenére, hogy a technológia még 2009-ben született, a nagyblokkos Bitcoin továbbra is az egyik legjobban skálázható — ha nem a legjobban skálázható — kriptovaluta a világon.

Minden kriptovalutának megvannak a saját támogatói, akik hangosan hirdetik, hogy az ő érméjük valamiért felsőbbrendű. Ahelyett, hogy elvont érvekkel vagy marketingdumával próbálnék meggyőzni, nyomatékosan javaslom az olvasóknak, hogy próbálják ki saját maguk a Bitcoin Cash-t. A tranzakciós díjak rendkívül alacsonyak, így nem kell attól tartani, hogy jelentős összeget veszítenek el csak azért, mert kísérleteznek. Rengeteg munkát fektettünk a Bitcoin.com-pénztárcánk fejlesztésébe, amely letölthető az App Store-ból, és a felhasználók saját maguk tapasztalhatják meg azt a Bitcoint, amit Satoshi megálmodott — filléres díjakkal és azonnali tranzakciókkal. Az élmény annyira meggyőző más projektekhez képest, hogy önmagáért beszél.

23

Még mindig „forkolgatunk"

A Bitcoin Cash nem a tökéletes kriptovaluta, és a körülötte lévő közösség sem hibátlan. Továbbra is vannak valós problémák, amelyek közül néhányat csak kezelni lehet, véglegesen megoldani nem. Bár a technológia lenyűgöző, nem oldotta meg azokat a nehéz társadalmi problémákat, amelyek mindig felmerülnek, amikor sok ember dolgozik együtt egy projekten, és a megfelelő irányítás kérdése sem tűnt el. Azok a problémák, amelyek miatt annak idején elszakadtunk a Bitcoin Core-tól, kisebb mértékben ugyan, de újra felbukkantak a Bitcoin Cash esetében is. Ennek eredményeként a 2017-es BTC-től való szétválás óta két újabb fork is történt. Egyik sem elsősorban technológiai nézeteltérés miatt történt, hanem sokkal inkább a személyiségek közötti konfliktusokból fakadt. Az én nézőpontomból a Bitcoin Cash legkevésbé vonzó oldala az, hogy ezek a szakadások megtörténtek, és még tovább darabolták a nagyblokkos közösséget. Ennek a komoly problémának ellenére a forkok együttal azt is megmutatták, hogy a Bitcoin Cash közössége nem hajlandó eltűrni a protokoll eltérítésére tett kísérleteket — ellentétben azzal, ami a Bitcoin Core esetében történt.

A forkok önmagukban nem feltétlenül rossz dolgok. Utólag visszatekintve valószínűleg jobban járt volna a Bitcoin, ha évekkel korábban elszakad a Core-tól. Amikor a közösségen belül kibékíthetetlen ellentétek merülnek fel, a forkolás lehetőséget ad arra, hogy mindkét fél önállóan fejlessze a saját projektjét. Ez olyan, mint egy evolúciós folyamat, ahol különböző csoportok leválnak, hogy megtalálják a saját egyedi formájukat. Ha pozitív változtatásokat hajtanak végre, projektjeik nagyobb eséllyel lesznek sikeresek; ha pedig negatív irányba mennek, akkor azok a projektek természetes módon elhalnak. A forkok azonban költségekkel is járnak, mert szükségszerűen széttöredeztetik a hálózati hatásokat — márpedig ezek a hatások kulcsfontosságúak bármely kriptovaluta sikerében. A forkok csökkentik egy projektben elérhető tehetség és energia mennyiségét is, és szinte elkerülhetetlenül keserűséghez és rivalizáláshoz vezetnek a különböző táborok között — ez pedig újabb energiát és fókuszt von el a valóban termékeny céloktól. A kereskedők számára is károsak lehetnek a forkok, mivel gyakran járnak drámával, és nekik is el kell dönteniük, hogy melyik oldalra állnak, vagy semlegesek maradnak.

A forkok rendkívül értékesek lehetnek, ha valóban szükség van rájuk — de rendkívül károsak is lehetnek, ha nem indokoltak. Ezért, figyelembe véve a tétet, felmerül a kérdés: mi volt olyan súlyos, ami két újabb forkot idézett elő a nagyblokkos közösségen belül? A történet hasonló ahhoz, ami a BTC esetében történt: néhány önjelölt vezető megpróbálta teljes mértékben átvenni az irányítást a szoftverfejlesztés felett — csakhogy ezúttal mindkét kísérlet kudarcot vallott. Sajnos nem anélkül, hogy a hálózatot még tovább széttöredezték volna.

„Satoshi víziója"

A nagy blokkméretet támogatók végül egyesültek a Bitcoin Cash körül a 2017-es BTC-től való szétválás után. Mindannyian felismertük az eredeti dizájn zsenialitását, és ki akartunk szabadulni a Bitcoin Core korlátai közül, hogy azonnal skálázhassuk a technológiát. Azonban a skálázással kapcsolatos viták nem szűntek meg. Milyen gyorsan kellene emelni a blokkméretkorlátot, és milyen szintekig?

Az első szakadás a különböző Bitcoin Cash-implementációk között történt. A legnépszerűbb implementáció továbbra is a Bitcoin ABC volt, amelyet Amaury Sechet vezetett, aki a 2017-es BCH fork fő programozója volt. De néhányan úgy gondolták, hogy a Bitcoin ABC ütemterve túlságosan visszafogott, és nem skáláz eléggé agresszívan. Így létrejött egy külön fejlesztőcsapat, amelyet „Bitcoin SV"-nek neveztek el. Az „SV" a Satoshi víziójának rövidítése, mivel azt állították, hogy a Bitcoin alkotójának vízióját valósítják meg. Bár ez egy dicséretes célkitűzés lehetett volna, az erőfeszítést bonyolította, hogy a vezetőjük egy olyan férfi volt, aki azt állította, hogy ő maga Satoshi: Craig S Wright (CSW).

CSW egy különleges személyiség, és a legtöbben rendkívül szkeptikusak az állításával kapcsolatban. Ennek ellenére egy ideig úgy gondoltam, hogy talán valóban ő Satoshi. Nagyra tartom Gavin Andresent, és Gavin egyszer azt mondta, hogy szerinte Craig lehet Satoshi, bár nem volt benne biztos. Miután néhány más, a Bitcoin világában tisztelt gondolkodó is hasonlóan nyilatkozott, megbíztam az ítéletükben — ráadásul az is segített, hogy Craig nyíltan a nagy blokkméret híve volt, és tudta, hogy a Bitcoin képes lenne hatalmas mértékben skálázódni. Azóta azonban hatalmas viták robbantak ki az állításával kapcsolatban, hogy ő lenne Satoshi, és az általa nyilvánosan bemutatott bizonyítékok rendkívül gyanúsak. Akár igazak az állításai, akár nem, sikerült egy közösséget összegyűjtenie maga köré, amely támogatta az ő jövőképét a Bitcoinról. A Bitcoin SV egyik prominens támogatója Calvin Ayre volt, egy sikeres üzletember, aki az online szerencsejáték területéről érkezett, és végül ő biztosította a pénzügyi forrásokat a Bitcoin SV-szoftver fejlesztéséhez.

Sajnos a Bitcoin SV és a Bitcoin ABC technikai részletei nem voltak kompatibilisek egymással, és egyik fél sem tűnt hajlandónak kompromisszumra. Így 2018 augusztusában bányászok és vállalkozók egy csoportja Thaiföldön találkozott, hogy megpróbálják elkerülni az újabb szakadás lehetőségét. Akkoriban úgy gondoltam, hogy a Bitcoin ABC implementációja ígéretesebb, de optimista voltam, hogy sikerül közös nevezőre jutnunk. Részt vettem a találkozón, és előző este egy vacsora során ésszerű beszélgetést folytattam Ayre-rel. Nagyon boszszantott azonban, amikor másnap reggel Ayre médiacsatornája egy cikket közölt, amelyben azt állították, hogy a jelenlévő bányászok mind megegyeztek abban, hogy az SV implementációját követik — holott a megbeszélések még el sem kezdődtek! A bizalmatlanságom tovább nőtt, amikor CSW néhány órával később kiviharzott a konferenciáról, ezzel megakadályozva minden további hatékony párbeszédet vagy kompromisszumot. Ezek az alattomos taktikák nagyon rossz szájízt hagytak bennem.

A következő néhány hónapban egyre nőtt az ellenségeskedés a táborok között. Egy újabb vitatott hard fork tűnt valószínűnek, bár ezúttal nem volt világos, hogyan fog lezajlani. A Bitcoin SV és a Bitcoin ABC eleinte kompatibilisek voltak egymással, amíg valamelyik fél nem hajtott végre alapvető változtatásokat a szoftverében — még akkor sem volt biztos, hogy a két inkompatibilis implementáció két külön blokkláncot fog eredményezni. Egy másik lehetőség az volt, hogy elegendő hashráta birtokában az egyik oldal teljesen legyőzheti a másikat, és a kisebbségi lánc egyszerűen megsemmisülhet. Bár ez zavaróbb kimenetnek hangzik, akár előnyösebb is lehet, mivel egy „győztes mindent visz" helyzetben a győztes megőrizheti az összes meglévő hálózati hatást. Ha két különálló, életképes blokklánc jön létre, az azt jelenti, hogy a meglévő hálózati hatások megoszlanak közöttük, és két különálló érme keletkezik a küzdelemből. Az ilyen típusú versengést „hash-háborúnak" nevezték, mivel a harc arról szól, hogy ki tudja maga mögé állítani a legtöbb bányászt.

A Bitcoin ABC és a Bitcoin SV láthatóan ütközési pályán haladtak, és hash-háborúra készültek. Mivel számomra mindig is a Bitcoin fizetési célú használata volt a fókusz, tudtam, hogy a Bitcoin Cash hitelessége csorbát szenvedhet, ha a hálózat komolyabb fennakadást tapasztal. Ezért több mint egymillió dollárt költöttem bányászati eszközök bérlésére, hogy biztosítsam: az ABC több hashráta fölött rendelkezzen, mint az SV. További óvintézkedésként Amaury Sechet olyan kódot adott az ABC szoftveréhez, amely megakadályozta a tíz blokknál nagyobb láncreorganizációkat. Ez a kód azonban sosem lépett életbe, mivel az ABC-lánc több hashrátát halmozott fel, mint az SV-lánc, és végül mindkét oldal külön hálózatként folytatta a működését. A Bitcoin SV végül egy új érmét hozott létre, amely a „BSV" ticker-szimbólumot kapta. Bár örültem, hogy a mi oldalunk nyerte meg a csatát — és sikeresen megszabadultunk a rendkívül megosztó Craig Wrighttól —, ez a győzelem azzal járt, hogy a hálózatunk mérete még tovább csökkent. A BSV-szakadás után a nagy blokkméretet pártoló Bitcoin-hívők többé nem egyetlen projekt köré tömörültek.

A 2018 novemberi szakadás óta a BSV tovább lemaradt a BCH mögött árfolyam és hashráta tekintetében. Ennek következtében úgy tűnik, stratégiájuk a szabadalmi trollkodásra és perektől való függésre váltott. Engem Craig többször is beperelt, ahogyan a kriptovaluta-iparág számos más szereplőjét is. Ezeket a taktikákat széles körben elítélték, és ennek eredményeként a BSV az egyik legrosszabb hírnévvel rendelkező kriptovalutává vált. A legtöbb tőzsde kitiltotta a BSV érméjét a platformjáról, ami tovább nehezítette annak elfogadását. Bár teljes mértékben támogatom és bátorítom a projektek közötti versenyt, lehetetlen számomra figyelmen kívül hagyni azt a tényt, hogy a BSV vezetése a jogrendszert fegyverként használja arra, hogy zaklassa és kárt okozzon embereknek — köztük nekem is. 2023 februárjában Gavin Andresen frissítette személyes blogját egy megjegyzéssel az olvasók számára. Híres 2016-os cikke tetejére, amelyben elmagyarázta, miért gondolta akkoriban, hogy Craig Satoshi, a következőt írta hozzá:

> Nem hiszek a történelem átírásában, ezért fenn fogom hagyni ezt a bejegyzést. De a hét év alatt, ami azóta eltelt, sok minden történt, és ma már tudom, hogy hiba volt ennyire megbízni Craig Wrightban. Bánom, hogy beszippantott a „ki (vagy ki nem) Satoshi" játék, és többé nem vagyok hajlandó részt venni ebben.[1]

ABC, egy másik Bitcoin Core?

Minden nagy blokkméretet támogató látta, hogy a Bitcoin Core fejlesztőinek finanszírozási modellje hibás volt. A Blockstream több kulcsfontosságú programozót is korrumpált, akik így összeférhetetlenségi helyzetbe kerültek. Azonban az, hogy felismerjük a problémákat a Bitcoin Core-ban, még nem jelenti azt, hogy megtaláltuk a tökéletes megoldást a Bitcoin Cash esetében. A fejlesztés finanszírozásának legjobb mechanizmusával kapcsolatban továbbra is megválaszolatlan kérdések maradtak. Ezek a kérdések időnként újra felszínre kerültek 2017 óta, és végül 2020-ban egy újabb szakadáshoz vezettek.

Amaury Sechet volt a Bitcoin ABC vezető fejlesztője, amely 2020-ig a BCH vezető szoftveres implementációja volt. Sechet technikai hozzáértése elismert volt, ugyanakkor vezetői képességeit évek óta megkérdőjelezték. A kriptovaluta-ipar összetett keveréke az embereknek és a számítógépeknek; a jó vezetőknek egyszerre kell rendelkezniük „soft" és „hard" készségekkel. Valamilyen oknál fogva ez az iparág hajlamos olyan embereket vonzani, akik a spektrum egyik vagy másik végén helyezkednek el — vagy rendkívül jók az emberekkel, vagy rendkívül jók a számítógépekkel, de ritkán mindkettőben. Sechet idővel nehéz természetű ember hírében állt, és gyakran fejezte ki elégedetlenségét a Bitcoin ABC-hez befolyó finanszírozás mértékével kapcsolatban.

2019-ben a fejlesztők finanszírozásának kérdése újra felmerült a BCH közösségében, amely válaszul egy adománygyűjtést szervezett, több mint 800 BCH-t juttatva különböző csapatoknak. Én személyesen is több millió dollárt adományoztam különböző csapatoknak az évek során, beleértve körülbelül 500 000 dollárt a Bitcoin ABC-nek. 2020 elején a probléma ismét felszínre került.

Válaszul a hashráta többségét képviselő bányászok egy csoportja előállt egy „Infrastruktúrafinanszírozási tervvel" (IFP), amely hat hónapon keresztül a blokkjutalom 12,5%-át fejlesztési célra elkülönített alapba irányította volna. Az alapot egy független hongkongi vállalat kezelte volna, és a kezdeti becslések szerint az IFP körülbelül 6 millió dollárt gyűjthetett volna össze. A bányászok egy cikkben ismertették javaslatukat:

a) Nincs semmiféle „masternode" szavazás vagy bármilyen más szavazás. Ez a bányászok döntése, hogy közvetlenül finanszírozzák a fejlesztést.

b) A kezdeményezés 6 hónapig tart (2020. május 15. — 2020. november 15.)

c) A kezdeményezés a bányászok irányítása és ellenőrzése alatt áll, akik bármikor dönthetnek úgy, hogy nem folytatják.

d) Ez nem egy protokollváltoztatás. Ez a bányászok döntése arról, hogyan költik el a coinbase-jutalmaikat, és hogy mely blokkokra építenek tovább.[2]

Ez számomra teljesen elfogadható tervnek tűnt, mivel a bányászok saját maguk között szervezték meg, és csupán ideiglenes intézkedés lett volna. Azonban a szélesebb Bitcoin Cash-közösség reakciója vegyes volt. Egyesek úgy gondolták, hogy a 12,5% túl magas arány, míg mások – jogosan – rámutattak arra, hogy a bányászok homályosan fogalmaztak a részleteket illetően, különösen azzal kapcsolatban, hogyan is osztanák szét a forrásokat.

Némi mérlegelés után a Bitcoin ABC beemelte az IFP-hez szükséges kódot a szoftverébe egy kompromisszumos megoldással: a jutalom mértékét 5%-ra csökkentették, és a változás csak akkor lépett volna életbe, ha egy bizonyos küszöbértékű bányásztámogatás megvalósul. Ha a bányászok nem szavaztak volna, akkor a kezdeményezés meghiúsult volna.

Az egész ötlet népszerűtlennek bizonyult, és ez vezetett egy versengő szoftveres implementáció, a Bitcoin Cash Node (BCHN) létrejöttéhez, amely nem támogatta az IFP-t. A BCHN-csapat egyúttal alternatívát kínált Amaury Sechet vezetésével szemben, akinek befolyása megygyengült, miután többeket megtámadott és elidegenített maga körül. Ahogy egyre több bányász állt a BCHN mögé, és egyre csökkent az

ABC és Sechet támogatottsága, az IFP végül megbukott.

Válaszul Sechet 2020 augusztusában bejelentette, hogy a Bitcoin ABC novemberben egy új IFP-verziót fog bevezetni. Az új változat több kulcsfontosságú ponton módosult: a fejlesztésre szánt blokkjutalom aránya 5%-ról 8%-ra nőtt, állandóvá vált, nem igényelt bányásztámogatási küszöböt az aktiváláshoz, és — talán a legfelháborítóbb módon — az alapokat egyetlen címre irányították volna, amelyet Sechet vagy egy hozzá szorosan kötődő személy ellenőrzött. Más szavakkal: Amaury Sechet úgy döntött, hogy a Bitcoin ABC implementációját ezentúl határozatlan ideig közvetlenül a BCH-blokkjutalomból kell finanszírozni. Még a Bitcoin Core sem volt ennyire arcátlan!

Egy cikkben, amely az új tervet jelentette be, Sechet világossá tette, hogy nem érdekli, ki nem ért egyet vele. A terv vita nélkül fog megvalósulni:

> Bár egyesek talán azt részesítenék előnyben, ha a Bitcoin ABC nem hajtaná végre ezt a fejlesztést, ez a bejelentés nem vitaindító. A döntés megszületett, és a novemberi frissítéssel aktiválásra kerül.[3]

A Bitcoin Cash-közösség jelentős része felháborodott. A Bitcoin ABC gyakorlatilag úgy próbálta pozicionálni magát, mint a Blockstream/Bitcoin Core 2.0, és azt akarta elérni, hogy a blokkjutalom tekintélyes 8%-át határozatlan ideig saját magának biztosítsa — ez óriási anyagi lehetőséget jelentett volna, ha a BCH-hálózat ezt megengedi. Dr. Peter Rizun kutató nyíltan így fogalmazott: „Amaury Sechet szó szerint úgy módosítja a BCH-protokollt, hogy az érméket neki és a barátainak ossza ki."[4] További frusztrációt okozott a BCH többi fejlesztője részéről is, például Jonathan Toomim, aki így szólt hozzá:

> Három éven keresztül Amaury Sechet volt messze a legtermékenyebb fejlesztő a BCH teljescsomópont-szoftverének területén. Ez azonban azért volt így, mert a Bitcoin ABC karbantartójaként képes volt megakadályozni, hogy bárki más érdemben előrelépjen vagy eredményesen dolgozzon.[5]

A kritikák ellenére Sechet nem hátrált meg, és az új kódját beépítették a Bitcoin ABC-be, amely 2020 novemberében lépett volna életbe. Így három évvel a Bitcoin Core-tól való szakadás után — amely során a BCH kisebbségi lánccá vált, és a hálózati hatásait a nulláról kellett felépítenie — ismét hasonló helyzet alakult ki. Ha Sechetnek sikerült volna gyakorlatilag eltérítenie a Bitcoin Cash-projektet, be kell vallanom, rendkívül pesszimista lettem volna a nagy blokkméretű Bitcoin életképességét illetően — nem technikai okokból, hanem mert ez azt bizonyította volna, hogy a rendszer súlyosan ki van téve a fejlesztők általi kisajátítás veszélyének.

Ám örömömre a Bitcoin Cash-közösség nem fogadta el Sechet hatalomátvételét — és a bányászok sem. Egyre több hashráta állt át a BCHN oldalára, és amikor elérkezett november, a Bitcoin ABC nem tudott elegendő támogatást szerezni, így önmagát forkolta le a fő hálózatról. Amaury Sechet-t menesztették, és a projektje új nevet kapott: „eCash", amely immár egy külön blokkláncon működik.

Egyrészt ezek a forkok károsak voltak a Bitcoin Cash folytonosságára és növekedésére nézve. Minden egyes vitás szakadás során a hálózat zsugorodott, a keserűség nőtt, a felhasználói élmény romlott, és tehetséges egyének távoztak a folyamatos dráma miatt. Másrészt viszont a Bitcoin Cash sikeresen eltávolított egy fejlesztői csapatot, amely megpróbálta saját hasznára eltéríteni a protokollt. Ez remek jel. A Bitcoin Cash immár megszabadult a Blockstreamtől, Craig Wrighttól, és egy elégedetlen Amaury Sechet-től is. Kihívok bárkit, hogy találjon olyan blokkláncot, amely jobban ellenáll a fejlesztői kisajátításnak.

24

Konklúzió

Egy pénzügyi forradalom kezdetén állunk. Történelmi nézőpontból a blokklánc még mindig egy vadonatúj találmánynak számít, és mint minden erőteljes új technológia, jelentősen jobbá vagy rosszabbá teheti a világot. Ha nem vagyunk óvatosak, könynyen kisajátíthatják, és példátlan mértékű megfigyelésre és kontrollra használhatják fel. De ha sikerül a jó irányba felszabadítanunk a benne rejlő lehetőségeket, akkor egy új korszakot hozhat el — a stabil pénz, a személyes szabadság és a jólét korszakát. A megbízható digitális pénz előnyei hatalmasak — éppoly hatalmasak, mint a megbízhatatlan digitális pénz kockázatai. Ha valamit megtanultam az elmúlt évtizedben, az az, hogy ez az erő nem maradt észrevétlen. A politikai és pénzügyi elit felfigyelt a Bitcoinra és más kriptovalutákra, mivel azok létükben fenyegetik a jelenlegi rendszert.

Azok a tranzakciók, amelyek nem peer-to-peer módon zajlanak, harmadik feleket igényelnek a lebonyolításhoz, és a régi pénzügyi rendszer nagyrészt ilyen közvetítőkből áll — bankokból, fizetési szolgáltatókból, hitelkártya-társaságokból, szabályozó hatóságokból és központi bankokból, amelyek manipulálják a pénzkínálatot. A közvetítők mindenütt jelen vannak, és valamilyen módon hasznot húznak minden tranzakcióból, amelyhez közük van. Satoshi Bitcoinja — amelyet mindennapi kereskedelemre, nagy blokkmérettel és a blokklánchoz való egyetemes hozzáféréssel terveztek — megkerüli ezeket a közvetítőket. A Bitcoin Core-verzió viszont nem. Valójában a BTC ma már a régi rendszerre támaszkodik ahhoz, hogy az átlagemberek számára működjön. Még a Lightning Network is megbízható harmadik felektől függ, mivel szinte mindenki letétkezelő pénztárcákat használ, amelyek pusztán egyenlegeket jelentenek egy cégnél vezetett számlán. Ebben semmi forradalmi nincs. A Cointelegraph 2021 végén egy cikket közölt, amely jól rávilágított erre a problémára:

> A dél-koreai Coinone-kriptotőzsde bejelentette, hogy 2022 januárjától nem engedélyezi a tokenek kiutalását nem ellenőrzött külső pénztárcákba...
>
> A Coinone közölte, hogy a felhasználók december 30. és január 23. között regisztrálhatják külső pénztárcáikat a tőzsdén, ezután korlátozni fogják a kiutalásokat. A tőzsde hangsúlyozta, hogy a kriptovaluta-felhasználók csak a saját pénztárcáikat regisztrálhatják, és a hitelesítési folyamat „eltarthat egy ideig", valamint a jövőben változhat.
>
> A Coinone szerint azt tervezték, hogy ellenőrzik a felhasználók nevét és a lakcímnyilvántartási számukat — amelyet minden dél-koreai lakos számára kiadnak — annak érdekében, hogy biztosítsák: a kriptotranzakciókat „ne használják illegális tevékenységekre, például pénzmosásra."[1]

A világ ebbe az irányba halad, ahol a vállalatokat arra kényszerítik, hogy olyan szabályozásoknak tegyenek eleget, amelyek teljesen megfosztják ügyfeleiket a magánélethez való joguktól. Az egyik módja annak, hogy felvegyük a harcot ezzel a tendenciával szemben, az az, ha a tranzakciókat peer-to-peer módon tartjuk, és nem használunk letétkezelő pénztárcákat. Ez azonban nem megvalósítható, ha az adott kriptovaluta nem képes skálázódni oly módon, hogy mindenki számára lehetővé tegye a blokklánchoz való hozzáférést.

Lehet, hogy soha nem fogjuk megtudni, mi volt a valódi motiváció a Bitcoin Core döntése mögött, hogy alapjaiban alakítsa át Satoshi tervét. Talán jó szándékból történt. Talán azért, mert a Core-t belülről befolyásolták. Akárhogy is, az eredmény ugyanaz: egy kis blokkméretű Bitcoin-változat, amely sokkal kevésbé jelent fenyegetést a fennálló rendszerre. Ha az érdekelt felek nem is közvetlenül rontották meg a Bitcoint, mindenképp hasznot húznak abból, hogy így történt. Ugyanez elmondható az online elharapódzó cenzúráról, az általános információkontrollról és a közösségi médiában zajló manipulációról is, amely ezt a témát övezi — még ha nem is ők idézték elő mindezt, kétségkívül előnyükre válik.

Az egyensúly megtalálása

Az első generációs Bitcoinosok, mint én magam is, akik azt szerették volna látni, hogy a Bitcoin széles körben elterjed, mint peer-to-peer elektronikus készpénzrendszer, eddig kudarcot vallottak. Azonban a hibáinkból lehet tanulni. A gyors, olcsó, megbízható és inflációálló digitális pénz víziója továbbra is él, de megvalósításához emberek hálózatára van szükség. A szoftver önmagában nem tudja jobbá tenni a világot; az emberi szerep továbbra is elengedhetetlen!

A digitális készpénz következő generációjának lelkes hívei kifinomultabb filozófiával kell, hogy rendelkezzenek, mint amivel mi bírtunk a korai időkben. Egy ilyen filozófia felépítéséhez azzal kell kezdenünk, hogy elemezzük a rendszerekben meglévő különböző feszültségeket. Minden kriptovaluta-projektnek végtelen számú problémával kell szembenéznie, és ezekre a problémákra soha nincs tökéletes megoldás. Ehelyett olyan kompromisszumok léteznek, amelyeket egymással szemben kell egyensúlyba hozni. E kompromisszumok elemzése kulcsfontosságú ahhoz, hogy javítsuk az általános megértésünket.

Az első kompromisszum az, hogy egyetlen kriptovaluta-projektre összpontosítsuk az erőfeszítéseinket, vagy több projektre egyszerre. Nagyobb távlatban nézve az, hogy több projekt között verseny van, rendkívül pozitív dolog. Soha nem szabad elköteleznünk magunkat egyetlen érme mellett sem. Azonban az időnk, figyelmünk és erőforrásaink korlátozottak. Ha bármelyik kriptovaluta versenyre akar kelni a jelenlegi pénzügyi rendszerekkel, akkor össze kell hangolnunk az erőfeszítéseinket. Minél több együttműködés és koordináció összpontosul egy adott projekten belül, annál erősebbé válik az idő múlásával. Ha mindenki külön hálózatot épít, egyik sem fog igazán sikerrel járni. Ezért összpontosítok most elsősorban a Bitcoin Cash-re, mert tudom, hogy az alapjául szolgáló technológia képes a skálázódásra, és a való világban már komoly próbákat is kiállt. Amíg nincs világos bizonyíték arra, hogy létezik egy valóban jobb megoldás — nem csupán egy elméleti lehetőség —, addig továbbra is a BCH-t fogom támogatni, mint a legígéretesebb digitális készpénzre esélyes kriptovalutát.

Hasonló feszültség áll fenn a többféle szoftveres implementáció szükségessége és az erős, hozzáértő vezetés iránti igény között. A Bitcoin Core eltérítése, valamint a Bitcoin Cash elleni kísérlet megmutatta, hogy egyetlen fejlesztőcsapatban sem lehet örökké megbízni. A Bitcoinnak függetlennek kell maradnia bármely konkrét implementációtól. Ez azonban nem jelenti azt, hogy minden fejlesztőnek saját külön implementációt kellene készítenie. A hozzáértő vezetők köré olyan csapatnak kell épülnie, amely tiszteletben tartja a szakmai hierarchiát, ahogy azt Mike Hearn is javasolta. Az, hogy létezik egy vezető implementáció, teljesen rendben van, amíg a rendszer érdemalapú marad. Ellenkező esetben könnyen egy újabb példájává válik a fejlesztői hatalom kisajátításának.

Ugyanez elmondható a vitás hard forkokról is. Egyrészt a forkolás lehetősége a Bitcoin irányítási mechanizmusának kulcsfontosságú eleme. Másrészt a forkok rendkívül zavaróak és károsak a hálózati hatásokra nézve. Csak végső megoldásként szabad alkalmazni őket, különben a közösség saját magát forkolja a jelentéktelenségbe. Mike Hearn 2018-ban egy kiváló kérdezz-felelek során kommentálta ezeket a gondolatokat. Amikor megkérdezték a Bitcoin Cash közösségéről és fejlesztési struktúrájáról, így válaszolt:

Szerintem a Bitcoin Cash nagyon hasonlít a 2014-es Bitcoin-közösségre. Ez nem jó. Ezt a kísérletet már egyszer megpróbálták, és nem működött. Kísértésbe eshetünk, hogy azt gondoljuk, ez csupán egy furcsa, egyszeri eset volt, de én nem így látom. Szerintem ez elkerülhetetlen volt, figyelembe véve a közösség akkori struktúráját és pszichológiai profilját.

Ezért az, hogy „visszatérjünk a helyes útra", véleményem szerint közel sem elég radikális. Ha egyetlen üzenetet át tudnék adni nektek ebben az előadásban, az ez lenne: legyetek merészek. Legyetek hajlandóak elfogadni, hogy ami történt, az nem pusztán balszerencse volt.[2]

Ismét bebizonyosodott, hogy Hearnnek igaza volt, és mióta ezeket a megjegyzéseket írta, a BCH további két alkalommal szakadt szét. Egy újabb szakadás már végzetes lehet. Ezeket a mélyen gyökerező strukturális problémákat meg kell oldani. Az egyik lehetséges megoldás az, hogy csökkentjük azoknak a kritikus paramétereknek a számát, amelyeket a fejlesztők irányítanak. Például az egész blokkméret-korlátozás körüli dráma elkerülhető lenne, ha egyszerűen eltörölnénk a korlátot, és hagynánk, hogy a bányászok határozzák meg, mekkora blokkokat kívánnak előállítani. Minél több döntést tudunk a bányászok és a vállalkozások kezébe adni — a protokollfejlesztők helyett —, annál jobb.

Alapvetőbb szinten egy sikeres projektnek hosszú távon stabilitást kell felmutatnia. Az új funkciók hozzáadása csábító lehet — különösen a számítógépes programozók számára —, de ez a stabilitás rovására mehet. A vállalkozások egyszerűen nem tudnak instabil platformokra építeni, és ha a fizetési technológia, amit használnak, néhány havonta változik, az hamarabb válik nyűggé, mint előnnyé. Egy globális digitális készpénzrendszernek kőszilárdnak kell lennie. Miután a főb funkciók rögzítésre kerülnek, azokat csak a legszükségesebb esetben szabad megváltoztatni. Rengeteg más kriptovaluta próbál hasonlítani az Ethereumhoz, univerzális platformként működve okosszerződésekhez és más összetett funkciókhoz. De nem minden érmének kell olyan szerepet betöltenie, mint az Ethereumnak; szükségünk van olyan projektekre, amelyek egyszerű, könnyed pénzforgalmi tranzakciókra koncentrálnak — olyanokra, amelyek képesek globális méretekben működni.

Van még egy olyan tulajdonság, amely egyedülálló a Bitcoinban, és megérdemli, hogy foglalkozzunk vele. Mind a BTC, mind a BCH blokkjutalma idővel csökken, ami azt jelenti, hogy nemsokára a bányászok bevételeinek túlnyomó többsége nem az újonnan kibocsátott érmékből, hanem a tranzakciós díjakból fog származni. Ez komoly kihívást jelent a BTC számára a kis blokkméretek miatt, ahol magas díjakra van szükség a hálózat biztonságának fenntartásához. A BCH bányászai viszont továbbra is egyszerű és fenntartható nyereségmechanizmussal rendelkeznek, köszönhetően Satoshi eredeti dizájnjának. Egyszerűen azáltal, hogy növelik a felhasználói bázist és több tranzakciót dolgoznak fel, jól kereshetnek. Például, ha félmilliárd ember naponta kétszer tranzaktál Bitcoin Cash-sel, az egymilliárd napi tranzakciót jelent. Egy 0,01 dolláros tranzakciós díjjal ez napi körülbelül 10 millió dollár bevétel, ami éves szinten több mint 3,5 milliárd dollárt jelent, amit a bányászok között osztanak szét. Ez óriási ösztönzést nyújt arra, hogy a hálózat skálázása határok nélkül folytatódjon.

A szabadság keresése

A kriptovaluta-iparág hírhedten mérgező és megosztó közeg, ahol a versengő projekteket halálos ellenségként kezelik. De tágabb perspektívában nézve a legtöbben ugyanazon az oldalon állunk. Több emberi szabadságot akarunk, és kevesebb központosított irányítást az életünk felett. A világ készen áll a peer-to-peer elektronikus készpénzre. A Bitcoin Core narratívája — számos tényszerű tévedése ellenére — emberek millióit inspirálta, akik szeretnék látni a pénz és az állam szétválasztását. A digitális arany koncepciója népszerűnek bizonyult; csak várjuk ki, amíg az emberek ráébrednek, hogy lehet egyszerre digitális aranyuk és digitális készpénzük — ugyanazon a hálózaton, ugyanazzal a valutával.

Az emberek többsége egyszerűen nem ismeri a Bitcoin Core történetét. Nem tudják, hogy a blokkláncok gond nélkül képesek skálázódni, és hogy a Bitcoin-hálózatot szándékosan alakították át úgy, hogy magas díjakat eredményezzen. Nem tudják, hogy a Blockstream profitál abból, hogy a forgalmat a saját, zárt blokkláncára tereli. Nem tudnak a Lightning Network kudarcairól és a letétkezelő pénztárcák elkerülhetetlen elterjedéséről sem. Azt sem tudják, hogy az online fogyasztott információjukat évek óta szigorúan szabályozzák és cenzúrázzák, hogy egyetlen, uralkodó narratívát támogassanak. De teljes mértékben azonosulnak a hangzó digitális pénz gondolatával, amelyet nem irányít központosított hatalom — egy gyönyörű vízióval, amely azonban a BTC-hálózaton nem valósítható meg. Így egy bizonyos értelemben — a széles körű félretájékoztatás ellenére — a legnehezebb részen már túl vagyunk. Egyik blokkláncról a másikra való áttérés könnyű, ahhoz képest, mint meggyőzni valakit arról, hogy egyáltalán érdemes hinni a kriptovaluták eszméjében.

Az elmúlt évtized számomra személyesen egy igazi forgószél volt. Szemtanúja lehettem egy áttörő technológia megszületésének és későbbi eltorzulásának. Segítettem elültetni egy formálódó iparág magvait, láttam, ahogy növekednek, és életre szóló barátságokat kötöttem közben. A Bitcoin népszerűsítése iránti lelkesedésem miatt kaptam a „Bitcoin Jézus" becenevet — majd néhány évvel később „Bitcoin Júdásként" bélyegeztek meg ugyanazért az üzenetért, amit mindig is hirdettem. Végignéztem, ahogy a vagyonom értéke millió százalékokat emelkedik és zuhan. Ez valóban egy vad utazás volt. Remélem, harminc év múlva egyértelmű lesz, hogy az ebbe az iparágba fektetett fizikai, szellemi, pénzügyi és érzelmi energiák drámaian jobbá tették a világot. A Bitcoin és a kriptovaluták sikerét nem az alapján kell mérni, hogy mennyire drágák az érmék, vagy hogy mennyire gazdagodtak meg a korai befektetők, hanem hogy mennyivel szabadabbá vált a világ ennek a csodálatos új technológiának a használatával.

Jegyzetek

1. Megváltozott látásmód

1   "How Digital Currency Will Change The World", Coinbase, August 31, 2016, https://blog.coinbase.com/how-digital-currency-will-changethe-world-310663fe4332

2   DishPash, "Peter Wuille. Deer caught in the headlights.", Reddit, December 8, 2015, https://www.reddit.com/r/bitcoinxt/comments/3vxv92/peter_wuille_deer_caught_in_the_headlights/cxxfqsj/

3   Chakra_Scientist, "What Happened At The Satoshi Roundtable", Reddit, March 4, 2016, https://www.reddit.com/r/Bitcoin/comments/48zhos/what_happened_at_the_satoshi_roundtable/d0o5w13/

4   Gregory Maxwell, "Total fees have almost crossed the block reward", Bitcoin-dev mailing list, December 21, 2017, https://lists.linuxfoundation.org/pipermail/bitcoin-dev/2017-December/015455.html

5   CoinMarketSwot, "Hey, do you realize the blocks are full? Since when is this?", Reddit, February 14, 2017, https://www.reddit.com/r/btc/comments/5tzq45/hey_do_you_realize_the_blocks_are_full_since_when/ddtb8dl/

2. Bitcoin-alapok

1   "Bitmain Chooses Rockdale, Texas, for Newest Blockchain Data Center", Business Wire, August 6, 2018, https://www.businesswire.com/ news/home/20180806005156/en/Bitmain-Chooses-Rockdale-TexasNewest-Blockchain-Data

2   Satoshi, "Re: Scalability and transaction rate", Bitcoin Forum, July 29, 2010, https://bitcointalk.org/index.php?topic=532.msg6306#msg6306

3   BITCOIN, "Bitcoin: Elon Musk, Jack Dorsey & Cathie Wood Talk Bitcoin at The B Word Conference", Youtube, July 21, 2021, https://youtu.be/TowDxSHSClw?t=8168

3. Digitális készpénz tranzakciókhoz

1   Saifedean Ammous, *The Bitcoin Standard*, New Jersey: Wiley, 2018. Description inside back flap.

2   Dan Held (@danheld), Twitter, January 14, 2019, https://twitter.com/danheld/status/1084848063947071488

3   Satoshi Nakamoto, "Bitcoin: A Peer-to-Peer Electronic Cash System", 2008, https://www.bitcoin.com/bitcoin.pdf

4   Samuel Patterson, "Breakdown of all Satoshi's Writings Proves Bitcoin not Built Primarily as Store of Value", SamPatt, June 6, 2019, https://sampatt.com/blog/2019/06/06/breakdown-of-all-satoshi-writings-provesbitcoin-not-built-primarily-as-store-of-value

5   Satoshi, "Re: Flood attack 0.00000001 BC", Bitcoin Forum, August 4, 2010, https://bitcointalk.org/index.php?topic=287.msg7524#msg7524

6   Gavin Andresen, "Re: How a floating blocksize limit inevitably leads towards centralization", Bitcoin Forum, February 19, 2013, https://bitcointalk.org/index.php?topic=144895.msg1539692#msg1539692

7   Satoshi, "Re: Flood attack 0.00000001 BC", Bitcoin Forum, 05 de agosto, 2010, https://bitcointalk.org/index.php?topic=287.msg7687#msg7687

8   Satoshi Nakamoto, "Bitcoin v0.1 released", Metzdowd, January 16, 2009, https://www.metzdowd.com/pipermail/cryptography/2009January/015014.html

9   Peter Todd, "How a floating blocksize limit inevitably leads towards centralization", Bitcoin Forum, February 18, 2023, https://bitcointalk.org/index.php?topic=144895.0

10   Satoshi, "Re: Bitcoin minting is thermodynamically perverse", Bitcoin Forum, August 7, 2010, https://bitcointalk.org/index.php?topic=721.msg8114#msg8114

11   Ilama, "Re: Bitcoin snack machine (fast transaction problem)", Bitcoin Forum, July 18, 2010, https://bitcointalk.org/index.php?topic=423.msg3836#msg3836

12   Molybdenum, "CLI bitcoin generation", Bitcoin Forum, May 22, 2010, https://bitcointalk.org/index.php?topic=145.msg1194#msg1194

13   Satoshi, "Re: The case for removing IP transactions", Bitcoin Forum, September 19, 2010, https://bitcointalk.org/index.php?topic=1048. msg13219#msg13219

14   Satoshi, "Re: URI-scheme for bitcoin", Bitcoin Forum, February 24, 2010, https://bitcointalk.org/index.php?topic=55.msg481#msg481

15   Satoshi, "Re: Porn", Bitcoin Forum, September 23, 2010, https://bitcointalk.org/index.php?topic=671.msg13844#msg13844

16   Satoshi, "Re: Bitcoin mobile", Bitcoin Forum, June 26, 2010, https://bitcointalk.org/index.php?topic=177.msg1814#msg1814

17   Stephen Pair, Consensus 2017, https://s3.amazonaws.com/media.coindesk.com/live-stream/Day1_Salons34.html

18   This Week in Startups, "E779: Brian Armstrong Coinbase & Tim Draper: crypto matures, ICO v VC, fiat end, bitcoin resiliency", Youtube, November 17, 2017, https://youtu.be/AIC62BkY4Co?t=2168

19   "Bitcoin P2P Cryptocurrency", Bitcoin, January 31, 2009, https://web.archive.org/web/20100722094110/http://www.bitcoin.org:80/

20   "Bitcoin is an innovative payment network and a new kind of money.", Bitcoin, March 23, 2013, https://web.archive.org/web/20150701074039/https://bitcoin.org/en/

4. Értéktároló vs. kereskedelmi eszköz

1   Ammous, *The Bitcoin Standard*, p.212

2   Ammous, *The Bitcoin Standard*, p.206

3   Saifedean Ammous (@saifedean), Twitter, https://twitter.com/saifedean/status/9392176589978542

4   Tuur Demeester (@TuurDemeester), Twitter, May 29, 2019, https://twitter.com/TuurDemeester/status/1133735055115866112

5   Ludwig von Mises, *The Theory of Money and Credit*, Germany: Duncker & Humblot, 1912

6   Murray N. Rothbard, *What Has Government Done to Our Money?*, Alabama: Mises Institute, 2010

7   Satoshi, "Re: Bitcoin does NOT violate Mises' Regression Theorem", Bitcoin Forum, August 27, 2010, https://bitcointalk.org/index. php?topic=583.msg11405#msg11405

8   Tone Vays, "On The Record w/ Willy Woo & Kim Dotcom - Can't All 'Bitcoiner's' Just Get Along?", Youtube, January 16, 2020, https://www. youtube.com/watch?v=mvcZNSwQlRU

5. A blokkméretkorlát

1   Stephen Pair, Bitcoin.com podcast", Reddit, April 5, 2017, https:// www.reddit.com/r/btc/comments/63m2cp/if_you_told_me_in_2011_that_ we_would_be_sitting/

2   "Bitcoin transactions", Blockchair, August 18, 2023, https://blockchair. com/bitcoin/transactions?s=fee_usd(desc)&q=fee_usd(900..1100)#

3   Gavin Andresen, GAVIN ANDRESEN, August 18, 2023, http:// gavinandresen.ninja/

4   Gavin Andresen, GavinTech, August 18, 2023, https://gavintech. blogspot.com/

5   Gavin Andresen, "One-dollar lulz", GAVIN ANDRESEN, March 3, 2016, http://gavinandresen.ninja/One-Dollar-Lulz

6   Gavin Andresen, "Re: Please do not change MAX_BLOCK_ SIZE", Bitcoin Forum, June 03, 2013, https://bitcointalk.org/index. php?topic=221111.msg2359724#msg2359724

7   Cryddit, "Re: Permanently keeping the 1MB (anti-spam) restriction is a great idea …", Bitcoin Forum, February 07, 2015, https://bitcointalk.org/ index.php?topic=946236.msg10388435#msg10388435

8   Jorge Timón, "Răspuns: Personal opinion on the fee market from a worried local trader", Bitcoin-dev Mailing List, July 31, 2015, https://lists. linuxfoundation.org/pipermail/bitcoin-dev/2015-July/009804.html

9   User <gmaxwell>, bitcoin-wizards chat log, January 16, 2016, http:// gnusha.org/bitcoin-wizards/2016-01-16.log

10   Bitcoincash, "Satoshi Reply to Mike Hearn", Nakamoto Studies Institute, April 12, 2009, https://nakamotostudies.org/emails/satoshireply-to-mike-hearn/

11   "Scalability", Bitcoin, September 11, 2011, https://web.archive.org/web/20130814044948/https://en.bitcoin.it/wiki/Scalability

12   Gavin Andresen, "Re: Bitcoin 20MB Fork", Bitcoin Forum, January 31, 2015, https://bitcointalk.org/index.php?topic=941331.msg10315826#msg10315826

13   Satoshi, "Re: Flood attack 0.00000001 BC", Bitcoin Forum, August 11, 2010, https://bitcointalk.org/index.php?topic=287.msg8810#msg8810

14   jtimon, Reddit, December 13, 2016, https://www.reddit.com/r/Bitcoin/comments/5i3d87/til_4_years_ago_matt_carollo_tried_to_solve/db5d96z/

15   Pieter Wuille, "Bitcoin Core and hard forks", Bitcoin-dev mailing list, July 22, 2015, https://lists.linuxfoundation.org/pipermail/bitcoindev/2015-July/009515.html

16   User <gmaxwell>, "bitcoin-wizards" chat log, Gnusha, January 16, 2016, http://gnusha.org/bitcoin-wizards/2016-01-16.log

17   Gregory Maxwell, "Total fees have almost crossed the block reward", Bitcoin-dev mailing list, December 21, 2017, https://lists.linuxfoundation.org/pipermail/bitcoin-dev/2017-December/015455.html

18   Satoshi, "Re: What's with this odd generation?", Bitcoin Forum, February 14, 2010, https://bitcointalk.org/index.php?topic=48.msg329#msg329

19   Vitalik Buterin (@VitalikButerin), Twitter, November 14, 2017, https://twitter.com/VitalikButerin/status/930276246671450112

20   "Steam is no longer supporting Bitcoin", Steam, December 6, 2017, https://steamcommunity.com/games/593110/announcements/detail/1464096684955433613

21   Elon Musk (@elonmusk) Twitter, July 10, 2021, https://twitter.com/elonmusk/status/1413649482449883136

6. A hírhedt csomópontok

1   Wladimir J. van der Laan, "Block Size Increase", Bitcoin-development mailing list, May 7, 2015, https://lists.linuxfoundation.org/pipermail/bitcoin-dev/2015-May/007890.html

2   BitcoinTalk, "Re: Scalability and transaction rate", Satoshi Nakamoto Institute, July 29, 2010, https://satoshi.nakamotoinstitute.org/posts/bitcointalk/287/

3   Cryptography Mailing List, "Bitcoin P2P e-cash paper, Satoshi Nakamoto Institute, November 3, 2008, https://satoshi.nakamotoinstitute.org/emails/cryptography/2/

4   Alan Reiner, "Block Size Increase", Bitcoin-development mailing list, May 8, 2015, https://lists.linuxfoundation.org/pipermail/bitcoindev/2015-May/008004.html

5   Theymos, "Re: The MAX_BLOCK_SIZE fork", Bitcoin Forum, January 31, 2013, https://bitcointalk.org/index.php?topic=140233.msg1492629#msg1492629

6   Satoshi Nakamoto, Bitcoin: A Peer-to-Peer Electronic Cash System, 2008, https://www.bitcoin.com/bitcoin.pdf

7   "Full node", Bitcoin Wiki, April 8, 2022, https://en.bitcoin.it/w/index.php?title=Full_node

8   Mike Hearn, "Re: Reminder: zero-conf is not safe; $500USD reward posted for replace-by-fee patch", Bitcoin Forum, April 19, 2013, https://bitcointalk.org/index.php?topic=179612.msg1886471#msg1886471

9   BitcoinTalk, "Re: Scalability", Satoshi Nakamoto Institute, July 14, 2010, https://satoshi.nakamotoinstitute.org/posts/bitcointalk/188/

7. A nagy blokkok valódi ára

1   Gavin Andresen, "Re: Bitcoin 20MB Fork", Bitcoin Forum, March 17, 2015, https://bitcointalk.org/index.php?topic=941331.msg10803460#msg10803460

2   Ammous, *The Bitcoin Standard*, p. 233.

3   Ibid.

4   "Seagate BarraCuda NE-ST8000DM004", NewEgg, September 2023, https://www.newegg.com/seagate-barracuda-st8000dm004-8tb/p/N82E16822183793

5   "QNAP TS-653D-4G 6 Bay NAS", Amazon, September 2023, https://www.amazon.com/QNAP-TS-653D-4G-Professionals-Celeron-25GbE/dp/B089728G34/

6   John McCallum, "Historical cost of computer memory and storage", Our World in Data, 2022 https://ourworldindata.org/grapher/historicalcost-of-computer-memory-and-storage

7   "Disk Drive Prices 1955+", Jcmit, September, 2023, https://jcmit.net/diskprice.htm

8   Ammous, *The Bitcoin Standard*, p. 233-234

9   Satoshi Nakamoto, "Bitcoin P2P e-cash paper", Bitcoin.com, November 3, 2008, https://www.bitcoin.com/satoshi-archive/emails/cryptography/2/#selection-29.1597-29.2053

10   "The Shrinking Cost of a Megabit", ncta, March 28, 2019, https://www.ncta.com/whats-new/the-shrinking-cost-of-a-megabit

11   Michael Ken, "AT&T Starts Offering 2-Gigabit and 5-Gigabit Home Internet Amid Cost Hike", PC Mag, January 24, 2022, https://www.pcmag.com/news/att-starts-offering-2-gigabit-and-5-gigabit-homeinternet-amid-cost-hike

12   Nick Perry, "How much data does Netflix use?", digitaltrends, June 19, 2021, https://www.digitaltrends.com/movies/how-much-data-does-netflixuse/

13   Blair Levin and Larry Downes, "Why Google Fiber Is High-Speed Internet's Most Successful Failure", Harvard Business Review, September 7, 2018, https://hbr.org/2018/09/why-google-fiber-is-high-speedinternets-most-successful-failure

14   Kristin Houser, "Japan breaks world record for fastest internet speed", Big Think, November 13, 2021, https://bigthink.com/the-present/japaninternet-speed/

15   Alex Kerai, "State of the Internet in 2023: As Internet Speeds Rise, People Are More Online", HighSpeedInternet.com, January 30, 2023, https://www.highspeedinternet.com/resources/state-of-the-internet

16   Gavin Andresen, "A Scalability Roadmap", Bitcoin Foundation, October 6, 2014, https://web.archive.org/web/20141027182035/ https:// bitcoinfoundation.org/2014/10/a-scalability-roadmap/

8. A megfelelő ösztönzők

1   Gavin Andresen, "R e: Microsoft Researchers Suggest Method to Improve Bitcoin Transaction Propagation", Bitcoin Forum, November 15, 2011, https://bitcointalk.org/index.php?topic=51712. msg619395#msg619395

2   F. A. Hayek, T*he Fatal Conceit : The Errors of Socialism*, edited by W. W. Bartley III, Chicago: University of Chicago Press, (1988), p. 76

3   Ibid.

4   Gavin Andresen, "Re: Please do not change MAX_BLOCK_ SIZE", Bitcoin Forum, June 03, 2013, https://bitcointalk.org/index. php?topic=221111.msg2359724#msg2359724

5   Wladimir J. van der Laan, "Block Size Increase", Bitcoin-development mailing list, May 7, 2015, https://lists.linuxfoundation.org/pipermail/ bitcoin-dev/2015-May/007890.html

9. A Lightning Network

1   Paul Sztorc, "Lightning Network -- Fundamental Limitations", Truthcoin.info, April 4, 2022, https://www.truthcoin.info/blog/ lightninglimitations/

2   Joseph Poon and Thaddeus Dryja, "The Bitcoin Lightning Network: Scalable Off-Chain Instant Payments", January 14, 2016, https://lightning. network/lightning-network-paper.pdf

3   Tone Vays, "Bitcoin Brief w/ Jimmy Song - Bitmain, BTC Apartments in Dubai & $10k Price Talk", Youtube, February 15, 2018, https://www. youtube.com/watch?v=9_WCaqcGnZ8&t=2404s

4   We Are All Satoshi, "Rick Reacts to the Lightning Network", Youtube, February 18, 2018, https://www.youtube.com/watch?v=DFZOrtlQXWc

5   Jian-Hong Lin, Kevin Primicerio, Tiziano Squartini, Christian Decker and Claudio J. Tessone, "Lightning Network: a second path towards centralisation of the Bitcoin economy", June 30, 2020, https://arxiv.org/ pdf/2002.02819.pdf

10. Kulcsok a kódhoz

1   Ammous, *The Bitcoin Standard*, p. 200

2   "Bitcoin development", BitcoinCore, August 18, 2023, https://bitcoin.org/en/development

3   Level39 (@level39), Twitter, December 15, 2022, https://twitter.com/level39/status/1603214594012598273

4   Epicenter Podcast, "EB94 – Gavin Andresen: On The Blocksize And Bitcoin's Governance", Youtube, August 31, 2015, https://www.youtube.com/watch?v=B8l11q9hsJM

5   Gavin Andresen, "Development process straw-man", Bitcoin Forum, December 19, 2010, https://bitcointalk.org/index.php?topic=2367.msg31651#msg31651

6   Epicenter Podcast, "EB94 – Gavin Andresen: On The Blocksize And Bitcoin's Governance", Youtube, August 31, 2015, https://www.youtube.com/watch?v=B8l11q9hsJM

7   Epicenter Podcast, "EB82 – Mike Hearn - Blocksize Debate At The Breaking Point", Youtube, June 8, 2015, https://youtu.be/8JmvkyQyD8w?t=3699

8   Mike Hearn, "The resolution of the Bitcoin experiment", Medium, January 14, 2016, https://blog.plan99.net/the-resolution-of-the-bitcoinexperiment-dabb30201f7

9   Lannwj, "Rebrand client to 'Bitcoin Core' #3203", Github, November 5, 2013, https://github.com/bitcoin/bitcoin/issues/3203

10   Epicenter Podcast, "EB94 – Gavin Andresen: On The Blocksize And Bitcoin's Governance", Youtube, August 31, 2015, https://www.youtube.com/watch?v=B8l11q9hsJM

11   Ibid.

12   Epicenter Podcast, "EB82 – Mike Hearn - Blocksize Debate At The Breaking Point", Youtube, June 8, 2015, https://youtu.be/8JmvkyQyD8w?t=3845

11. A négy korszak

1   Gavin Andresen, "Is Store of Value enough?", GAVINTHINK, July 11, 2012, https://gavinthink.blogspot.com/2012/07/is-store-of-value-enough.html

2   "What Happened At The Satoshi Roundtable", Coinbase, March 4, 2016, https://blog.coinbase.com/what-happened-at-the-satoshiroundtable-6c11a10d8cdf

3   Samson Mow (@Excellion), Twitter, October 6, 2016, https://twitter.com/Excellion/status/783994642463326208

12. Figyelmeztető jelek

1   Keep Bitcoin Free!, "Why the blocksize limit keeps Bitcoin free and decentralized", Youtube, May 17, 2013, https://www.youtube.com/watch?v=cZp7UGgBR0I

2   Gmaxwell, "Re: New video: Why the blocksize limit keeps Bitcoin free and decentralized", Bitcoin Forum, May 17, 2013, https://bitcointalk.org/index.php?topic=208200.msg2182597#msg2182597

3   Peter Todd, "Reminder: zero-conf is not safe; $1000USD reward posted for replace-by-fee patch", Bitcoin Forum, April 18, 2013, https://bitcointalk.org/index.php?topic=179612.0

4   Peter Todd, "Reminder: zero-conf is not safe; $1000USD reward posted for replace-by-fee patch", Bitcoin Forum, April 18, 2013, https://bitcointalk.org/index.php?topic=179612.0

5   Bram Cohen, "The inevitable demise of unconfirmed Bitcoin transactions", Medium, July 2, 2015, https://bramcohen.medium.com/theinevitable-demise-of-unconfirmed-bitcoin-transactions-8b5f66a44a35

6   Gavin Andresen, "A definition of "Bitcoin"", GAVIN ANDRESEN, February 7, 2017, http://gavinandresen.ninja/a-definition-of-bitcoin

7   Etotheipi, "Re: Reminder: zero-conf is not safe; $1000USD reward posted for replace-by-fee patch", Bitcoin Forum, May 09, 2013, https://bitcointalk.org/index.php?topic=179612.80

8   Mike Hearn, "Replace by fee: A counter argument", Medium, March 28, 2015, https://blog.plan99.net/replace-by-fee-43edd9a1dd6d

9   Ibid.

10   Ibid.

11   Ibid.

12   "Opt-in RBF FAQ", BitcoinCore, August 18, 2023, https://bitcoincore.org/en/faq/optin_rbf/

13   Mike Hearn, "Replace by fee: A counter argument", Medium, March 28, 2015, https://blog.plan99.net/replace-by-fee-43edd9a1dd6d

14   Peter Todd, "Bitcoin Blocksize Problem Video", Bitcoin Forum, April 28, 2013, https://bitcointalk.org/index.php?topic=189792.msg1968200

15   Benjamindees, "Re: New video: Why the blocksize limit keeps Bitcoin free and decentralized", Bitcoin Forum, May 18, 2013, https://bitcointalk.org/index.php?topic=208200.20

16   User <gavinandresen>, IRC chat log, August 30, 2013, http://azure.erisian.com.au/~aj/tmp/irc/log-2013-08-30.html

17   "Untitled", Pastebin, November 16, 2013, https://web.archive.org/web/20131120061753/http://pastebin.com/4BcycXUu

13. Az áramlat blokkolása

1   Maria Bustillos, "The Bitcoin Boom", The New Yorker, April 1, 2013, https://www.newyorker.com/tech/annals-of-technology/the-bitcoin-boom

2   Gavin Andresen, "Bitcoin Core Maintainer: Wladimir van der Laan", Bitcoin Foundation, April 7, 2014, https://web.archive.org/web/20140915022516/https://bitcoinfoundation.org/2014/04/bitcoincore-maintainer-wladimir-van-der-laan/

3   Oliver Janssens, "The Truth about the Bitcoin Foundation", Bitcoin Foundation, April 4, 2015, https://web.archive.org/web/20150510211342/https://bitcoinfoundation.org/forum/index.php?/topic/1284-the-truthabout-the-bitcoin-foundation/

4   Gavin Andresen, "Joining the MIT Media Lab Digital Currency Initiative", GavinTech, April 22, 2015, https://gavintech.blogspot.com/2015/04/joining-mit-media-lab-digital-currency.html

5   "The philosophical origins of Bitcoin's civil war (Mike Hearn, written 2016 but released 2020)", Reddit, December 13, 2020, https://www.reddit.

com/r/btc/comments/kc2k3h/the_philosophical_origins_of_bitcoins_civil_
war/gforyhb/?context=3

6   Adam3us, "We are bitcoin sidechain paper authors Adam Back, Greg
Maxwell and others", Reddit, October 23, 2014, https://www.reddit.com/r/
IAmA/comments/2k3u97/we_are_bitcoin_sidechain_paper_authors_
adam_back/clhoo7d/

7   Daniel Cawrey, "Gregory Maxwell: How I Went From Bitcoin
Skeptic to Core Developer", CoinDesk, December 29, 2014, https://www.
coindesk.com/markets/2014/12/29/gregory-maxwell-how-i-went-from-
bitcoinskeptic-to-core-developer/

8   Laura Shin, "Will This Battle For The Soul Of Bitcoin Destroy
It?", Forbes, October 23, 2017, https://www.forbes.com/sites/
laurashin/2017/10/23/will-this-battle-for-the-soul-of-bitcoin-destroy-it

9   Adam Back, Matt Corallo, Luke Dashjr, Mark Friedenbach, Gregory
Maxwell, Andrew Miller, Andrew Poelstra, Jorge Timón, and Pieter
Wuille, "Enabling Blockchain Innovations with Pegged Sidechains",
October 22, 2014, https://blockstream.com/sidechains.pdf

10   "What is the Liquid Federation?", Blockstream, August 18, 2023,
https://help.blockstream.com/hc/en-us/articles/900003013143-What-
isthe-Liquid-Feder

11   1"How do transaction fees on Liquid work?", Blockstream, August
18, 2023, https://help.blockstream.com/hc/en-us/ articles/900001386846-
How-do-transaction-fees-on-Liquid-work

12   Adam Back (@adam3us), Twitter, May 23, 2020, https://twitter.com/
adam3us/status/1264279001419431936

13   Avanti, January 27, 2022, https://web.archive.org/
web/20220127022722/ https://avantibank.com/

14   Nate DiCamillo, "Unpacking the Avit, Avanti Bank's New Digital
Asset Being Built With Blockstream", CoinDesk, August 12, 2020, https://
www.coindesk.com/business/2020/08/12/unpacking-the-avit-avantibanks-
new-digital-asset-being-built-with-blockstream/

15   Blockstream Team, "El Salvador to Issue $1B in Tokenized Bonds
on the Liquid Network", Blockstream, November 21, 2021, https://
blog. blockstream.com/el-salvador-to-issue-1b-in-tokenized-bonds-on-
theliquid-network/

16   Paul Vigna, "Bitcoin Startup Blockstream Raises $55 Million in Funding Round", The Wall Street Journal, February 3, 2016, https://www.wsj.com/articles/bitcoin-startup-blockstream-raises-55-million-infunding-round-1454518655

17   "Global 500", Fortune, August 18, 2023, https://fortune.com/global500/2021/search/?sector=Financials

18   Graham Ruddick, "Axa boss Henri de Castries on coal: 'Do you really want to be the last investor?'", The Guardian, August 7, 2015, https://www.theguardian.com/business/2015/aug/07/axa-boss-henri-de-castries-oncoal-do-you-really-want-to-be-the-last-investor

19   "List of Bilderberg participants", Wikipedia, August 18, 2023, https://en.wikipedia.org/wiki/List_of_Bilderberg_participants

20   Fitz Tepper, "Barry Silbert Launches Digital Currency Group With Funding From MasterCard, Others", TechCrunch, October 28, 2015, https://techcrunch.com/2015/10/27/barry-silbert-launchesdigitalcurrency-group-with-funding-from-mastercard-others/

21   "Blockstream Raise $210 Million Series B With $3.2 Billion Valuation", FinTechs.fi, August 18, 2023, https://fintechs.fi/2021/08/24/blockstream-raise-210-million-with-3-2-billion-valuation/

22   Crypto Me!, "Stefan Molyneux predicts Blockstream takeover of Bitcoin", Youtube, May 7, 2018, https://www.youtube.com/watch?v=q-sMbf2OzOY

14. A kontroll központosítása

1   Michael J. Casey, "Linked-In, Sun Microsystems Founders Lead Big Bet On Bitcoin Innovation", The Wall Street Journal, November 17, 2014, https://web.archive.org/web/20141201173917/https://blogs.wsj.com/ moneybeat/2014/11/17/linked-in-sun-microsystems-founders-leadbigbet-on-bitcoin-innovation/

2   Jeff Garzik, "Block size: It's economics & user preparation & moral hazard", Bitcoin-dev mailing list, December 16, 2015, https://lists.linuxfoundation.org/pipermail/bitcoin-dev/2015-December/011973.html

3   Tim Swanson, "Bitcoin Hurdles: the Public Goods Costs of Securing

a Decentralized Seigniorage Network which Incentivizes Alternatives and Centralization", April 2014, http://www.ofnumbers.com/wp-content/uploads/2014/04/Bitcoins-Public-Goods-hurdles.pdf

4   "Make Master Protocol harder to censor", Github, September 2014, https://github.com/OmniLayer/spec/issues/248

5   "Vitalik Buterin tried to develop Ethereum on top of Bitcoin, but was stalled because the developers made it hard to build on top of Bitcoin" Reddit, February 1, 2018, https://np.reddit.com/r/btc/comments/7umljb/vitalik_buterin_tried_to_develop_ethereum_on_top/dtli9fg/

6   Joseph Young, "Vitalik Buterin Never Attempted to Launch Ethereum on Top of Bitcoin", CoinJournal, May 22, 2020, https://coinjournal.net/news/vitalik-buterin-never-attempted-launch-ethereum-top-bitcoin/

7   "Vitalik Buterin tried to develop Ethereum on top of Bitcoin, but was stalled because the developers made it hard to build on top of Bitcoin" Reddit, February 1, 2018, https://np.reddit.com/r/btc/comments/7umljb/vitalik_buterin_tried_to_develop_ethereum_on_top/dtli9fg/

8   Ibid.

9   Erik Voorhees (@ErikVoorhees), Twitter, January 5, 2021, https://twitter.com/erikvoorhees/status/1346522578748370952

10   Laanwj, "Change the default maximum OP_RETURN size to 80 bytes #5286", Github, February 3, 2015, https://github.com/bitcoin/bitcoin/pull/5286

11   Gavin Andresen, "Re: Gavin Andresen Proposes Bitcoin Hard Fork to Address Network Scalability", Bitcoin Forum, October 19, 2014, https://bitcointalk.org/index.php?topic=816298.msg9254725#msg9254725

12   Crypto Me!, ""The Internet of Money should not cost 5 cents per transaction." -Vitalik Buterin", Youtube, December 19, 2017, https://www.youtube.com/watch?v=unMnAVAGIp0

13   1Stephen Pair, "Bitcoin as a Settlement System", Medium, January 5, 2016, https://medium.com/@spair/bitcoin-as-a-settlement-system13f86c5622e3

14   Pieter Wuille, "Re: How a floating blocksize limit inevitably leads towards centralization", Bitcoin Forum, February 18, 2013, https://bitcointalk.org/index.php?topic=144895.msg1537737#msg1537737

15 Mike Hearn, "Why Satoshi's temporary anti-spam measure isn't temporary", Bitcoin-dev mailing list, July 29, 2015, https://lists. linuxfoundation.org/pipermail/bitcoin-dev/2015-July/009726.html

16 Aantonop, "Re: Roger Ver and Jon Matonis pushed aside now that Bitcoin is becoming mainstream", Bitcoin Forum, April 29, 2013, https:// bitcointalk.org/index.php?topic=181168.msg1977971#msg1977971

17 Gavin Andresen, "A Scalability Roadmap", Bitcoin Foundation, October 6, 2014, https://web.archive.org/web/20150130122517/https:// blog.bitcoinfoundation.org/a-scalability-roadmap/

15. Ellentámadás

1 Matt Corallo, "Block Size Increase", Bitcoin-development mailing list, May 6, 2015, https://lists.linuxfoundation.org/pipermail/bitcoin-dev/2015May/007869.html

2 Satoshi Nakamoto, "Bitcoin: A Peer-to-Peer Electronic Cash System", 2008, https://www.bitcoin.com/bitcoin.pdf

3 Maria Bustillos, Inside the Fight Over Bitcoin's Future, The New Yorker, August 25, 2015, https://www.newyorker.com/business/currency/ inside-the-fight-over-bitcoins-future

4 Mike Hearn, "The resolution of the Bitcoin experiment", Medium, January 14, 2016, https://blog.plan99.net/the-resolution-of-the-bitcoinexperiment-dabb30201f7

5 Pieter Wuille, "Bitcoin Core and hard forks", Bitcoin-dev mailing list, July 22, 2015, https://lists.linuxfoundation.org/pipermail/bitcoindev/2015-July/009515.html

6 Stephen Pair, Peter Smith, Jeremy Allaire, Sean Neville, Sam Cole, Charles, Cascarilla, John McDonnell, Wences Casares and Mike Belshe, "Our community stands at a crossroads.", August 24, 2015, https:// web. archive.org/web/20150905190229/ https://blog.blockchain.com/ wpcontent/uploads/2015/08/Industry-Block-Size-letter-All-Signed.pdf

7 Leading Bitcoin Companies Pledge Support for BIP101 and Bigger Blocks", Bitcoin Magazine, August 24, 2015, https:// bitcoinmagazine. com/technical/7-leading-bitcoin-companies-pledgesupport-bip101-bigger-blocks-1440450931

8   F2Pool, Mining Pool Technical Meeting – Blocksize Increases, June 12, 2015, https://imgur.com/a/L1DRr

9   Mike Hearn, "Why is Bitcoin forking?", Medium, August 15, 2015, https://medium.com/faith-and-future/why-is-bitcoin-forkingd647312d22c1

16. A kijárat blokkolása

1   "Bitcoin.org Hard Fork Policy", Bitcoin, June 16, 2015, https://cloud.githubusercontent.com/assets/61096/8162837/d2c9b502-134d-11e59a8b-27c65c0e0356.png

2   Harding, "Blog: Bitcoin.org Position On Hard Forks #894", Github, June 16, 2015, https://github.com/bitcoin-dot-org/bitcoin.org/pull/894#issuecomment-112121007 - double check

3   Harding, "Blog: Bitcoin.org Position On Hard Forks #894", Github, June 16, 2015, https://github.com/bitcoin-dot-org/bitcoin.org/pull/894#issuecomment-112123722

4   Tiraspol, "These Mods need to be changed. Up-Vote if you agree", Reddit, August 16, 2015, https://archive.ph/rum9c

5   Theymos, "It's time for a break: About the recent mess & temporary new rules", Reddit, August 17, 2015, https://www.reddit.com/r/Bitcoin/comments/3h9cq4/its_time_for_a_break_about_the_recent_mess/

6   "Theymos: "I know how moderation affects people." (Bitcoin censorship)", Reddit, September 16, 2015, https://www.reddit.com/r/ bitcoin_uncensored/comments/3l6oni/theymos_i_know_how_moderation_affects_people/

7   John Ratcliff, "Confessions of an r/Bitcoin Moderator", Let's Talk Bitcoin, August 19, 2015, https://archive.ph/6loqD

8   "So long, and thanks for all the fish.", Reddit, August 30, 2015, https://www.reddit.com/r/bitcoin_uncensored/comments/3iwzmk/so_long_and_thanks_for_all_the_fish/cuonqqu/?utm_source=share&utm_medium=web2x

9   Tom Simonite, "Allegations of Dirty Tricks as Effort to "Rescue" Bitcoin Falters", MIT Technology Review, September 8, 2015, https://www.technologyreview.com/2015/09/08/166310/allegations-of-dirtytricks-as-effort-to-rescue-bitcoin-falters/

10   Celean, "UDP flood DDoS attacks against XT nodes", Reddit, August 29, 2015, https://www.reddit.com/r/bitcoinxt/comments/3iumsr/udp_flood_ddos_attacks_against_xt_nodes/

11   Sqrt7744, "PSA: If you're running an XT node in stealth mode, now would be a great time disable that feature, DDOS attacks on nodes (other than Coinbase) seem to have stopped, it's a great time to show support publicly.", Reddit, December 27, 2015, https://www.reddit.com/r/bitcoinxt/comments/3yewit/psa_if_youre_running_an_xt_node_in_stealth_mode/

12   Jasonswan, "The DDoSes are still real", Reddit, September 3, 2015, https://www.reddit.com/r/bitcoinxt/comments/3jg2rt/the_ddoses_are_still_real/cupb74s/?utm_source=share&utm_medium=web2x

13   Oddvisions, "I support BIP101", Reddit, September 3, 2015, https://www.reddit.com/r/Bitcoin/comments/3jgtjl/comment/cupg2wr/?utm_source=share&utm_medium=web2x&context=3

14   Aaron van Wirdum, "Coinbase CEO Brian Armstrong: BIP 101 is the Best Proposal We've Seen So Far", Bitcoin Magazine, November 3, 2015, https://bitcoinmagazine.com/technical/coinbase-ceo-brianarmstrong-bip-is-the-best-proposal-we-ve-seen-so-far-1446584055

15   Desantis, "Coinbase CEO Brian Armstrong: BIP 101 is the Best Proposal We've Seen So Far", Reddit, November 3, 2015, https://www.reddit.com/r/Bitcoin/comments/3rejl9/coinbase_ceo_brian_armstrong_bip_101_is_the_best/cwpglh6/

16   Brian Armstrong (@brian_armstrong), Twitter, December 26, 2015, https://archive.ph/PYwTA

17   Cobra-Bitcoin, "Remove Coinbase from the "Choose your Wallet" page #1178", Github, December 27, 2015, https://github.com/bitcoin-dotorg/bitcoin.org/pull/1178

18   Ibid.

19   Oliver Janssens (@oliverjanss), Twitter, December 27, 2015, https://twitter.com/oliverjanss/status/681178084846993408?s=20

20   Cobra-Bitcoin, "Remove Coinbase from the 'Choose your Wallet' page #1178", Github, December 27, 2015, https://github.com/bitcoin-dotorg/bitcoin.org/pull/1178

21   CrimBit, "Hackers DDoS Coinbase, website down", Bitcoin Forum, December 28, 2015, https://bitcointalk.org/index.php?topic=1306974.0

17. Elszámolási réteggé átkötve

1   Cobra-Bitcoin, "Remove Coinbase from the "Choose your Wallet" page #1178", Github, December 27, 2015, https://github.com/bitcoin-dot-org/bitcoin.org/pull/1178#issuecomment-167389049

2   Satoshi, "Re: [PATCH] increase block size limit", Bitcoin Forum, October 04, 2010, https://bitcointalk.org/index.php?topic=1347.msg15366#msg15366

3   Cade Metz, "The Bitcoin Schism Shows the Genius of Open Source", Wired, August 19, 2015, https://www.wired.com/2015/08/bitcoin-schismshows-genius-open-source/

4   Cobra-Bitcoin, "Remove Coinbase from the "Choose your Wallet" page #1178", Github, December 27, 2015, https://github.com/bitcoin-dot-org/bitcoin.org/pull/1178#issuecomment-167389049

5   Aaron van Wirdum, "Chinese Mining Pools Call for Consensus; Refuse Switch to Bitcoin XT", Cointelegraph, June 24, 2015, https://cointelegraph.com/news/chinese-mining-pools-call-for-consensus-refuseswitch-to-bitcoin-xt

6   Ibid.

7   Adam Back (@adam3us), Twitter, August 26, 2015, https://twitter.com/adam3us/status/636410827969421312

8   Adam Back (@adam3us), Twitter, December 30, 2015, https://twitter.com/adam3us/status/682335248504365056

9   Mike Hearn, "AMA: Ask Mike Anything", Reddit, April 5, 2018, https://www.reddit.com/r/btc/comments/89z483/comment/dwup253/

10   Mike Hearn, "The resolution of the Bitcoin experiment", Medium, January 14, 2016, https://blog.plan99.net/the-resolution-of-the-bitcoinexperiment-dabb30201f7

11   Jeff Garzik, "Bitcoin is Being Hot-Wired for Settlement", Medium, December 29, 2015, https://medium.com/@jgarzik/bitcoin-is-being-hotwired-for-settlement-a5beb1df223a#.850eazy81

12   "BitPay's Bitcoin Payments Volume Grows by 328%, On Pace for $1 Billion Yearly", BitPay, October 2, 2017, https://web.archive.org/web/20200517164537/https://bitpay.com/blog/bitpay-growth-2017/

13   Stephen Pair, "Bitcoin as a Settlement System", Medium, January 5, 2016, https://medium.com/@spair/bitcoin-as-a-settlement-system13f86c5622e3#.59s53nck6

14   Stephen Pair, "Miners Control Bitcoin: …and that's a good thing", Medium, January 4, 2016, https://medium.com/@spair/miners-controlbitcoin-eea7a8479c9c

15   "Bitcoin is not ruled by miners", Bitcoin Wiki, August 18, 2023, https://en.bitcoin.it/wiki/Bitcoin_is_not_ruled_by_miners

16   "Bitcoin is not ruled by miners", Bitcoin Wiki, August 18, 2023, https://en.bitcoin.it/wiki/Bitcoin_is_not_ruled_by_miners

18. Hongkongtól New Yorkig

1   "What Happened At The Satoshi Roundtable", Coinbase, March 4, 2016, https://blog.coinbase.com/what-happened-at-the-satoshiroundtable-6c11a10d8cdf

2   "Consensus census", Google Docs, https://docs.google.com/spreadsheets/d/1Cg9Qo9Vl5PdJYD4EiHnIGMV3G48pWmcWI3NFoKKfIzU/edit#gid=0

3   "49% of Bitcoin mining pools support Bitcoin Classic already (as of January 15, 2016)", Reddit, January 15, 2016, https://www.reddit.com/r/btc/comments/414qxh/49_of_bitcoin_mining_pools_support_bitcoin/

4   Paul Vigna, "Is Bitcoin Breaking Up?", *The Wall Street Journal*, January 17, 2016 https://archive.ph/lK24o#selection-4511.0-4511.263

5   "49% of Bitcoin mining pools support Bitcoin Classic already (as of January 15, 2016)", Reddit, January 15, 2016, https://www.reddit.com/r/btc/comments/414qxh/comment/cz063na/?utm_source=share&utm_medium=web2x&context=3

6   "49% of Bitcoin mining pools support Bitcoin Classic already (as of January 15, 2016)", Reddit, January 15, 2016, https://www.reddit.com/r/btc/comments/414qxh/comment/cz0hwzz/?utm_source=share&utm medium=web2x&context=3

7   Bitcoin Roundtable, "Bitcoin Roundtable Consensus", Medium, February 20, 2016, https://medium.com/@bitcoinroundtable/bitcoinroundtable-consensus-266d475a61ff#.8vbwu3ft7

8   The Future of Bitcoin, "Dr. Peter Rizun - SegWit Coins are not Bitcoins - Arnhem 2017", Youtube, July 7, 2017, https://www.youtube. com/watch?v=VoFb3mcxluY

9   "What Happened At The Satoshi Roundtable", Coinbase, March 4, 2016, https://blog.coinbase.com/what-happened-at-the-satoshiroundtable-6c11a10d8cdf

10   "Bitcoin Classic Nodes Under Heavy DDoS Attack", Blocky, February 28, 2016, https://web.archive.org/web/20160302070655/http://www.blockcy.com/bitcoin-classic-nodes-under-ddos-attack

11   Drew Cordell, "Bitcoin Classic Targeted by DDoS Attacks", Bitcoin.com, March 1, 2016, https://news.bitcoin.com/bitcoin-classic-targeted-byddos-attacks/

12   Joseph Young, "F2Pool Suffers from Series of DDoS Attacks", Cointelegraph, March 2, 2016, https://cointelegraph.com/news/f2poolsuffers-from-series-of-ddos-attacks

13   Coin Dance, "Bitcoin Classic Node Summary" https://coin.dance/nodes/classic, August, 2023

14   Cobra-Bitcoin, "Amendments to the Bitcoin paper #1325", Github, July 2, 2016, https://github.com/bitcoin-dot-org/bitcoin.org/issues/1325

15   Ibid.

16   Theymos, "Policy to fight against "miners control Bitcoin" narrative #1904", Github, November 8, 2017, https://github.com/bitcoin-dot-org/bitcoin.org/issues/1904

17   Ibid.

18   Charlie Shrem (@CharlieShrem), Twitter, January 19, 2017, https://twitter.com/CharlieShrem/status/822189031954022401

19   Andrew Quentson, "Bitcoin Core Supporter Threatens Zero Day Exploit if Bitcoin Unlimited Hardforks", CCN, March 4, 2021, https://www.ccn.com/bitcoin-core-supporter-threatens-zero-day-exploit-bitcoinunlimited-hardforks/

20   Yuji Nakamura, "Divisive 'Bitcoin Unlimited' Solution Crashes After Bug Discovered", Bloomberg Technology, March 15, 2017, https://web.archive.org/web/20170315070841/ https://www.bloomberg.com/news/articles/2017-03-15/divisive-bitcoin-unlimited-solution-crashes-afterbug-exploit

21   Digital Currency Group, "Bitcoin Scaling Agreement at Consensus 2017", Medium, May 23, 2017, https://dcgco.medium.com/bitcoinscaling-agreement-at-consensus-2017-133521fe9a77

22   ViaBTC, "Why we don't support SegWit", Medium, April 19, 2017, https://viabtc.medium.com/why-we-dont-support-segwit-91d44475cc18

23   Gmaxwell, "Re: ToominCoin aka "Bitcoin_Classic" #R3KT", Bitcoin Forum, May 13, 2016, https://bitcointalk.org/index.php?topic=1330553. msg14835202#msg14835202

24   Mike Hearn, Hacker News, Y Combinator, March 28, 2016, https://news.ycombinator.com/item?id=11373362

19. Az őrült kalaposok

1   Shaolinfry, "Moving towards user activated soft fork activation", Bitcoin-dev mailing list, February 25, 2017, https://lists.linuxfoundation.org/pipermail/bitcoin-dev/2017-February/013643.html

2   Jordan Tuwiner, "UASF / User Activated Soft Fork: What is It?", Buy Bitcoin Worldwide, January 3, 2023, https://www.buybitcoinworldwide.com/uasf/

3   Washington Sanchez (@drwasho), Twitter, May 17, 2017, https://twitter.com/drwasho/status/864651283050897408

4   Samson Mow (@Excellion), Twitter, March 22, 2017, https://twitter.com/excellion/status/844349077638676480

5   Adam Back (@adam3us), Twitter, October 3, 2017, https://twitter.com/adam3us/status/915232292825698305?s=20

6   Btc Drak, "A Segwit2x BIP", Bitcoin-dev mailing list, July 8, 2017, https://lists.linuxfoundation.org/pipermail/bitcoin-dev/2017-July/014716.html

7   AlexHM, "BTCC just started signalling NYA. They went offline briefly. That's over 80%. Good job, everyone.", Reddit, June 20, 2017, https://www.reddit.com/r/btc/comments/6ice15/btcc_just_started_signalling_nya_they_went/dj5dsuy/

8   Samson Mow (@Excellion), Twitter, March 29, 2017, https://twitter.com/Excellion/status/847159680556187648

9   Edmund Edgar (@edmundedgar), Twitter, March 30, 2017, https://twitter.com/edmundedgar/status/847213867503460352

10   Samson Mow (@Excellion), Twitter, March 30, 2017, https://twitter.com/excellion/status/847273464461352960

11   Adam Back (@adam3us), Twitter, April 1, 2017, https://archive.ph/WJdZj

12   Peter Todd (@peterktodd), Twitter, July 19, 2017, https://twitter.com/peterktodd/status/887656660801605633

13   Nullc, "Segwit is a 2MB block size increase, full stop.", Reddit, August 13, 2017, https://archive.ph/8d6Jm

14   Eric Lombrozo (@eric_lombrozo), Twitter, April 20, 2017, https://archive.ph/9xTbZ

15   "Is SegWit a block size increase?", Segwit.org, August 29, 2017, https://archive.ph/lEpFf

16   "Delist NYA participants from bitcoin.org #1753", Github, August 18, 2017, https://github.com/bitcoin-dot-org/bitcoin.org/issues/1753#issuecomment-332300306

17   Cobra-Bitcoin, "Add Segwit2x Safety Alert #1824 ", Github, October 11, 2017, https://github.com/bitcoin-dot-org/bitcoin.org/pull/1824

18   "Bitcoin.org to denounce "Segwit2x"", Bitcoin.org, October 5, 2017, https://web.archive.org/web/20171028193101/https://bitcoin.org/en/posts/denounce-segwit2x

19   Bitcoin.org Plans to "Denounce" Almost All Bitcoin Businesses and Miners", Trustnodes, October 6, 2017, https://www.trustnodes.com/2017/10/06/bitcoin-org-plans-denounce-almost-bitcoin-businessesminers

20   SegWit2x Blocks (historical) Summary", Coin Dance, August 18, 2023, https://web.archive.org/web/20171006030014/https://coin.dance/blocks/segwit2xhistorical

21   Eric Lombrozo, "Bitcoin Cash's mandatory replay protection - an example for B2X", Bitcoin-segwit2x mailing list, August 22, 2017, https://lists.linuxfoundation.org/pipermail/bitcoin-segwit2x/2017August/000259.html

22   Matt Corallo, "Subject: File No. SR-NYSEArca-2017-06", September 11, 2017, https://www.sec.gov/comments/sr-nysearca-2017-06/nysearca201706-161046.htm

23   Samson Mow (@Excellion), Twitter, October 7, 2017, https://twitter.com/Excellion/status/916491407270879232

24   Samson Mow (@Excellion), Twitter, October 7, 2017, https://twitter.com/Excellion/status/916492211700690945

25   Microbit, "Removal of BTC.com wallet? #1660", Github, July 3, 2017, https://github.com/bitcoin-dot-org/bitcoin.org/issues/1660#issuecomment-312738631

26   Kokou Adzo, "Best Programming Homework Help Websites for You to Choose", Startup.info, June 8, 2023, https://techburst.io/segwit2x-yourefucked-if-you-do-you-re-fucked-if-you-don-t-6655a853d8e7

27   "Statement Regarding Upcoming Segwit2x Hard Fork", Bitfinex, October 6, 2017, https://www.bitfinex.com/posts/223

28   Stephen Pair, "Segwit2x Should Be Canceled", Medium, November 8, 2017, https://medium.com/@spair/segwit2x-should-be-canceledb7399c767d34

29   Mike Belshe, "Final Steps", Bitcoin-segwit2x mailing list, November 8, 2017, https://lists.linuxfoundation.org/pipermail/bitcoin-segwit2x/2017November/000685.html

30   Gavin Andresen (@gavinandresen), Twitter, November 11, 2017, https://twitter.com/gavinandresen/status/929377620000681984

20. Kihívó a címért

1   Vitalik.eth (@VitalikButerin), Twitter, November 14, 2017, https://mobile.twitter.com/vitalikbuterin/status/930276246671450112

2   Van der Laan, "The widening gyre", Laanwj's blog, January 21 2021, https://laanwj.github.io/2021/01/21/decentralize.html

3   MortuusBestia, "BTC--->BCH has been the most popular trade on ShapeShift.io for some time", Reddit, https://www.reddit.com/r/CryptoCurrency/comments/8e3eon/comment/dxs2puh/

4   BitcoinIsTehFuture, "It's called "Bitcoin Cash". The term "Bcash" is a social attack run by r/bitcoin." Reddit, August 2, 2017, https://www.reddit.

5   "bashco at least we got a warning right? Cobra I got a concrete head ups, I warned users to check signatures, it's that simple", https://imgur. com/a/wwVSXZW

6   Jonald Fyookball, "Why Some People Call Bitcoin Cash 'bcash'. This Will Be Shocking to New Readers.", Medium, September 18, 2017, https://medium.com/@jonaldfyookball/why-some-people-call-bitcoincash-bcash-this-will-be-shocking-to-new-readers-956558da12fb

21. Rossz ellenvetések

1   Ammous, *The Bitcoin Standard*, p. 229

2   "Latest Bitcoin Blocks by Mining Pool (last 7 days) Summary", Coin Dance, August 18, 2023, https://coin.dance/blocks/thisweek

3   Mike Hearn, "Re: More BitCoin questions", Bitcoin.com, January 10, 2011, https://www.bitcoin.com/satoshi-archive/emails/mike-hearn/12/

4   Awemany, "600 Microseconds: A perspective from the Bitcoin Cash and Bitcoin Unlimited developer who discovered CVE-2018–17144", Bitcoin Unlimited, September 22, 2018, https://medium.com/@ awemany/600-microseconds-b70f87b0b2a6

22. Szabad innováció

1   Mengerian, "The Story of OP_CHECKDATASIG", Medium, December 15, 2018, https://mengerian.medium.com/the-story-of-opcheckdatasig-c2b1b38e801a

2   Kudelski Security, "CashFusion Security Audit", CashFusion, July 29, 2020, https://electroncash.org/fusionaudit.pdf

3   "191457 Fusions since 28/11/2019", Bitcoin Privacy Stats, August 18, 2023, https://stats.sploit.cash/#/fusion

4   Jamie Redman, "Gigablock Testnet Researchers Mine the World's First 1GB Block", Bitcoin.com, October 16, 2017, https://news.bitcoin.com/ gigablock-testnet-researchers-mine-the-worlds-first-1gb-block/

5   "I have previously stated that the latest RPi4 can process Scalenet's 256MB blocks in just under ten minutes. I was wrong.", Reddit, July 8, 2022, https://np.reddit.com/r/btc/comments/vuiqwm/im_terribly_sorry_as_the_noob_that_i_am_i_have/

23. Még mindig forkolgatunk

1   Gavin Andresen, "Satoshi", Gavin Andresen, May 2, 2016, http://gavinandresen.ninja/satoshi

2   Jiang Zhuoer, "Infrastructure Funding Plan for Bitcoin Cash", Medium, January 22, 2020, https://medium.com/@jiangzhuoer/infrastructurefunding-plan-for-bitcoin-cash-131fdcd2412e

3   Amaury Sechet, "Bitcoin ABC's plan for the November 2020 upgrade", Medium, August 6, 2020, https://amaurysechet.medium.com/bitcoin-abcsplan-for-the-november-2020-upgrade-65fb84c4348f

4   Peter R. Rizun (@PeterRizun), Twitter, February 15, 2020, https://twitter.com/PeterRizun/status/1228787028734574592

5   MemoryDealers, "Even if Amaury and ABC are the best developers in the world, that doesn't mean they deserve 8% of the block reward.", Reddit, October 18, 2020, https://www.reddit.com/r/btc/comments/jdft5s/comment/g98y9l3/

24. Konklúzió

1   Turner Wright, "Coinone will stop withdrawals to unverified external wallets", Cointelegraph, December 29, 2021, https://cointelegraph.com/news/coinone-will-stop-withdrawals-to-unverified-external-wallets

2   Mike_Hearn, "AMA: Ask Mike Anything", Reddit, April 5, 2018, https://www.reddit.com/r/btc/comments/89z483/ama_ask_mike_anything/

A Szerzőről

Roger Ver a világ első befektetője volt Bitcoin-startupokba, és a kriptovaluta-iparág egyik meghatározó alakja a kezdetek óta. Befektetései közé tartozik a Bitcoin.com, a Blockchain.com, a Bitpay, a Ripple, a Shapeshift, a Kraken és sok más projekt. Technológiai vállalkozóként Roger azonnal felismerte, hogy a Bitcoin meg fogja változtatni a világot, miután 2011-ben felfedezte. Azóta teljes figyelmét a Bitcoinra és más blokkláncokra fordította.

www.ingramcontent.com/pod-product-compliance
Lightning Source LLC
Chambersburg PA
CBHW031953190326
41520CB00007B/231